本书系 2010 年教育部人文社会科学重点研究基地中国人民大学欧洲问题研究中心基地重大项目成果，项目名称"欧盟对区域外暴力性民族冲突干预研究"，项目编号：10JJDGJW018

欧洲研究丛书

欧洲区域外暴力性民族冲突干预

王逸舟◎等著

中国社会科学出版社

图书在版编目（CIP）数据

欧洲区域外暴力性民族冲突干预／王逸舟等著．—北京：中国
社会科学出版社，2020.3
ISBN 978 - 7 - 5203 - 2158 - 7

Ⅰ．①欧…　Ⅱ．①王…　Ⅲ．①民族问题—研究—
欧洲　Ⅳ．①D750.62

中国版本图书馆 CIP 数据核字（2018）第 043107 号

出 版 人	赵剑英
责任编辑	赵　丽
责任校对	周　昊
责任印制	王　超

出　　　版	中国社会科学出版社
社　　　址	北京鼓楼西大街甲 158 号
邮　　　编	100720
网　　　址	http://www.csspw.cn
发 行 部	010 - 84083685
门 市 部	010 - 84029450
经　　　销	新华书店及其他书店

印　　　刷	北京明恒达印务有限公司
装　　　订	廊坊市广阳区广增装订厂
版　　　次	2020 年 3 月第 1 版
印　　　次	2020 年 3 月第 1 次印刷

开　　　本	710×1000　1/16
印　　　张	14.5
字　　　数	209 千字
定　　　价	69.00 元

目 录

第一章　导论

第一节　暴力性民族冲突核心概念与问题提出

一　概念界定

在正式展开论证前，有必要先给"民族冲突""暴力性民族冲突""冲突的国际干预"等相关概念下一个工作定义。本书所讲的"民族冲突"，是指两个或更多群体之间的冲突，其中至少有一方以民族的名义界定冲突的源头或进程。以"民族的名义"意味着自主的民族性认知，往往包含了直接的、显性的民族动员。这里的群体并不见得必定都是民族（nation 或 ethnic group），只要其中的一方凸显民族特质即可，民族冲突并不意味着冲突的源头、进程和结果都是民族性的，并不意味着政治利益和物质利益因素在冲突中不起（重要）作用，也不意味着民族因素一定是决定性的诱发冲突的原因或冲突解决中最决定性的因素。事实上，民族冲突经常爆发于不同民族共同体之间，或民族与诸如国家等群体之间，政治、经济、社会文化或（和）领土议题均能引发之。在这里，重要的是民族因素的作用，即民族因素经常诱发群体进行集体动员、形成集体行动，甚至将暴力作为达致其目的的工具。[1] "暴力性民族冲突"（violent ethnic conflict）指的是，以暴力方式呈现的民族冲突，它是民族冲突的一种类型，其

---

[1] Stefan Wolff, "The Regional and International Regulation of Ethnic Conflict Patterns of Success and Failure", Centre for International Crisis Management and Conflict Resolution University of Nottingham, 2009, http：//www. stefanwolff. com/files/Conflict%20Regulation. pdf.

显著要件是暴力。冲突的当事方主要是少数民族与国家（政府），或一国内不同民族。暴力性民族冲突存在不同的烈度，从低烈度的民族群体间暴力到高烈度的族群造反、族群内战和种族屠杀，后者往往被称为"武装冲突"（armed conflict）。根据奥斯陆国际和平研究所（PRIO）与瑞典乌普萨拉大学冲突数据库项目（Uppsala Conflict Data Program，UCDP）的联合界定，所谓"武装冲突"，是两个或两个以上的集团使用武力来解决其争端，至少其中一方是国家政府，并导致每年至少有与战斗相关的 25 人死亡。① 布朗区分了高烈度和低烈度暴力冲突两种类型，其临界点是冲突中是否有超过 1000 人被杀，超过的则成为高烈度的暴力冲突（high-level violence），不足的则成为低烈度的暴力冲突（low-level violence）。在本书中，我们所聚焦的暴力性民族冲突，类似于奥斯陆国际和平研究所所说的武装冲突，但其内涵比其界定的武装冲突要大，因为本书所涉及的对象包含了民族与民族之间的暴力冲突，而不止于国家（政府）与民族之间的暴力冲突。

在本书中，"民族冲突的国际干预"是民族冲突治理的一种方式，它指的是国际力量以合法（国际法）的名义通过不同手段干预发生在某一区域的民族冲突，旨在降低冲突的烈度与范围或解决该冲突。而民族冲突的治理，借用斯蒂芬·沃尔夫（Stefan Wolff）使用的民族冲突治理（Regulation of Ethnic conflict）概念作为工作定义，它包括冲突预防（conflict prevention）、冲突管理（conflict management）和冲突处置（conflict settlement）三个部分。冲突预防是指在冲突的早期阶段、暴力升级之前所采用的阻止冲突的政策，或通过谈判达成停火或在冲突解决之后一套用以预防暴力冲突复发的政策。冲突管理指对进行中的冲突进行遏制、限制或施加直接影响，冲突处置旨在建立一套确保冲突中拥有不同利益诉求的不同民族能够妥协的制度框架，它

---

① Gleditsch Grevi, et al., *UCDP/PRIO Armed Conflict Dataset*, Version 4 – 2006, 2002, http://www.prio.no/CSCW/Datasets/Armed-Conflict/UCDP-PRIO/Old-Versions/4 – 2006/. 值得注意的是，在 2012 年乌普萨拉的事件数据库中，统计中的死亡人数门槛已下降，数量起点为 1。

能提供激励机制以促使冲突各方进行合作并采取非暴力的方式追求自己不同的利益，或使其感觉到通过暴力方式达致目标成本太大而不得不加以放弃。①

二 课题的问题意识和基本背景

民族冲突是影响世界历史进程和一国国内社会变迁的重要因素，但不同历史时期、不同区域的民族冲突在其生成、表现和社会影响方面既有共性，更不乏差异性。冷战时期，殖民地民族解放运动曾是民族冲突的核心表现，但由于美苏两个超级大国的结构性压力，社会主义与资本主义之间的意识形态对抗凸显，世界范围内的民族冲突、民族主义思潮和运动一度被压制与掩盖。在冷战出人意料地以和平方式终结后，乐观的自由主义者如弗朗西斯·福山（Francis Fukuyama）等人一度欢呼"历史终结"，然而随即而来的20世纪第三波民族主义浪潮表明"终结论"只不过是一厢情愿。

后冷战时期的暴力性民族冲突往往以内战为基本形态，它造成了巨大的社会消极后果，也导致了包括欧盟在内的国际社会的干预频频发生。布朗在1996年的作品中指出，在世界范围内发生的35起武装冲突中大多具有民族主义或族群的要素。而且，以族群战争为主要形态的内战成为当代国际冲突的主要形式，内战的数量远远超出了国家间战争。还有学者统计，1989—1998年，全球共爆发了108场武装冲突，其中，国家间冲突共7场，内部冲突共92场，由外部干预而导致的内部冲突为9场，这些内部冲突大多包含有显著的民族因素。为表明族群冲突的严重性和重要性，罗伯特·古尔（Robert Gul）列出了1993—1994年发生的50场最严重的族群政治冲突，其中有13场冲突平均产生了10万人的死亡人数。

上述暴力性民族冲突不仅破坏了社会经济发展，更是造成了大量

---

① Stefan Wolff, "The Regional and International Regulation of Ethnic Conflict Patterns of Success and Failure", 2009. http://www.fes-asia.org/media/publication/Regional% 20and% 20 International% 20Conflict% 20Regulation_ Wolff. pdf. 该文是沃尔夫参加学术会议提交的论文。

的人道主义灾难，导致了数百万难民和更多的国内无家可归者，不仅阻碍了社会发展进程，更是对全球安全、地区安全、国家安全和人的安全的一大挑战。为应对这一挑战，或由于在冲突中有着程度不一的自身利益考虑，以美国为代表的大国，以联合国为代表的国际组织加强了对上述冲突的干预。由于冷战结束后西方社会成为国际秩序的主导者，在民族冲突的判定和冲突解决方面拥有最大的话语权和实际影响力，这使得上述民族冲突的国际性又具有明显的西方特性。

后冷战时期，西方主导的民族冲突解决与冲突干预的理念和行动也发生了深远变化，其中最为显著的是从冲突管理迈向了冲突治理，民族冲突的国际干预日益以合法的姿态出现，但暴力性民族冲突的治理仍然任重道远。

第一，从冲突解决的主体来看，传统的冲突管理最为看重国家（政府），但由于前述民族问题的国际性的特征以及失败国家的存在，当下的民族冲突解决与冲突干预的主体呈现出立体化、多元化的趋势。发生暴力性民族冲突的所在国政府应该是冲突治理进程中最重要的主体，这是由现代政府的职能所决定的。但主权国政府在民族冲突治理中的位序和作用正发生转变，即由"政府管理"转化为"全球治理"（from government to governance）。传统的民族冲突管理体制中，主权国政府几乎是唯一行为体，并且扮演领导者角色；在新的冲突治理体制中，主权国政府与国际组织、非政府组织、公民团体等众多行为体均为利益攸关者，冲突治理强调多行为体之间的合作管理。

虽然民族冲突治理主体有多元化的趋势，但这一趋势后面又有差异性。总体上看，倘若美国等比较强大的发达国家，以及中国、俄罗斯、印度等实力比较强的国家发生民族冲突，国外的干预相对较少，或干预比较间接，也就是说仍然以政府的冲突管理为主，但即便是这类国家，一些社会性组织也开始在冲突解决中发生或多或少的作用。诸如卢旺达、索马里、苏丹等失败国家发生的民族冲突，在很大程度上依赖包括联合国、欧盟为代表的地区组织、以美国为首的主要大国、周边国家和非政府组织（NGO）在内的国际社会的治理。但在这类案例中，国际治理的主体和方式具有差异性，譬如美国干预了索马里、苏丹等地的民族冲突，而东帝汶问题美国则不涉及，这显示了美国干预国外民族冲突（以冲突解决为宗旨）的双重性。而不同治理主体的关系则更为复杂，还需要细致考察。

第二，从冲突解决和外部干预机制来看，传统冲突管理看重短期的危机管理机制，而冲突治理则在危机管理的基础上加强了冲突预防（包括国内的冲突预防和国际的预防外交）以及长效机制的建立，一些国际干预以冲突治理的合法身份出现。从国际政治的角度看，冷战结束后联合国提出了冲突预防和预防外交的理念，欧盟等区域组织也强化了共同政治功能，其核心目标之一是组织内外的暴力性民族冲突的预防和解决。联合国和欧盟等机构还为之建立或调整了相关的机构。在一些国家内部，民主制度和相关的民族制度也成为推进多民族国家民族冲突治理的重要制度性举措，譬如比例代表制、协商民主制（consociational model）、控制角色倒置、非领土自治、领土自治、联邦制、邦联制都是民族冲突治理过程中可能的制度设计和尝试。

第三，从冲突解决的理念来看，传统的冲突管理将一国境内的民族冲突视为主权国家的内政，属于政府管理的范畴，外部势力不得干涉，但冲突治理（贴上冲突治理标签的外部干预）则引入了民主原则、人权原则以及市民社会理念，从而在一定程度上冲击了主权原则。治理与政府统治在内涵上有重大区别。如詹姆斯·罗西瑙（James N. Rosenau）所言，治理是一系列活动领域里的管理机制（包括国内与国际两个维度），它们虽未得到正式授权，却发挥了有效作用。与统治不同，治理指的是一种由共同的目标支持的活动，这些管理活动的主体未必是政府，也无须依靠国家的强制力量来实现。

后冷战时期世界范围内民族冲突的国际治理，往往是多边治理，这一多边治理进程主要由西方社会主导，西方国家往往将民主、人权等视为普适性价值加入或渗透进其治理方案。从国内政治的角度看，当下西方的民族冲突治理理念和干预实践比较强调承认民族文化差异的方法，而此前政府民族冲突管理可能惯用消除民族差异和控制民族差异的办法。

第四，与传统的民族冲突管理相比，全球治理理念下的民族冲突管理与冲突干预的规范性更强。传统的民族冲突管理并不见得总是善意地遏制民族冲突或限制其消极后果，有时候它可能是一种操控策略，因为某种特定的原因，譬如保持权力和（或）经济收益，冲突管理者在一定程度上希望冲突继续。也就是说，冲突管理可能是冲突当事方或介入者基于不同利益考虑而施展的一种手段，它可以是工具性的。而全球治理理念下的民族冲突治理和干预则更具规范性（依赖国际法和相关原则），它是以冲突的和平解决或至少降低冲突的烈度和范围为宗旨的，但它的效果还需要改进和深入分析，它在实践中也不乏异化的可能（如人道主义干预造成新的人道主义灾难，或以人道主义为旗帜，但操作上仍有双重标准）。

第五，与上述冲突治理理念与干预机制相关的是，民族冲突治理与干预行为的范围有日渐扩大的趋势。以联合国为例，在联合国维和的初期行动中，由于冷战的影响，对立的双方常常使安理会陷于瘫痪，维和的目标主要局限于在实地维持停火和稳定局势，以便能够在政治层面做出努力，以和平手段解决冲突。那时的特派团由军事观察员和配备轻武器的部队组成，发挥监督、报告和建立信任作用，为停火和有限度的和平协定提供支持和帮助。冷战结束后，联合国维和理念由维持和平（peacekeeping）转变为和平建设（peacemaking）或和平建构（peace-building）。在这一理念影响下，原来被动的维和行动（主要停留在隔离交战方和监督停火，直接针对暴力冲突本身），转变为包括了比较广泛的民事任务的维和行动，如组建政府、监督选举、改组与削减军队，培训建立新的警察部队，进行司法改革，保护人权，保障由于大规模武力冲突导致的难民和流离失所的民众回归。在国内的民族冲突治理层面，冲突治理从政府的危机管理扩大到民族制度建设这样的长效机制建设，冲突治理的行动范围也日渐扩大。

冲突治理的行动范围扩大意味着治理的内涵扩大，这带来了新的麻烦。一方面，当一个概念的边界扩大后，该概念的效率可能会减低，因为太多的内容都往"治理"的筐子里装，这有可能模糊了这个概念的内核，转而变成一种文字游戏；另一方面，民族冲突治理的内核扩大后，增强了我们评估其绩效和成败的难度。

第六，虽然世界范围内的民族冲突治理实践取得了一定的积极效果，但总体上来说民族冲突管理与干预仍然很不乐观，中国学者应该对民族冲突治理理论和相关国家和地区的实践进行深入反思。通观后冷战时期世界范围内的民族冲突治理与干预实践，不难发现，有些国家在暴力性民族冲突治理进程中取得了较好的效果，譬如意大利南提洛尔问题的解决，美国在1992年洛杉矶种族骚乱后很长时间没有大规模的暴力性民族冲突，印度尼西亚亚齐冲突得到比较好的解决。但大量区域民族冲突干预与治理并不令人满意，譬如卢旺达、苏丹、索马里、车臣等。从民族冲突的国际干预和治理来看，一些国家打着治理和人权的旗帜，但追求的是国家利益。一些组织的国际干预和治理能力还不够，譬如欧盟在20世纪90年代初期干预与治理巴尔干的民族冲突基本以失败告终，90年代中后期其治理能力有所提升，但也不过是取得部分成功。联合国在亚洲、非洲、欧洲等地的民族冲突干预与治理行为也往往以低效率著称。发达国家所主导的治理模式和理念也受到不少发展中国家的质疑，因为它并没有从法理上充分解决国际治理的合法性（多个国际规范互相冲突），也无法否认一些组织或国家工具性地利用民族冲突治理，或无法解决治理绩效低的问题。

第二节　欧盟干预区域外民族冲突概览和政策

一　欧盟干预区域外民族冲突概览

欧盟是当前国际社会中最为重要的区域性国际组织，虽然其前身主要是经济组织，但冷战结束后，它频频介入区域外的包括暴力性民族冲突在内的各种冲突，其在区域内外的政治影响力日益增强，它自己也追求成为全球性角色（a global player 或 a world player），但不愿意成为全球性强权（a world power）①，学界也称之为全球性冲突管理者（a global conflict manager）。②

基于对象的差异，欧盟干预暴力性民族冲突可分为三种类型，干预组织内国家的民族冲突、干预组织外的其他欧洲国家的民族冲突，干预亚非国家的民族冲突。

欧盟范围内存在着一些广为人知、历史久远、暴力程度不一的民族冲突：与领土和民族自决联系在一起的有北爱尔兰问题、巴斯克问题、科西嘉问题、南提洛尔问题等；与种族偏见和民族歧视联系在一起的有排斥犹太人问题、排斥罗姆人问题等；以移民（特别是第二代移民）融入难为核心特征的新民族冲突，譬如 2005 年法国巴黎骚乱，甚至 2011 年伦敦骚乱也有较浓厚的民族冲突色彩与背景。欧盟成员国内的民族冲突整体上处于可控状态，其成员国一般不太愿意欧盟卷入其国内民族冲突管理，尽管欧盟在北爱尔兰等问题上扮演了一定的角色。倒是欧盟之外的地区，包括东南欧、非洲和亚洲，逐渐成为欧盟干预民族冲突的工作重点，因为这些区域的民族冲突业已成为后冷战时期国际安全和地区安全的热点和焦点。冷战时期，联合国一年内同时执行的维和监督行动一般不超过 2—3 项，但 2008 年底联合国全球监督和维和行动共有 16 个，其中 9 个部署行动针对民族冲突，分别是克什米尔、塞浦路斯、西撒哈拉、格鲁吉亚、科索沃、刚果（金）、苏丹、达尔富尔、乍得。就欧盟而言，自 2003 年起，已实施了 20 个冲突管理行动，暴力性民族冲突是其重点介入对象，因为其中的 19 个行动使命包含了民族冲突，到 2009 年，其中的 10 项行动仍然处于进行

---

① European Commission, *A world player*, *The European Union's external relations*, 2004, http: //ec. europa. eu/publications/booklets/move/47/en. pdf.

② 2008 年 5 月 16 日，英国巴斯大学（university of Bath）举行了一个，名为"欧盟作为一个全球冲突管理者：概念及理论视角"（The EU as a Global Conflict Manager: Conceptual and Theoretical Perspectives）的学术研讨会。此前在诺丁汉大学还召开了主题类似的研讨会（The European Union as a Global Conflict Manager: From Pragmatic Ad-hocism to Policy Coherence?），这一系列研讨会是由英国经济和社会研究委员会（The Economic And Social Research Council）发起的。

中。这些行动分别是欧洲的波黑 2 项、科索沃 1 项，亚洲的格鲁吉亚 1 项、伊拉克 1 项、巴勒斯坦地区 2 项，非洲的乍得 1 项、刚果（金）2 项。[①]

（一）欧盟在东南欧的干预行为

冷战结束初期，基于地缘政治和安全的考虑，欧盟最为关注巴尔干半岛西部地区的暴力性民族冲突，至于波罗的海和南高加索地区的民族冲突，欧盟起初并未付出重大的外交努力，但近年来它对南高加索地区的暴力性民族冲突的关注和干预开始增多。在南斯拉夫解体及其内部一系列冲突的解决问题上，20 世纪 90 年代初期和中期的欧盟显得非常自信，而且也颇为高调，一度将南斯拉夫问题纳入自己管理的事务范围。90 年代早期，原欧盟部长理事会主席雅克·普斯（Jacque Poos, Council of Ministers President）指出，"如果欧洲人能够解决某一问题的话，那就是南斯拉夫问题"。原欧盟委员会主席雅克·德洛尔（Jacques Delor, European Commission President）则补充道，"这是欧洲时刻，不是美国时刻，我们不介入美国人的事务。我们希望美国将能足够尊重我们，不干预我们的事务"。[②] 1991—1992 年，欧盟致力于促成南斯拉夫冲突各方停火，为此它派遣了停火监督员（当时称为欧共体监督团），并在海牙组织召开和平会议，提交和平计划。1994—1996 年，欧盟对波斯尼亚城市莫斯塔尔实施干预和管理。但国际社会认为欧盟在 20 世纪 90 年代初期和中期的干预整体上并不令人满意，或者说并不成功。对此，90 年代中后期以来，欧盟对其区域安全干预政策和理念进行了反思，逐渐强化了对东欧非欧盟区域民族冲突的干预，譬如它开始全方位干预科索沃问题（后面有专门的章节加以论述），它在波黑与联合国、北约等国际组织展开深度合作，

---

① Stefan Wolff, "The Regional and International Regulation of Ethnic conflict Patterns of Success and Failure", This paper was prepared for the 6th Asia Europe Roundtable on "Minority Conflicts-Towards an ASEM Framework for Conflict Management" in Derry/Londonderry and Letterkenny, June 10 – 12, 2009. http：//stefanwolff. com/policy-papers/Conflict%20Regulation. pdf.

② Stefan Wolff, *The EU Design for the Management of Ethnopolitical Conflict*, 2007.

甚至不惜实施敏感且颇有争议的军事干预行动。2004 年 12 月 2 日，欧盟接替北约在波黑进行军事干预行动，部署多国稳定部队 7000 人（成员来自 33 个国家，称为 Operation Althea），为代顿和平协议提供军事安全保障。① 而欧盟在波黑的军事安全维和行动一直延续至今。2011 年 11 月 16 日，联合国安理会以 15 票全票通过决议，延长欧盟驻波黑的多国稳定部队任期 12 个月，以稳定波黑和平，确保《波黑和平总框架协定》（也称"代顿和平协议"）得到执行。

欧盟干预南高加索的政策工具主要有两个，欧盟睦邻友好政策（ENP）和欧盟南高加索特别代表。在欧盟睦邻友好政策引领下，通过与欧洲安全与合作委员会（OSCE）合作，欧盟实施了 2006 亚美尼亚行动计划与 2006 阿塞拜疆行动计划，但这对南高加索地区冲突的解决仅起到了间接作用。斯蒂芬·沃尔夫认为，欧盟在南高加索地区冲突解决中扮演的角色有限，它很难在该地区开展自己的行动，它往往与 OSCE 合作，其政策只具有间接影响。② 艾玛·斯图尔特（Emma J. Stewart）也指出，迄今为止欧盟在南高加索冲突管理上只扮演着小角色（a minimal role），20 世纪 90 年代初期，欧盟并不是十分优先关注这一区域，因为欧盟当时更加关注南斯拉夫，而且它在对待俄罗斯和独联体时更加谨慎。南高加索冲突具有复杂性，处理起来也甚为困难，它夹杂着极端主义、恐怖主义、分离主义，同时还有地区军备竞赛、领土纠纷、环境问题和跨国有组织犯罪。③

欧盟干预科索沃问题是欧盟在本地区组织外暴力性民族冲突干预的最重要努力，其干预进程、相关政策工具，干预能力与干预效果，将在后文案例部分进行详细阐释。

---

① European Force in Bosnia & Herzegovina-EUFOR Mission, http：//www. euforbih. org/mission/mission. htm.

② Stefan Wolff, The European Union and the Conflict over the NAgorno-Karabakh Territory, Report Prepared for the Committee on Member States' Obligations Parlimentary Assembly of the council of Europe.

③ Emma J. Stewart, *EU Conflict Management in the South Caucasus：A Preliminary Analysis*, 2007.

（二）欧盟在非洲的干预行为

欧盟在非洲的干预行为是欧盟对非政策的一个方面，其干预行动在 2000 年之后有突出表现。欧盟对非政策包括两大板块，即地中海盆地和《洛美协定》国家。地中海盆地涉及亚非欧一系列国家，欧盟力图在该区域形成自由贸易区的同时，构建和平与稳定的地中海区域。1995 年 11 月，欧盟 15 国和地中海地区 12 个国家和地区签署了《巴塞罗那宣言》，涉及的北非国家有摩洛哥、阿尔及利亚、突尼斯、埃及。宣言论及防止冲突和人权等领域的政治和安全合作议题。2000 年 4 月，欧盟与非洲首次首脑会议在埃及开罗举行，会议探讨了诸多议程，其中"增强危机处理能力和维和能力，制定制止国家质检和国家内部发生冲突的措施"与暴力性民族冲突及其干预和管理有关。欧盟和非洲首脑通过一常设政府官员委员会和定期的部长会议来落实上述议程，其后的首脑会议还将予以审查。

进入 21 世纪，《洛美协定》为《科托努协定》取代，成为欧盟对非政策的核心，该协定包含了欧盟与非洲在经济、政治等方面的合作。2000 年 6 月 23 日，非洲、加勒比和太平洋地区国家集团（简称"非加太集团"）77 个成员国和欧洲联盟 15 国在贝宁首都科托努签订《非加太地区国家与欧共体及其成员国伙伴关系协定》，即《科托努协定》（Cotonou Agreement）。该协定前身是 1975 年 2 月 28 日由非加太集团 46 个成员国与欧洲经济共同体（欧盟前身）9 国在多哥首都洛美签订的贸易和经济协定《洛美协定》。《科托努协定》从政治、经济、安全等方面提供了各方合作框架，其中第 11 条规定，所有各方将追求积极、全面和一体的政策，旨在在伙伴框架下建立和平、预防与解决冲突。①

正是在这一框架和相关条文的指引下，欧盟逐渐加大了对撒哈拉以南非洲民族冲突的干预。其中对民主刚果的干预行动被认为意义重

---

① http：//europa. eu. int/eurlex/lex/LexUriServ/LexUriServ. do? uri = CELEX：22000A 1215（01）：EN：HTML.

大。2003 年 6 月,欧盟在民主刚果共和国(DRC)采取了代号为阿特米斯的军事行动(Operation Artemis),该行动部署了 1.4 万人,旨在改善地区安全环境、保护难民、推进人道主义形势,它是一个为期 3 个月的暂时性行动,其工作将在同年 9 月移交给联合国。国际安全信息服务中心(International Security Information Service)认为,由于两方面的原因该行动可谓意义重大,其一它是欧盟首次独立于北约而采取的军事行动,其二它是欧盟采用共同安全与防务政策以来首次在欧洲之外采取军事行动。① 欧盟在 2003 年的安全战略中也指出,需要阐述地区冲突和失败国家带来的挑战,以及经济问题和暴力冲突之间的关系。②

本书研究认为,欧盟对非冲突管理并未实施一个综合性的方法,反而受到一些颇具影响的成员国的主导和塑造。欧盟甚至为大国(特别是那些殖民国家)提供了一种在非洲前殖民地发挥影响的手段。欧盟成员国竭力追逐自己的国家利益,特别是比利时(前殖民国家)、法国、英国与荷兰。在某种程度上瑞典、德国特别关注自己广泛的发展合作努力。作为欧洲对外政策的行为体,英国、法国、比利时、葡萄牙与荷兰因为双重角色而拥有更多的声誉。以刚果(金)为例,欧盟在刚果(金)无力领导多边主义,不仅是由于欧盟委员会与欧盟理事会之间的竞争而存在的内部碎片化,还由于欧盟与其成员国之间的合作与协调问题(参见后文非洲案例部分)。

(三)欧盟在亚洲的干预

欧盟对亚洲暴力冲突的干预包括两个部分:暴力性民族冲突与国际战争。暴力性民族冲突包括柬埔寨、斯里兰卡、东帝汶、亚齐、巴勒斯坦等案例。国际战争包括阿富汗战争、伊拉克战争与格鲁吉亚战争。自 1999 年以来,欧盟在亚洲开展了 7 次干预行动,其中 6 次在

---

① Operation Artemis:Mission Improbable? ISIS Europe-European Security Review,No. 18,July 2003,http://www. isis-europe. org/ftp/download/operation%20artemis,%20mission%20improbable%20 – %20esr%2018. pdf.

② http://ue. eu. int/cms3_fo/showPage. ASP? id = 266&lang = EN&mode = g.

西亚（格鲁吉亚与巴勒斯坦各 2 次，伊拉克与阿富汗各 1 次），1 次在东南亚（印度尼西亚），即针对阿富汗的欧盟驻阿富汗警察特派团（EUPOL）（2007—2010），针对伊拉克的欧盟驻伊拉克法律特派团行动（EUJUST LEX-IRAQ）（2005—2009），针对巴勒斯坦的欧盟驻拉法边境援助特派团（EUBAM-Rafah）（2005—2009）与欧盟驻巴勒斯坦警察特派团（EUPOL COPPS）（2005—2010），针对格鲁吉亚的欧盟格鲁吉亚法治特派团（EUJUST THEMIS）与欧盟驻格鲁吉亚的监测特派团（EUMM-GEORGE），针对印度尼西亚亚齐问题的亚齐监督团（AMM-ACEH）。欧盟在亚洲的干预的特征与干预评估，后文有专门的章节加以探讨。

二 欧盟加强干预民族冲突的原因

欧盟自其成立起便非常关注民族政治冲突。首先，这是由欧盟的核心价值观决定的。民主、人权和法治是欧盟崇尚的核心价值观，[①]上述价值观超越了个体公民的民族、语言和宗教背景的多样性与差异性，也往往与民族冲突的一系列消极后果相背离，因为民族冲突涉及人的安全，意味着相关公民的人权、安全得不到保障甚至直接遭到侵犯。欧盟关注包括暴力性民族冲突在内的冲突问题也是由欧盟的设计者的基本理念决定的。从组织产生的角度看，欧盟本身有化解欧洲国家间民族主义冲突的意涵。欧盟原对外事务专员彭定康表示："欧盟能够为构建世界和平稳定做出真正的贡献。这不仅因为它是国际舞台上的主要行为体，也是世界上最大的援助捐赠者。更重要的原因在于欧盟是战争的产物，其设计的初衷就是预防冲突。追求和平是欧盟存在的根本原因之一。"[②]

后冷战时期，欧盟不仅日益关注甚至经常介入组织外的民族冲

---

① Charter of Fundamental Rights of the European Union, 2007/C 303/01, http://eur-lex. europa. eu/LexUriServ/LexUriServ. do? uri = OJ：C：2007：303：0001：0016：EN：PDF.

② Conflict Prevention：Commission Initiative to Improve EU's Civilian Intervention Capacities, IP/01/560, Brussels, April 11, 2001.

突，这与欧洲和亚非等地的国际局势、安全环境之变化息息相关。欧盟更多地介入组织外的民族冲突管理，是由后冷战时期欧洲的发展形势以及欧盟在地区和全球事务中日渐重要的角色决定的。欧盟认为，冷战结束导致世界秩序更加复杂而脆弱，要求欧盟更多地卷入冲突预防之中，以确保和平和打击恐怖主义。① 作为国际社会的一员以及作为重要的国际行为体，欧盟认为自己拥有政治与道德责任，以避免暴力冲突造成的人道主义灾难和资源破坏。②

随着苏联解体和东欧剧变，欧洲的政治和安全形势发生了巨大变化。对欧盟而言，从挑战的角度看，随着意识形态对抗的渐行渐远以及苏联的地缘安全威胁的消失，后冷战时代苏东区域的民族冲突成为欧洲地区安全的热点，也是欧盟面临的最为重大的安全挑战。苏联分裂为 15 个国家，其前身是 15 个以民族制度为基础的苏联的加盟共和国。而南斯拉夫则经过了三次分裂，第一次分为 5 国，然后再演化出第 6 国、第 7 国（科索沃只得到部分国家的承认）。捷克斯洛伐克则相对平和地分裂为捷克和斯洛伐克两国。整体上，苏东剧变的过程包含了暴力程度较低的民族冲突，更不乏显性的、高烈度的民族冲突和内战，且各新国家内和新国家之间仍不乏暴力性民族冲突。这是欧盟面临的新地缘政治环境和安全环境，它不得不谨慎面对。与此同时，冷战结束后，随着苏联解体和华约组织的崩溃，欧盟的国际地位得以提升，但欧盟并没有放慢组织扩展的计划和步伐，它强化了东扩政策，而东扩对象国恰恰面临着潜在的与现实的暴力性民族冲突，这使得欧盟聚焦并加强了组织外民族冲突管理。为此，欧盟进行制度创设和政策更新，其中欧盟的共同外交与安全政策（CFSP）、欧盟的共同安全和防务政策、欧盟东扩政策、欧盟睦邻政策均或多或少与组织外的民族冲突管理相连。

---

① European Commission, *A world player*, *The European Union's external relations*, 2004, http://ec. europa. eu/publications/booklets/move/47/en. pdf.

② EU Programme for the Prevention of Violent Conflicts, 2001, http://www. eu2001. se/static/eng/pdf/violent. pdf.

欧盟干预组织外民族冲突，是欧盟对后冷战世界冲突状况的判定，特别是欧盟所持有的新的冲突管理与冲突解决理念的逻辑延伸。冷战结束后，欧盟便对冲突预防有了更为清晰的认识，并力图推进之。早在1996年欧盟委员会便组建了冲突预防网络（Conflict Prevention Network）。1997年的《阿姆斯特丹条约》确定欧盟建立政策规划与早期预警单元（Policy Planning and Early Warning Unit），旨在监控各地形势和潜在危机的发展，从而形成欧盟第一个冲突预防机制。2000年欧盟建立冲突预防和危机管理单位（Conflict Prevention and Crisis Management Unit），指导欧盟的冲突预防政策。欧盟在其政策文件《加强欧盟在冲突预防中的一致性与有效性》中宣称："欧盟的根本目标就是促进和平稳定，加强世界安全；预防暴力冲突构成其最重要的对外政策挑战之一。"① 2000年12月底通过的《尼斯条约》对共同外交和安全政策做了四点说明（第39条至第42条），其中包括解决民族冲突在内的冲突预防和冲突解决。②

三 欧盟干预民族冲突的政策基础

欧盟前身主要是一个经济组织，然而，在后冷战时期，在欧洲以

---

① Secretary-General and the European Commission, Improving the Coherence and Effectiveness of the European Union Action in the Field of Conflict Prevention, Report Presented to the Nice European Council by the Secretary General/High Representative and the Commission, December 7 – 8 and 9, 2000. in Maartje Rutten edi., From ST-Malo to Nice European Defence: Core Documents, Chaillot Paper 47, 2001, http://www.iss.europa.eu/uploads/media/cp047e.pdf.

② 第39条指出欧盟继续寻求在欧洲发挥其在和平、稳定和安全方面的更大作用的途径。欧盟指出，爱尔兰在维护稳定、广泛的安全环境方面具有巨大的利益。欧盟不仅通过共同外交和安全政策，也通过在联合国的主要作用和其他国际组织的作用寻求这一目标。第40条指出，现存条约的规定意在使《马斯特里赫特条约》建立的共同外交和安全政策更加协调、有效和更为清晰可见。《尼斯条约》对上述规定进行了修改，删除了涉及西欧联盟的规定，并给予设立在布鲁塞尔的政治和安全委员会以条约的基础。第41条通过《阿姆斯特丹条约》的规定发展起来的共同外交和安全政策，包括提高执行人道和危机处理任务"被称之为彼德斯堡（Petersberg）使命"的能力。现存的安全安排和程序为了执行这些任务而进行了调适。有关这一结果的决定是由欧盟理事会在科隆、赫尔辛基、费拉和尼斯等地召开的会议上先后做出的。第42条在签订《阿姆斯特丹条约》时期，曾经设想由西欧联盟代表欧盟在危机管理和冲突预防领域发挥作用。但是，考虑到欧盟在此领域中能力的提高，西欧联盟的作用相对减少，《尼斯条约》对《欧洲联盟条约》的两个条文做了修改，以反映以下现实：欧盟本身将在这些领域执行其自己做出的决定。

及欧洲之外,欧盟正日益成为一个重要的政治行为体。1992 年,欧共体各成员国正式签署了《马斯特里赫特条约》,1993 年 1 月 1 日该条约生效,欧共体更名为欧盟,这标志着欧洲一体化从一个主要是经济和贸易的集团,开始朝涉及外交和安全、司法与内务等事务的经济政治集团方向发展,从而正式开启了欧盟共同外交与安全政策(CF-SP)。其后,欧盟推出了共同安全与防务政策、欧盟东扩政策、睦邻政策,在上述政策和欧盟一体化框架下,欧盟冲突解决的相关制度和思路也得以凸显。

欧盟的共同外交与安全政策是其干预组织外民族冲突的基本工具,同时又可与欧盟东扩这样的次级政策联系起来针对民族冲突。前文简单呈现了欧盟通过组织的条约形式确定了组织目标,其中一些内容能够为民族冲突干预提供规范和政策支持。鉴于后文会有专门的章节论述具体民族冲突个案中欧盟共同外交与安全政策的具体化内容,下面仅就欧盟在干预东南欧地区的民族冲突时如何混合使用共同外交与安全政策、东扩政策和睦邻友好政策进行阐述。

欧洲是一个具有文化多样性的区域。在欧盟内部,有 10 种工作语言和 41 种在使用的少数民族语言,大约 1/7 的人口(约 5000 万)常用该国的非官方语言。自 20 世纪 80 年代起,欧盟及其前身便非常注重从机构建设、法律法规建设等层面来保障少数人的权利、反对种族主义。但直到冷战结束后,欧盟才加大力度保护成员国内的少数民族(各国对少数民族的定义认识差异甚大,争论很多),并将注意力扩展到中东欧以及欧洲之外,也正是在这一段时间,欧盟才将民族冲突及其解决、人权和欧洲国家间边界纠纷、欧洲安全,乃至欧盟东扩联系起来。

1994 年卢旺达大屠杀之后,卢旺达一些力量指责法国政府与屠杀行为有密切关系,但就在同时,法国政府提出了巴拉杜计划(Plan Blalladur),该计划被认为首次将国家间边界冲突的预防与人权问题相连,这一思想影响了后面的《欧洲稳定公约》(Pact on Stability in

Europe)。① 该公约的思想最初由法国倡导提出，后由欧盟具体推动，它包括两方面的内容，其一是多边的睦邻友好宣言（不仅欧盟成员，欧洲安全与合作组织参与国和欧洲其他多边组织的成员国也签署了该宣言）；其二是超过100个双边条约（包括欧盟未来成员国与欧盟当下成员国之间，未来成员国之间、未来成员国与其周边两国之间）。该公约旨在通过解决欧洲国家边界纠纷和民族冲突从而实现欧洲稳定，该公约重点针对中欧和东欧，但不包括南斯拉夫，它强调以政治手段，特别是冲突预防来实现欧洲的安全。②

1996年9月至1998年3月，在稳定公约（Stability Pact）架构下，欧盟与欧洲理事会推出了第一个中欧国家少数民族协作计划（Joint Programme），促使17个中欧及东欧国家负责少数民族事务的官员定期集会、举办专题研讨会（thematic seminars）和进行实地考察。1997年，欧盟设立了一个非集权的专职机构（decentralized community agency），名为欧洲监督种族主义与仇外中心（The European Monitoring Centre on Racism and Xenophobia，EUMC），用以观察欧盟成员国内种族主义、仇外和反闪米（反犹太）主义的发展状况，以制定应对策略并协助各国解决境内的种族歧视问题。1999年6月10日，在欧盟的倡议下，规模空前的巴尔干国际会议在科隆召开，西方大国、俄罗斯和巴尔干七国（南斯拉夫除外）的外长，联合国、北约、国际货币基金组织、世界银行等组织和机构的代表出席了会议。会议通过了一个《东南欧稳定公约》，并就公约的实施做出了安排。

除了上述举措外，欧盟还在其东扩过程中使用条件限制模式，即通过不同种类的条件限制模式来影响他国的民族冲突进程。换言之，对于东南欧尚未成为欧盟成员的国家内部和国家间的民族冲突，欧盟往往以成员国资格来劝服之。作为候选国，欧盟规定必须达到

---

① Christian P. Scherrer, *Ethnicity, Nationalism and Violence: Conflict Management, Human Rights, and Multilateral Regimes*, Ashgate Publishing Company, 2003, p. 195.
② 怀新:《〈欧洲稳定公约〉能稳定欧洲吗?》,《国际展望》1994年第4期。

以下条件：民主制度、尊重人权和少数民族的权利、完全正常运行的市场经济、实施欧盟法的主体、愿意与邻国协商解决争端。① 大体上，欧盟采用了三种条件模式，其一是肯定性条件限制与否定性条件限制模式（pat-tern of positive and negative conditionality）②，其二是条件—服从模式（pattern of conditionality-compliance），其三是技术性条件限制模式（pattern of technical conditionality）。③ 欧盟以成员国候选约束他国的民族冲突，不是口头说说而已，而是有着相关的机制安排，譬如欧盟通过与一些民间机构合作来获取相关信息并展开监督。"欧盟监督加入计划"便是其中最为直接的机制，它是"开放社会研究中心"的附属机构，"开放社会研究中心"是索罗斯所创的"索罗斯基金会"的附属机构。该计划除监督五个欧盟大国（法、德、英、意、西）外，还包括监督加入欧盟的第一批十个中欧及东欧国家的人权和法治发展（human rights and the rule of law），它也与各国民间机构（亦即地方性非政府组织）密切合作，积极与各国政府对话，讨论如何保障"少数人权"以符合"加入欧盟条件"（criteria for EU accession）之要求④。

第三节 暴力性民族冲突与欧盟干预研究综述

一 暴力性民族冲突及其管理研究

暴力性民族冲突议题原本不是国际关系学界比较关注的对象，冷战结束后学界加大了对该议题的研究力度。1994 年美国学者斯蒂芬·埃弗拉（Stephen Van Evera）通过研究指出，大多数学者在谈及

① 前三个条件是由 1993 年 6 月哥本哈根欧洲理事会确定的，最后一个条件是由 1999 年赫尔辛基欧洲理事会确定的。

② Christian Pippan, "The Rocky Road to Europe: The EUs Stabilisation and Association Process for the Western Balkans and the Principle of Conditionality", *European Foreign Affairs Review*, No. 9, 2004, p. 244.

③ 刘作奎：《评析欧盟东扩政策中的条件限制模式》，《国际论坛》2008 年第 4 期。

④ 梁崇民：《欧盟对于少数人权之保障》，《欧盟研究》2004 年第 1 期。

民族主义与战争的关系时，想当然地视民族主义为战争的根源，但事实上这缺乏证据和深入解释。有些学者虽然也谈及民族主义与战争的关系，但语焉不详或分析深度不够。譬如，在路易斯·斯奈德（Louis Snyder）的《民族主义百科全书》（*Encyclopedia of Nationalism*）一书中，民族主义和战争这一标题下只有两页篇幅，且他所列举的参考书也很少涉及这一议题。冷战结束后，国际政治学界对既有的理论进行了深刻反思，因为一方面它们无法充分解释雅尔塔体系的和平终结，另一方面新一轮民族主义浪潮奔涌而至，国际政治学界必须深刻反思其原有的研究规划。民族冲突与民族主义议题更多地被纳入研究议程。米尔斯海默承认，脱离民族与民族主义，就不能完成20世纪和平事业的讨论。巴里·波森（Barry Posen）则进一步承认，对民族问题和民族主义缺乏兴趣的传统，削弱了新现实主义"解释当前困境的能力"。其后，学界出现了一系列研究暴力性民族冲突的作品，如克里斯托弗·丹德克（Christopher Dandeker）主编的《民族主义与暴力》以及布朗等人主编的《民族主义与族群冲突》《族群冲突与国际安全》三本论文集收集了多篇从不同视角探讨民族问题、民族主义和暴力（乃至战争）的关系，特别是民族主义作为国际冲突的原因的分析的论文。其中，埃弗拉关于民族主义与战争关系的演绎性分析以及阿萨德·阿齐兹（Assad E. Azzi）的心理学分析颇为系统、深入。

在上述暴力性民族冲突议题研究中，民族冲突管理和国际干预是一个稍显薄弱但又值得深入探讨的部分。20世纪90年代晚期以后，西方学界相关研究开始增多，逐渐出现了一系列作品。1998年戴维·雷克与唐纳德·罗斯柴尔德等人撰写了《族群冲突的国际传播》一书，旨在回答族群冲突是为什么，什么时候以及怎样跨境传播的，这样的跨境传播是否能够得到管理，如何实施最佳管理。虽然有关族群冲突的成因和动力存在多种解释，但该书认为，最主要的驱动力是对未来的集体恐惧，而导致这一恐惧的动因包括生存困境、国家虚弱和信息不对称。而族群冲突的国际传播则包括了水平（外溢到国外的同一族

群）和垂直（新的行为体参与）两个面向。① 除导论与结论部分外，
该书包括三个部分：族群冲突的国际传播理论和经验、族群冲突的国
际传播的限度、跨境族群冲突的管理。书中有一篇文章讨论从预防外
交的层面管理族群冲突，只用很小篇幅讨论了联合国与美国的相关行
动。② 同一年，甘古力与塔拉斯（Rajat Ganguly and Ray Taras）合作撰
写了《理解族群冲突：国际维度》一书，该书分为理论与案例两个部
分。其理论部分的第四章从国际第三方干预的角度讨论了族群冲突的
解决，③ 案例部分也对第三方干预有过些许讨论（车臣问题、魁北克
问题、斯里兰卡内战、非洲失败国家以及美国作为第三方进行干预）。
1999 年马克·H. 罗斯（Marc Howard Ross）与杰伊·罗斯曼（Jay
Rothman）主编了《族群冲突管理的理论与实践一书》，该书的特色在
于它聚焦于从理论与个案的角度探讨了独立于政府的草根组织或自主
的社会组织在族群冲突管理中的作用。④ 2000 年 11 月 3—4 日，德国
汉诺威大学政治研究所举办民族冲突管理研讨会，研讨会中的部分作
品结集出版，即君恩特·帕拉佛等人所著的《族群冲突管理：以南提
洛尔、巴斯克及北爱尔兰为例》。⑤ 该书所涉及的冲突管理，其行为主
体是当事国政府。乌尔里奇·斯克内科勒与斯蒂芬·沃尔夫（Ulrich
Schneckener and Stefan Wolff）2004 年主编了论文集《族群冲突的管理
与处置：欧亚非的成功与失败》该文集分为五个部分：冲突管理与处
置的概念化、权力分享系统、领土性方法、双边和多边性方法、所得
的经验与教训。在该文集中，只有第四部分有一篇文章专门探讨民族

① David Lake and Donald Rothchild eds. , *The International Spread of Ethnic conflict*：*Fear,
Diffusion and Escalation*, Princeton University Press, 1998.

② Bruce W. Jentleson, "Preventive Diplomacy and Ethnic conflict: Possible, Difficult, Nec-
essary", in David Lake and Donald Rothchild eds. , *The International Spread of Ethnic conflict*：
Fear, *Diffusion and Escalation*, Princeton University Press, 1998, pp. 293 – 316.

③ Rajat Ganguly and Ray Taras, *Understanding Ethnic Conflict*：*The International Dimension*,
Longman, 1998.

④ Marc Howard Ross and Jay Rothman, *Theory and Practice in Ethnic Conflict Management*,
Macmillan Press, 1999.

⑤ 君恩特·帕拉佛等：《族群冲突管理：以南提洛尔、巴斯克及北爱尔兰为例》，杜
子信、蔡芬芳译，前卫出版社 2003 年版。

冲突的国际干预（科索沃问题与东帝汶问题的国际干预及其后果）。[①]
上述作品以论文集居多，从国际关系的不同侧面阐释了民族冲突及其
解决，外部干预是其中的一个维度，但相关阐释并不够全面透彻。在
专著方面，近年来英国伯明翰大学的沃尔夫（Stefan Wolff）教授对世
界民族冲突（特别是北爱尔兰问题、巴尔干半岛民族冲突、中东欧与
苏联地区、中东北非等）及其治理的现状与理论做了系统而深入的研
究。其 2006 年由牛津大学出版的《全球视角下的族群冲突》[②]，被认
为是民族冲突方面具有里程碑意义的作品，在学界和政界影响颇大。
2009 年他又与人合著有《族群冲突：原因—结果与回应》一书。[③]

二 暴力性民族冲突的第三方干预

在民族冲突外部干预方面，第三方调解和第三方强制干预是核
心议题，但国际政治学界在探讨这一议题时往往将民族性冲突与非
民族性的暴力冲突合在一起加以讨论。亚历克西斯·赫拉克莱德
（Alexis Heraclides）在冷战结束之时撰文分析了民族分裂主义冲突中
的外部介入（involvement）[④]，而罗伊·利克莱德（Roy Licklider）综
合性地考察了 1945—1993 年内战中谈判解决冲突的结果，说明了第
三方调解在冲突管理中的意义和局限性。[⑤] 帕特里克·里甘（Patrick
M. Regan）分析了成功的第三方干预的条件。[⑥] 对第三方干预进行全

① Ulrich Schneckener and Stefan Wolff, *Managing and Settling Ethnic Conflicts*：*Perspectives on Successes and Failures in Europe*, *Africa and Asia*, 2004, Hurst & Company.

② Stefan Wolff, *Ethnic Conflict*：*A Global Perspective*, Oxford University Press, 2006.

③ Stefan Wolf and Karl Cordell, *Ethnic Conflict*：*Causes—Consequences—Responses*, Polity 2009.

④ Alexis Heraclides, 1990, "Secessionist minorities and external involvement", *International Organization*, Vol. 44, pp. 341 – 378.

⑤ Roy Licklider, "The Consequences of Negotiated Settlements in Civil Wars, 1945 – 1993", *The American Political Science Review*, Vol. 89, No. 3, 1995, pp. 681 – 690.

⑥ Patrick M. Regan, "Conditions of Successful Third Party Intervention in Trastate Conflicts", *The Journal of Resolution*, Vol. 40, No. 2, 1996, pp. 336 – 359；Patrick M. Regan, "Choosing to Intervene：Outside Interventions in Internal Conflicts", *The Journal of Politics*, Vol. 60, No. 3, 1998, pp. 754 – 779.

面深入研究的要数英国学者罗伯特·纳尔班德万（Robert Nalbandov）了。2009 年他出版族群冲突第三方干预的专著——《族群冲突的外部干预》一书，该书分为七个部分，第三方干预理论、族群冲突外部干预的量化分析、乍得个案、格鲁吉亚个案、索马里个案、卢旺达个案、成功干预的时机与方法。① 该书的一个特点是非常全面而深入地对第三方干预理论进行了阐释，另一个特点是量化分析与个案研究相结合。理论上，罗伯特·纳尔班德万认为，与单边干预相比，多边干预更容易成功，这一判断建立在四方面的假设上。第一，不管外部支持者的接受者是谁，干预的结果往往是要求建立能够长期有效的、具有合法性的制度，而与单边干预相比，多边干预更容易建立起合法性更强的制度安排。第二，多边干预所建立的具有很高合法性的制度安排意味着多边干预者的行动往往是公正的，这一公正行动能够有效减少违反停火带来的收益，增强冲突各方信任水平。第三，倘若多边干预者不那么不偏不倚，他们也会采取具有一定偏见的共同行动，但该行动不会完全偏袒冲突中的一方，因为它要照顾冲突各方不同的意愿。第四，与单边干预相比，多边干预具有更高的透明度。他同时也指出，不能完全用失败或成功来衡量干预行为，因为冲突进程和冲突解决进程的环境非常复杂，影响因子众多，特别是干预前的一些基本背景（譬如干预前是持续的战争状态，还是一方取得了决定性胜利，或是军事僵局，或是突破解决冲突）和因素可能会对干预进程起到重大影响。② 但包括玛莎·芬尼莫尔（Martha Finnemore）在内的学者并不认同多边干预一定会比单边干预更为有效。

三 欧盟干预民族冲突研究

欧盟干预组织外的民族冲突属于第三方干预的范畴，同时它又属

---

① Robert Nalbandov, *Foreign Interventions in Ethnic Conflicts*, Ashgate Publishing Company, 2009.

② Ibid. , pp. 18 – 19, 20 – 22.

于国际组织干预民族冲突这一议题。这里并不对国际组织干预做文献综述（后文有专门的章节讨论国际组织干预），① 而是聚焦于欧盟干预民族冲突的研究状况。学界关于欧盟干预民族冲突的研究，大体上分为下述三个进路，线索鲜明。

（一）从欧盟的共同安全与外交政策角度阐释欧盟干预民族冲突

冷战结束以后，国内外学者对欧盟的共同安全与外交政策（CFSP）进行了大量卓有成效的研究。CFSP 所涉及的议题非常广泛，组织外民族冲突管理只是其中一个次级议题，但它又与欧盟的其他具体政策如欧盟东扩、欧盟的睦邻政策、欧盟的非洲政策、欧盟的中东政策、欧盟的东南亚政策有着或强或弱的关联。一些学者通过研究欧盟的共同安全和外交政策而涉及欧盟干预组织外民族冲突这一议题，或从欧盟冲突管理的角度审视民族冲突干预。② 沃尔夫和理查德·怀特曼（Richard G. Whitman）认为这样的研究有四个方面的不足。第一，目前关于欧盟内部的政策进程的作品主要围绕共同安全和防务政策（ESPD）和欧盟共同外交与安全政策（CFSP）的发展以及该政策在具体国家和地区的实施状况，但上述作品往往未能将两者联系起来进行讨论。第二，基本上缺乏对欧盟作为欧洲冲突管理者的比较研究，更不用说对欧盟在区域外冲突管理者角色的比较研究。第三，在某种程度上，现存的作品聚焦于欧盟作为冲突管理者的角色，它提供了欧盟与其他国际或地区组织关系的比较洞见，或者考察了欧盟的冲突管理，但那是作为最近欧盟更重要的大政策如东扩政策的一部分而加以讨论的。第四，在学科上，研究欧盟的共同安全防务政策和欧盟的共同外交与安全政策的作品，仍然只是从政治学的子学科或国际关系学

---

① 代表性作品有 Milton J. Esman, Shibley Telhami Ithaca, eds. , *International Organizations and Ethnic Conflict*, N. Y. Cornell University Press, 1995。

② 2008 年 5 月 16 日英国巴斯大学（university of Bath）举行了一个名为"The EU as a Global Conflict Manager: Conceptual and Theoretical Perspectives"的学术研讨会。此前在诺丁汉大学还召开了主题类似的研讨会——"The European Union as a Global Conflict Manager: From Pragmatic Ad-hocism to Policy Coherence?"这一系列研讨会是由英国经济和社会研究委员会发起的（The Economic and Social Research Council）。

的角度探讨冲突管理。①

在欧盟干预组织外民族冲突议题中，学者们注意到成员国资格成为了欧盟在组织外欧洲区域干预行为的重要政策工具，② 但这一政策工具也有其局限性，因为欧盟遇到的难题是，一方面该工具的作用很大程度上不依赖于欧盟本身，而是取决于参与国的意愿；另一方面如果欧盟再不能使用成员国资格这一最为重要的工具，它如何有效介入东扩区域的冲突，它有什么替代性考量和策略。乔治·卡莫夫（Georgi Kamov）认为，欧盟在解决东扩区域的冲突问题上缺乏清晰的战略，成员国资格的胡萝卜加大棒的策略无法解决上述冲突，而且也更依赖其他因素的作用，譬如欧盟采用的方法的一致性，成员国资格的可信度，有关各方对欧盟的感知，欧盟所实施工具的范围，冲突进程中其他行为体的作用以及他们是否愿意与欧盟进行合作。③

（二）欧盟干预民族冲突的个案研究

随着欧盟干预组织外民族冲突的增加，相关案例研究也凸显出来，这些个案有的以文集的方式出版发行、更多的则是论文和研究报告，有些研究还在个案的基础上进行了比较研究④。在这些个案研究中，有两个系列值得一提。

其一是 2008 年设立于比利时的非政府组织 QECA 推出了一系列有关欧盟在非洲、加勒比海与太平洋地区的主流冲突预防行动（Ma-

---

① Stefan Wolff and Richard G. Whitman, The European Union as a Global Conflict Manager: From Pragmatic Ad-hocism to Policy Coherence? http://www.stefanwolff.com/files/The%20European%20Union%20as%20a%20Global%20Conflict%20Manager%20（Backgrounder）.pdf.

② 刘作奎：《评析欧盟东扩政策中的条件限制模式》，《国际论坛》2008 年第 4 期。

③ Georgi Kamov, EU's Role in Conflict Solution: The Case of Eastern Enlargement and Neighborhood Policy Areas, 2006, p. 71. 他认为，清晰战略的架构应包括五个方面：第一，关于冲突及其相关行为体的基础性知识；第二，阐明自己的目标以及实现目标的手段（共同外交与安全政策和欧洲安全与防务政策两者给欧盟带来了什么）；第三，服务框架（serving a framework）；第四，地区合作；第五，与俄罗斯形成战略伙伴关系。

④ Charles C. Pentland, ed., Bridges to Peace: Ten Years of Conflict Management in Bosnia, Kingston: Queens University Press, 2003; Sona Margaryan, The European Union Intervention Policy in Ethnic Conflicts: the Case of South Ossetia, Abkhazia, Nagorno-Karabakh, Transnistria and Cyprus, 2010.

instreaming Conflict Prevention：A Study of EU Action in ACP Countries）研究报告，它包括六个国家（斐济、乌干达、索马里、苏丹、尼加拉瓜、海地）的个案研究报告，[1] 每一国家报告的结构和内容颇为相似，首先是介绍冲突的基本情况，然后说明军事领域解除军事装备及其轻小型军事准备管理，安全领域的改革和对话，政治领域的改革和对话，女性保护，过渡时期社会领域的社会公正建设，有的个案中还包括自然资源及其管理，当然每一部分都会谈及欧盟所扮演的角色。

其二是英国经济与社会研究委员会在伯明翰大学发起的一个名为《欧盟作为全球冲突管理者：从务实的特殊论到政策一致？》的研讨会。研讨会从个案的角度分析欧盟冲突预防、管理和冲突解决的能力发展与能力实施，五个个案分别是西巴尔干、苏联解体后的一些边缘区域（如南高加索与摩尔多瓦）、中东（巴以冲突）、非洲（民主刚果与苏丹）、印度尼西亚（亚齐问题）。[2]

（三）欧盟干预民族冲突的评价与成败评估

在民族冲突研究中，政策评价与管理评估是非常重要但颇具难度的研究议程。从目前学界的相关研究来看，管理评估主要集中在两个部分：国家的国内民族冲突管理评估和以国际组织为代表的第三方民族冲突管理评估。前者主要聚焦于一些大国的民族冲突管理评估，譬如美国、俄罗斯和印度等国政府对其国内的民族冲突管理的评估，后者聚焦于联合国、欧盟等国际组织的民族冲突管理评估。当然，还有一些学者会从政策及其成效层面分析外部国家干预其他国家内民族冲

---

① 六篇文章均可以在下面网站下载：www. quaker. org/qcea。The Quaker Council for European Affairs（QCEA）成立于 1979 年，它是一个注册于布鲁塞尔的非营利性、非政府的国际组织，旨在在欧洲背景下推进 Quakers 所倡导的宗教社会的价值，其目的是从 Quaker 的视角讨论和平、人权和经济公正。

② Stefan Wolff and Richard G. Whitman, "The European Union as a Global Conflict Manager：From Pragmatic Ad-hocism to Policy Coherence?" University of Nottingham, http：//www. stefanwolff. com/files/The% 20European% 20Union% 20as% 20a% 20Conflict %20 Manager% 20 （Backgrounder）. pdf.

突，实际上也涉及冲突管理评估。在国家冲突管理评估上，政策学层面已有相当多的研究框架和成果，而对于国际第三方干预的评估，则显得还比较薄弱。就欧盟而言，其在民族冲突干预进程中的作用、形象和绩效评估也是学界所看重的议题。

1. 干预所造就的国际形象

本·特纳（Ben Tonra）指出，随着欧盟在全球冲突预防、管理和解决（特别是民族冲突）议题上日益扮演重要角色，国际社会就欧盟在危机干预方面所展现的国际形象存在诸多争议，即被认为具有独一无二的资质与能力的欧盟，在危机干预议题上被描述为帝国性强权（imperial power）、西方强权（western power）、现代强权（modern power）与后现代（post-modern power）强权的不同形象，这一不同形象的竞争说明，欧盟在危机干预和处理方面扮演了重要的角色，但它仍然是有许多关键性不足的行为体。这一争论的形象对欧盟决策者和支持欧盟的公民们而言都应该是有启发意义的。

2. 干预能力评估

斯蒂芬·沃尔夫（Stefan Wolff）以层次研究法为基础，以20世纪90年代以来的科索沃民族冲突为个案，考察了民族冲突的地区性和国际性干预的成功和失败，其中地区和国际干预主体包括联合国、北约、欧安会和欧盟。其结论是，民族冲突的干预成败要从国内背景，民族冲突处置的内容（即针对冲突各方的制度安排的内容）和国际干预的本质、时机和范围三个方面加以阐释。虽然他将国际干预排在第三位加以解释，但他认为国际干预的成功是同等重要的，而且国际干预还能影响前两方面的内容。国际干预的成功在于它能够为冲突各方通过谈判解决问题提供物质和政治支持，能够在冲突处置阶段（制度安排）提供技术、资金和维和行动支持，并有助于管治冲突解决进程中的破坏行为，总之它能通过改变、限制或影响冲突国家内部环境、冲突处置中的制度安排、冲突中的外部干预等方式推进冲突的解决。他还认为国际干预的作用在未来的冲突解决中仍然是重要的，前提是总结和归纳成功的①。

沃尔夫对地区性组织干预成败的评估提出了值得拓展和学习的思路。他在《民族冲突的地区与国际管理成功或失败的形式》一文中界定了成功的国际组织干预民族冲突形式必须具备三大能力，即行动能力、资金能力与合作协调能力（见图 1 - 1）。② 这一理论线索可以用来评估国际行为体治理民族冲突。所谓干预的行动能力，主要是指国际行为体在干预过程中能否调集足够的执行人员（军事、司法、外交、社会建设诸方面），对必备物质资源进行调运、分配，以及针对冲突制定和实施健全的制度与政策工具。干预主体的资金能力，即是国际行为体干预民族冲突过程中是否能够筹集到足够的资金以应对短期与长期干预任务的经费需求，并且还要确保干预资金的及时到位，要与整个干预进程相匹配，否则将影响到干预的成效。干预主体的合作协调能力，即治理主体能否协调好有关各方的关系（包括国际组织内部关系、此干预主体与彼干预主体的关系、干预主体与冲突各方的关系），力所能及地创造优越的条件让冲突各方进行谈判。

在笔者看来，对于冲突干预能力的评估，还可以以软实力和硬实力为分类方式，结合冲突进程，区分出不同的二级指标，即相关的各种能力（见图 1 - 2）。具体来说，冲突干预能力包括软实力与硬实力，前者体现在干预者是否以及在何种程度上能提供具有吸引力、说服力的旨在冲突解决的各种方案、理念和机制，大体可分为冲突中的斡旋、磋商平台供给能力，冲突中提供问题解决的思路、方案的能力，为后冲突时期提供重建方案的能力。后者主要体现在干预者是否以及在何种程度上提供各种物质资源和威慑力来确保冲突不升级、不扩大、不恶化，或阻止冲突中的某一方不以军事手段单边解决问题，或提供物质资源来救助和帮助冲突中的受害者、受难者，保障相关国

① Stefan Wolff, *The Regional and International Regulation of Ethnic conflict Patterns of Success and Failure*, 2009.
② Ibid.

民的生命、财产安全与其他各项权利。在硬实力中，既包括救助性的能力（针对冲突中的受难的国民和大众），也包括隔离性能力和警示性能力（针对冲突各方及冲突区），还包括制裁性能力，即惩罚能力（针对冲突各方的违约），后冲突时期秩序建设保障能力（物质层面）。能力评估可以进程性地展示冲突干预主体各方面的行动及其效果。

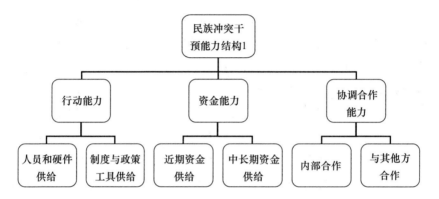

图 1-1　民族冲突干预能力结构 1

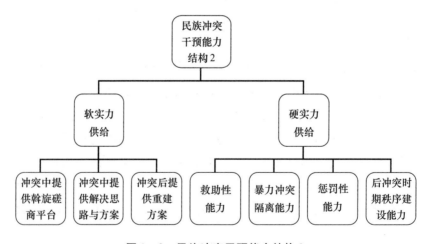

图 1-2　民族冲突干预能力结构 2

3. 干预目的导向评估

民族冲突及其解决是一个复杂的社会进程，不同民族冲突进程中包含的各种要素程度不一地或主动或被动地介入其中，因此干预的结果是多因素合力促成的，第三方干预只是其中的因素之一。就第三方干预的评估而言，除了干预者的能力评估外，还可以从结果导向来分析检测。对于后者，费特（Annemarie Peen Rodt）做出了系统的研究。他在《欧盟冲突预防与危机管理的绩效评估》一文中提到了内部目标与外部目标的二元分类可以作为相关分析的框架。在费特看来，目标评估包括内部目标和外部目标两种类型。内部目标主要是从干预者的角度出发，分析民族冲突干预者的目标，即干预进程和结局与干预者目标的关系。外部目标则是从被干预局面出发，即评估第三方干预进程对冲突解决的意义和影响（见图1-3）。①

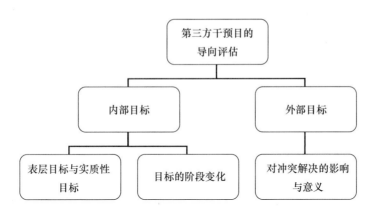

图1-3 第三方干预目的导向评估

在内部目标层面，我们需要从两个层面加以详细区分。其一是表层目标与实质性目标的分类。作为干预者，不管是国家还是非国家的

---

① Annemarie Peen Rodt, *Defining and evaluating success in European Union military conflict management*, 2008, http：//citation. allacademic. com//meta/p_ mla_ apa_ research_ citation/2/5/3/8/5/pages253852/p253852 - 1. php.

各种组织，在干预目标上常常名实不符，名义的目标多以外交言论来呈现，而实际目标则要通过细致观察和深入分析才能知悉，这说明了干预者干预动机具有多样性，有时他会直白地说出来（多具有道义和道德的基础），更多时候他会隐藏一些（私利或不想为人所知的目的）利益诉求。其二是干预者目标经常出现阶段性变化。譬如欧盟这样的外部干预者，在科索沃问题上经历了较为明显的政策调整，其中包含对于该冲突的理解以及利益认知和判定的变化。在外部目标层面，我们则需要将干预者的努力纳入整个冲突进程进行分析和评估，具体呈现干预者的行为和意义。

不管是能力导向的评估，还是结果导向的评估，都会面临评估中的价值有涉问题，这是评估中的一个难点。譬如能力评估中软实力层面的平台建设、冲突解决方案与后冲突秩序重建方案提供，或多或少与意识形态和价值存在关联（譬如西方在科索沃等地开出的"药方"往往基于西方的实践模式——通过市场、法治、市民社会建设来提供秩序或重建秩序，但经常与被干预地域的实际诉求、需求和环境不匹配）。而在硬实力层面，救助及不及时、隔离的效果、惩罚的边界等都包含了一些引起争议的问题（常规的说法是"人道主义干预"引发新的人道主义灾难、人权原则挑战主权原则）。

第四节 基本框架、思路和研究方法

本书在研究思路和方法上力图有所拓展有所创新，基本思路大体遵循与体现三个结合：理论研究与经验研究相结合，欧盟干预民族冲突的区域概览和重点个案深入剖析相结合，国际组织的干预研究与民族问题的国际性研究相结合。

在理论层面，本书主要探索组织干预与民族冲突管理理论，围绕欧盟的干预政策，还会与欧盟一体化的理论争论相关联，即欧盟行为究竟是超国家主义的还是政府间主义的（或者说是建构主义的还是理性主义的）。① 本书通过理论与案例分析来回应上述讨论。在案例层面，东南欧地区以科索沃问题为案例，非洲地区以刚果（金）为案例，亚洲以斯里兰卡和亚齐等为个案。每一个个案的逻辑线索大体是分析欧盟干预组织外暴力性民族冲突具体原因，欧盟干预区域外暴力性民族冲突的基本手段、工具和战略，欧盟干预成败或绩效评估。与此同时，本书讨论了民族因素在欧盟干预中扮演何种角色，如何导致其干预理念与政策的变化。

本书分为七章。第一章为导论，旨在提出问题，厘定基本概念，呈现欧盟在各区域进行干预的概貌，勾勒与分析学界已有研究成果，阐述本书的研究思路与方法。第二章分析国际组织视角下的国际干涉行为，阐述国际组织干涉行为的合法性来源、国际规范的演变对干涉行为的影响，进而探讨国际组织干涉行为的效果。第三章在案例分析的基础上分析了欧盟干预亚洲的政策工具、主要举措、干预特点、干预中的问题与启示。第四章以科索沃问题为对象，分三个阶段阐述了欧盟干预的政策工具、角色与作用，并分阶段评估了欧盟的干预绩效。第五章以刚果（金）为对象，阐述了欧盟干预的支柱、方略以及其内在的不足。第六章是画龙点睛的提升部分，它重点透视了欧盟干预所折射的复合形象，指出欧盟干预的复杂性与多样性。第七章旨在探索欧盟干预研究对中国的启示，这是具有学术自觉的努力，即以中国对非援助以及创造中国的介入学说为着眼点，探索新形势下中国如何反思与拓展不干涉内政原则。

---

① 代表性的国内文献有余南平：《欧盟一体化共同安全与外交政策》，华东师范大学出版社 2009 年版；孔刚：《欧盟共同安全与防务政策》，军事谊文出版社 2010 年版。

第二章　国际组织视角下的
国际干涉行为

　　冷战后，以联合国为代表的政府间国际组织在对外干涉中的作用变得越来越突出，这些组织可以通过实施经济制裁、派遣民事警察乃至直接派遣军事力量的方式来对目标国实施干涉，以帮助目标国恢复到和平的状态。对国际组织的干涉行为进行理论探讨涉及国际法、国际关系和社会学等各个学科，而其所涵盖的内容则包括国际组织进行干涉的合法性和权威的来源、国家组织内部的运作机制以及国际组织和国家的互动方式等。除联合国外，以欧盟和非盟为代表的地区性组织在对外干涉中所扮演的角色也变得越来越重要，正在成为对外干涉和维和行动中一支不可或缺的力量。例如，欧盟在 20 世纪 90 年代末以来先后在马其顿、刚果（金）和波黑等地开展了军事行动，还在波黑等地区开展了非军事的行动。非盟也在布隆迪、索马里和苏丹等地开展了维和行动。这一切表明，当前政府间国际组织（包括全球和地区性组织）已经成为实施干涉行为的重要行为体，并且具有国家行为体所不具备的优势。因此，我们有必要从理论和实践的角度来分析国际组织的干涉行为。

　　当前，以联合国、欧盟和非盟为代表的政府间组织所倡导和维持的各种干涉活动越来越多，对国际事务的影响也变得越来越大。总体上看，这些国际组织的干涉行为都具有合法性，因此也得到了其大部分成员国的认可。国际组织的干涉行动对于维护目标国的和平、恢复目标国的国内秩序发挥了重要的作用，但是其有效性也受到一定的争

议，并且有学者对此提出了不同的看法。冷战后，国际组织大量增加
的干涉行为主要取决于同干涉相关的国际规范的变化以及国际组织自
身的合法性的增强。就国际规范而言，主权概念的扩展和随之而来的
"保护的责任"概念的发展以及"人的安全"的概念日益受到人们的
重视，这种规范的变化又推动了国际组织所从事的干涉行动的合法性
的增强。

　　不过，对于国际组织的干涉行为的效果，不同的学者也存在着不
同的观点。实证研究可以发现，国际组织的干涉行为并不总是有利于
冲突的解决的，有些时候甚至会产生意想不到的后果。① 例如，有的
时候国际组织的干预甚至会推动侵犯人权的行为的出现。因此，在面
对不同的干涉案例时我们需要进行具体分析，以判断干涉的效果和作
用。在内容上，本章首先探讨了国际组织进行干涉的权力的来源，或
者说是其进行干涉的合法性问题。其次，本章分析了有关人道主义干
涉的国际规范的变化对于国际组织的干涉行为的推动作用，其中主要
包括主权概念的变化和"人的安全"概念的发展。再次，本章对现
有文献中关于国际组织干涉效果的研究进行了分析，揭示了国际组织
的干涉行动对国家所产生的影响。最后，本章在分析的基础上提出
结论。

---

　　① Megan Shannon, Daniel Morey and Frederick J. Boehmke, "The Influence of International Organizations on Militarized Dispute Initiation and Duration", *International Studies Quarterly*, Vol. 54, No. 4, 2012, pp. 1123 – 1141; Robert W. Rauchhaus, "Principal-Agent Problems in Humanitarian Intervention: Moral Hazard, Adverse Selection, and the Commitment Dilemma", *International Studies Quarterly*, Vol. 53, No. 4, 2012, pp. 871 – 884; Charles Anthony Smith and Heather M. Smith, "Human Trafficking: The Unintended Effect of United Nations Intervention", *International Political Science Review*, Vol. 32, No. 2, 2010, pp. 125 – 145; Paul F. Diehl, Jennifer Reifschneider and Paul R. Hensel, "United Nations Intervention and Recurring Conflict", *International Organization*, Vol. 50, No. 4, 1996, pp. 683 – 700; Dursun Peksen, "Does Foreign Military Intervention Help Human Rights?", *Political Science Quarterly*, Vol. 65, No. 3, 2012, pp. 558 – 571; Alex J. Bellamy, "Ethics and Intervention: The 'Humanitarian Exception' and the Problem of Abuse in the Case of Iraq", *Journal of Peace Research*, Vol. 41, No. 2, 2004, pp. 131 – 147; Kyle Beardlsley, "UN Intervention and the Duration of International Crisis", *Journal of Peace Research*, Vol. 42, No. 2, 2012, pp. 335 – 349.

第一节　国际组织干涉行为合法性的来源

　　合法性（legitimacy）本身是一个政治学的概念，用来描述一个国家的公众对于政府的统治的认可，它反映了人们的一种心理态度，即认为政府的统治是合法的和公正的。① 在国际关系研究中，玛莎·芬尼莫尔（Martha Finnemore）和伊恩·赫德（Ian Hurd）等人都曾经系统地研究过这一概念在国际关系当中的作用。例如，芬尼莫尔等人在研究国际法同国际政治的关系时曾经指出，一方面，国际法的合法性取决于它自身的特性，即国际法只有在它制造了总体上可行的规则、表现出清晰性和确定性、同其他规则保持一致、得到广泛的传播以至于公众可以了解它们、具有相对稳定性、有可能得到行使并且同官方的行动保持一致的条件下才能具有合法性；另一方面，其合法性也来自外部的承认，即只有在体系中的施动者承认法律所反映的规则具有必要性的条件下它才能具有合法性。② 在芬尼莫尔等人看来，合法性是同责任和义务紧密联系在一起的，也就是说合法性产生了某种义务。它可以被看成是一个自变量，导致了人们的义务感，并且授权具有代表性的行为体按照法律所规定的义务行事。③ 这样，合法性就将义务同行为联系起来。

　　事实上，在国际关系领域，合法性实际上就是行为体的行为被施加了某种限制性的因素，无论国家还是非国家行为体都会受到这种限制，即使是国际体系中最强大的行为体也不能例外。对此，芬尼莫尔认为作为单极霸权国的美国仍然要考虑合法性对于其行为的影响，因为只有在单极强国将它的权力合法化之后，它才能更有效地运用这些权力。这就要求霸权国要在一定程度上承认其他国家所拥有的权力，

---

　　① ［美］迈克尔·罗金斯：《政治科学》，林震译，华夏出版社2006年版，第5页。

　　② Martha Finnemore and Stephen J. Toope, "Alternative to 'Legalization': Richer View of Law and Politics", *International Organization*, Vol. 55, No. 3, 2001, p. 749.

　　③ Ibid., p. 750.

因为它的合法性取决于其他国家的认可。① 总体上看，合法性是一种社会现象，因为一个国家或国际组织不能凭借其自身的力量来获得合法性，而只能依靠其他行为体的承认来获得。也就是说，合法性不可能在真空当中产生，而是只有在一种特定的社会环境当中才能具有意义。② 对于他者而言，承认一个霸权国的合法性并不意味着它们就认为该霸权国是合理的，而是表示它们至少默认了霸权国在其中行使权力的社会结构。如果缺乏了合法性，国际体系就会变得不稳定。尽管单极国家单纯依靠其自身的物质性理论也可以维护体系的秩序，但是这种秩序是不稳定的，也不能长久维持。要维持体系的长久稳定，就需要这一体系具有一定程度的合法性。③ 就国际关系而言，实际上对于合法性的要求比国内政治更高，因为它需要在国际舞台上行动的国家具有双重的合法性。一方面，国家的对外行为要符合其国内所信奉的价值，这样才能在国内赢得合法性；另一方面，它的行动还要尽量地符合其他国家的领导人和公众的价值，以便在国际舞台上赢得合法性。如果不能在国际舞台上赢得合法性，一个国家的行动就可能会遭到其他国家的抵制。④

在当代国际关系中，国家寻求合法性的一个主要方法就是寻求特定的国际组织的支持。这是因为尽管组成国际组织的国家之间的大小强弱不尽相同，但是国际组织在一定程度上满足了约翰·罗尔斯（John Rawls）和尤尔根·哈贝马斯（Jürgen Habermas）所强调的"程序性正义"的原则。在罗尔斯看来，正义是通过人们在"无知之幕"（veil of ignorance）之后进行选择来实现的。处于无知之幕当中的个体都不会因为自然的机遇或是社会环境当中的偶然因素而受害，也就是说，所有的个体的处境都是相似的，无人能够设计有利于他们的特殊

① Martha Finnemore, "Legitimacy, Hypocrisy, and the Social Structure of Unipolarity", *World Politics*, Vol. 61, No. 1, 2009, p. 60.

② Ibid. , p. 61.

③ Ibid. , p. 62.

④ Ibid. , p. 65.

情况的原则。所谓的正义，就是各方在这种环境当中达成公平的协议或者契约。① 哈贝马斯则比罗尔斯更近一步，承认各个个体之间在价值观方面存在着差异，并且致力于找到调和这种价值冲突的方法。哈贝马斯指出，各个个体是从"理想语境"出发，经过"话语程序"而达到"协商共识"。在达成这种共识的过程当中，每一方都被允许平等地参与对话，并且每一方都可以对他人的主张提出疑问，也可以提出自己的主张，或者是表达自己的态度、欲望或需求。② 在对国际组织的研究当中，伊尼斯·克劳德（Inis Claude）在 20 世纪 60 年代就提出了联合国所具有的"集体合法化"（collective legitimization）功能，而这也可以看作是程序性正义的一种体现。克劳德认为国际组织应该被看作对国家的某些政策或行动所表达的具有政治性意义的同意或者反对的分配者，而这是联合国等国际组织所具备的首要政治功能。③ 这种集体合法化意味着，国家的领导人会有意识地寻求尽可能多的其他国家对于其外交政策的赞同，同时这种合法化是国际组织中的行为体所进行的一种政治性的判断，而不是国际司法机构所进行的法律判断。④ 有了集体合法化的约束效果，国家就更加偏好于通过国际组织而不是凭借一己之力来采取行动，因为这样更容易得到其他国家的认可和接受。

除去程序性正义之外，另外一种合法性来源则是基于国际组织权威。权威同合法性一样，也是一种社会性建构的产物。如果离开了社会关系，权威就不可能存在。权威实际上是权力同合法性的一种结合，就是将合法性添加到权力当中。它的目标在于要求形成马克斯·韦伯（Max Webber）所谓的"理性—合法"权威（rational-legal authority），

① ［美］约翰·罗尔斯：《正义论》，何怀宏等译，中国社会科学出版社 2010 年版，第 12 页。

② 艾四林等：《民主、正义与全球化——哈贝马斯政治哲学研究》，北京大学出版社 2010 年版，第 100 页。

③ Inis L. Claude Jr., "Collective Legitimization as a Political Function of the United Nations", *International Relations*, Vol. 20, No. 3, 1966, p. 367.

④ Ibid., p. 370.

也就是取决于合法性、规则以及官僚制度的权威，是一种非人格性（impersonal）的权威。具有这种权威的国际组织对国家而言具有很大的吸引力，因为组织中的规则所具有的非人格性特征使国家之间产生了一种平等感。这样，即使是某些具有明显不平等特征的规则，如果以非人格性的形式得以展现，国家也会认为它是平等的，因为在国家看来这些规则适用于组织内的所有成员。[①] 在当代国际组织中，这种非人格性的"理性—合法"权威最明显地体现在联合国安理会的五大常任理事国所具有的否决权上。

在当代国际组织当中，权威的作用既影响到国际组织自身，也影响到组织的行为，而这主要体现在两个方面。第一，权威提供了社会形式以及国际组织作为社会行为体的行为词汇。第二，权威提供了这些行为体所追求的社会目的。[②] 这就意味着当代的国际组织也是一种官僚机构，它具有在国际舞台上制定非人格性的规则的能力，并且可以使其成员国感到它是在保持中立的条件下为全体成员国服务，而不是服务于某个国家的特殊利益。除"理性—合法"权威之外，迈克尔·巴迈特（Michael Barnett）和芬尼莫尔还提出了国际组织的另外三种类型的权威来源，即由国家授予组织的"授予性权威"，以体现、服务和保护某些广泛共享的原则为基础的"道义性权威"，以及由于组织所具有的某些方面的专门知识而产生的"专家权威"。[③] 国际组织具有这些除"理性—合法"权威以外的权威，是因为正如在现实的人道主义干预当中所体现的那样，国际组织在很多情况下很难保持中立的立场。但是，为了维护自身的运作以及赢得成员国的支持，国际组织又必须找到一种方式来维持它们的中立形象，而这就需要其他类型的权威作为"理性—合法"权威的补充。"理性—合法"权威为国际组织提供了基本的形式和行为词汇，

---

① Martha Finnemore, *Legitimacy, Hypocrisy, and the Social Structure of Unipolarity*, p. 69.

② ［美］迈克尔·巴迈特、玛莎·芬尼莫尔：《为世界定规则：全球政治中的国际组织》，薄燕译，上海人民出版社2009年版，第30页。

③ 同上书，第31—34页。

但是并没有提供实质性的内容。① 也就是说,"理性—合法"权威只满足了上述权威对于国际组织的作用的第一个方面,但是没有满足第二个方面,即它没有为组织提供所追求的社会目的,而其他三种权威则满足了为组织提供社会目的的条件。

与芬尼莫尔等人相似,伊恩·赫德也将关注重点放在国际组织(特别是联合国)的合法性方面。赫德认为,在国际关系中的合法性就是行为体对于一个规则或制度应该得到遵守的规范性信念,是一种主体性特征,存在于行为体与制度的习惯之间,并且根据行为体对于一个制度的认知来界定。② 赫德也同芬尼莫尔等人一样,认为国际组织的合法性可以来自它的程序,也可以来自其规则的实质,因此它实际上也同时具有程序性正义和"理性—合法"权威的特点。就一个国际组织或国际制度而言,合法性是它在国际舞台上开展行动的基础。国际组织往往不具有强制性权力,其权力更多地来自象征性的资源。如果将国际体系看作一种社会环境,那么处于这种环境中的国际组织就同处于国内社会中的各种组织一样需要追求合法性,这样才能得到其成员更多的尊重,其规则也更容易得到成员的认可和遵守。也就是说,被看作合法性的制度就具有了能够动员其成员的象征性权力,也就具有了权威。就联合国安理会而言,合法性既是它的权威的来源,也是它对于联合国的其他成员施加影响的权力的基础。③

也就是说,以联合国为代表的政府间国际组织的权力实际上来自它们的象征性力量。从一定意义上来说,象征性力量就是权力。④ 这种权力类似于巴迈特等人所说的"制度性权力"(institutional power),即一个行为体通过分散性的互动关系来间接地对另外一个行为体施加

① [美]迈克尔·巴迈特、玛莎·芬尼莫尔:《为世界定规则:全球政治中的国际组织》,第 31 页。

② Ian Hurd, *After Hegemony: Legitimacy & Power in the United Nation Security Council*, New Jersey: Princeton University Press, 2007, p. 7.

③ Ian Hurd, "Legitimacy, Power, and the Symbolic Life of the UN Security Council", *Global Governance*, Vol. 8, No. 1, 2002, p. 36.

④ Ibid., p. 37.

影响。① 这就意味着国际组织在很多情况下并不是通过强制力量直接迫使行为体遵守它们的规则和制度，要求行为体按照国际组织的要求行事的，而是通过它的制度结构来间接地影响成员国的行为的。尽管缺乏强制性力量，但国际组织的象征性权力可以为它提供权威。象征性可以被看作一种主体间性的产物，是行为体之间的一种集体理解。在国际组织当中，这就意味着有足够数量的成员国相信其他成员也会遵守国际组织的相关规则和制度。② 一旦一个行为体具有了象征性力量，那么它本身就成为了一个权力的来源。如果国际组织的象征性发生了改变，那么体系成员所面对的物质环境也就会发生改变。赫德对象征性的理解符合建构主义的观点，即认为物质资源只有通过它们嵌入其中的共享知识结构才能获得对人类行动的意义。③

既然合法性塑造了象征性权力和权威，那么国际组织的合法性就是其能够发挥效力的关键因素。事实上，在国际关系中合法性的作用体现在多个层次上，它既可以影响行为体自身对于身份和利益的认知，也可以改变作为主体间结构的国际体系。赫德认为，在国际关系中至少可以从三个方面来观察合法性的作用。第一，在单位层次上，合法性通过内化而改变了行为体对于自身利益的理解。第二，在结构层次上，对于一个制度的合法性的信念改变了承认和不承认这种合法性的行为体所面对的报偿结构，也就是说改变了它们所处的主体间结构环境。第三，在单位和结构互动的层次上，合法性制造了象征性资源，而这些象征性资源则通过与合法的制度相结合来获得权力。④ 在赫德看来，联合国就是具有这种合法性的最典型的代表，因此它实际上在一定程度上具有了以往认为国家才能具备的主权。也就是说，在

① Michael Barnett and Raymond Duvall, "Power in International Politics", *International Organization*, Vol. 9, No. 1, 2005, p. 43.

② Ian Hurd, "Legitimacy, Power, and the Symbolic Life of the UN Security Council", p. 37.

③ Alexander Wendt, "Constructing International Politics", *International Security*, Vol. 20, No. 1, 1995, p. 73.

④ Ian Hurd, *After Hegemony: Legitimacy & Power in the United Nation Security Council*, p. 30.

国际体系中主权既可以被国家所拥有，也可以被国际组织所拥有，国际组织同样可以成为主权的所有者。这就意味着，国际体系不能像传统的国际关系理论那样被看成是无政府状态的，而是存在着超国家层次的权威。当然，这种权威并不能取代国家主权，也不能管理整个国际体系的运作，因此国家仍然是当代国际体系中最主要的主权所有者。[1]

主权在一定程度上向国际组织进行让渡表明国际组织可以成为（或者说只有国际组织才可能成为）实施干涉行为的合法的行为体。这种观点就同以往认为国际组织仅仅代表了大国利益的观点不同，而是认为国际组织可以作为公平和公正的行为体来实施干涉行为。这种观点在一定程度上已经得到了实证研究的支持。例如有些学者通过对联合国自成立以来在近300起危机中的表现的观察得出结论，联合国所从事的干涉行为更多地反映了《联合国宪章》当中所体现的规范、规则和原则，而不仅仅是其最强大成员国的狭隘利益。[2] 这就表明联合国等国际组织在一定程度上具有独立于其最强大的成员国的自足性，并不仅仅是为大国的利益服务的。这一点与芬尼莫尔和巴迈特从官僚机构的视角来研究国际组织所得出的结论相同，他们也指出国际组织实际上是世界政治中的自治行为体。因为从韦伯的"理性—合法"权威的基础出发，官僚机构本身就可以具有规范性权力，也可以生产和制造社会知识。[3] 如果将国际组织看作是官僚机构，那么它本身就可以塑造出不同于其成员国的独特的组织文化，从而指导自身的行为。在实证研究方面，凯尔·比尔兹利（Kyle Beardsley）和霍尔格·施密特（Holger Schmidt）的研究显示，联合国所发起的维和行

---

① Ian Hurd, *After Hegemony*: *Legitimacy & Power in the United Nation Security Council*, p. 188.

② Kyle Beardsley and Holger Schmidt, "Following the Flag or Following the Charter? Examining the Determinants of UN Involvement in International Crisis, 1945－2002", *International Studies Quarterly*, Vol. 56, No. 1, 2012, p. 33.

③ Michael N. Narnett and Martha Finnemore, "The Politics, Power and Pathologies of International Organizations", *International Organization*, Vol. 53, No. 4, 1999, p. 700.

动主要反映了其宪章的宗旨和原则，而不是有权决定是否进行干涉的安理会的五大常任理事国的意志。当然，这种研究并没有否认常任理事国的自身利益对于联合国的影响，但是这种影响仍然是有限的，联合国仍然可以根据宪章所规定的使命来运用自身的资源。这主要是基于三个原因：第一，常任理事国的利益也可能会同联合国的使命相重合；第二，其他国家也会影响安理会的决策过程，从而在一定程度上限制了常任理事国的行为；第三，国际组织具有自治性，使它可以在一定程度上摆脱成员国利益的影响。① 他们的研究发现，联合国在面对制造了大规模伤亡或者是对邻国产生了巨大影响的冲突的时候不太可能袖手旁观，因此如果冲突的严重程度较高或者持续时间较长，联合国进行干涉的可能性就会比较大，因为这类冲突比较明显地与联合国维护国际和平与稳定的核心使命相违背。②

就联合国而言，它的合法性主要来自成员国对于其宪章的认可。如果联合国的行为仅仅是维护了大国的利益而违背了宪章的宗旨的话，那么它就有可能丧失合法性，从而失去成员国对其的支持。但是这种情况迄今为止并没有发生，这也从一个侧面表明联合国的行为确实体现了宪章的宗旨，尽管大国在安理会的斗争也是联合国运作的常态。事实上，《联合国宪章》的第一款第一条就明确规定了它的宗旨和原则，即"维护国际和平和稳定，并且采取集体行动来阻止和消除对和平的威胁，防止敌对行为和其他对于和平的破坏"。③ 在当代，这一宗旨得到了绝大多数国家的认可。伊恩·赫德注意到，《联合国宪章》具有国际法的性质，它是国家从事战争的最根本的合法性来源。④ 也就是说，国家所从事的对外干涉以及任何对外使用武力的行为都必须遵循《联合国宪章》的要求，否则就不具有合法性。《联合

---

① Kyle Beardsley and Holger Schmidt, "Following the Flag or Following the Charter? Examining the Determinants of UN Involvement in International Crisis, 1945 – 2002", p. 34.

② Ibid. , p. 35.

③ *Charter of United Nations*, http：//www. un. org/en/documents/charter/chapter1. shtml.

④ Ian Hurd, "Is Humanitarian Intervention Legal? The Rule of Law in and Incoherent World", *Ethics & International Affairs*, Vol. 25, No. 3, 2011, p. 295.

国宪章》主要通过两方面来约束和规范国际社会中武力的使用：一方面使得单个国家使用武力成为非法的行为，另一方面又授权安理会做出关于包括使用军事力量在内的集体行动的决定。这主要反映在《联合国宪章》的第二款第四条（使单个国家使用武力的行为不合法）以及第三十九款和第四十二款（将使用武力的权力转交给安理会）上。这样，联合国安理会所授权的干涉行为就具有无可辩驳的合法性，只要这种行动符合《联合国宪章》第三十九款的规定，是应对对于国际和平和安全的威胁。① 总体上说，《联合国宪章》在维护国家间关系方面具有宪法性的地位，任何同它相矛盾的其他条约都是无效的。②

　　但是，《联合国宪章》所具有的宪法地位也使得干涉行动遇到了困境，因为宪章表明除自卫之外任何使用武力的意图都是不合法的，也就是说，如果对拒绝同国际社会合作的国家采取干涉行动，那么这种行动本身就与《联合国宪章》中关于阻止国家间战争的条款相违背。例如，《联合国宪章》第二款第四条指出，"任何国家都不得在国际关系中使用或威胁使用武力来反对其他国家的领土完整或政治独立，也不得采取其他同联合国的宗旨相违背的行为"。③ 正是因为这个原因，才有人认为北约对科索沃的干涉行为是"不合法但具有合法性的"（illegal but legitimate）。部分西方学者认为，北约的行动确实不符合《联合国宪章》，但是这种违背宪章的行动比尊重宪章更能够维护国际正义。这就意味着国际法所体现的规则并不是绝对的，而是会随着时间而变化的，有的时候维护某些其他的价值比单纯地遵守规则更重要。④ 如果单纯地按照宪章的宗旨来衡量的话，即使是联合国自身也不得采取干涉行为，而这同当代联合国的很多行动并不相符。

---

　　① Ian Hurd, "Is Humanitarian Intervention Legal? The Rule of Law in and Incoherent World", *Ethics & International Affairs*, Vol. 25, No. 3, 2011, pp. 295 – 296.

　　② Ibid. , p. 300.

　　③ *Charter of United Nations*, http：//www. un. org/en/documents/charter/chapter1. shtml.

　　④ Ian Hurd, "Is Humanitarian Intervention Legal? The Rule of Law in and Incoherent World", p. 301.

也就是说，《联合国宪章》的含义确实在一定程度上发生了变化。对此，赫德指出，有三种理由可以表明国际组织的干涉行为已经具有了合法性。第一，根据国际法的原则，如果一个规则反复受到侵犯，那么它就失去了强制力。《联合国宪章》第二款第四条就是属于这样的规则，由于国家在实践当中不断地侵犯这条规则，它已经失去了对于国家的约束力。第二，世界政治的规范性环境已经发生了变化，不干涉原则在面对人道主义干涉规范不断发展的时候其有效性已经逐渐减弱了。第三，由于主权的概念发生了变化，所以主权和人道主义干涉之间的关系是互补的而不是矛盾的，也就是说只有在一个国家履行其保护本国国民的义务的条件下主权才是有效的。① 在赫德所提出的三点合法性依据当中，第一个依据主要是从国际法的原则出发的，而第二个和第三个依据则是从国际关系理论的角度出发的。第二个依据实际上体现了国际规范发展和变化的条件，即如果存在着竞争性的规范时，先前的规范就有可能被部分或全部地取代。② 第三个依据则与主权概念的演变相结合，即主权在一定程度上已经不再是传统意义上的绝对主权，而是同保护的责任相联系的主权。

除联合国外，地区性国际组织在国际干涉行动中也变得越来越活跃，其行动结果也越来越有效。有学者指出，这些地区组织已经发展出越来越多的管理国家间和国家内部的争端的机制，并且可以克服联合国容易受到超级大国的意志左右以及成员国之间的外交政策偏好的差距过大等不足之处。③ 这些地区性国际组织也都具有由各种条约所构成组织原则，而这些条约则成为这些国际组织开展行动的法律基础。在这些条约当中，很多都涉及对外干涉问题。例如，欧洲联盟在

---

① Ian Hurd, " Is Humanitarian Intervention Legal? The Rule of Law in and Incoherent World", p. 302.

② Diana Panke and Ulrich Petersohn, "Why International Norms Disappear Sometimes?" *European Journal of International Relations*, Vol. 18, No. 4, 2012, p. 726.

③ Holley E. Hansen, Sara Mclaughlin Mitchell and Stephen C. Nemeth, "IO Mediation of Interstate Conflicts: Moving Beyond the Global versus Regional Dichotomy", *Journal of Conflict Resolution*, Vol. 52, No. 2, 2008, p. 296.

2001 年签署了《尼斯条约》，其第十七款第二条指出，"本条所指问题应包括人道主义和救援任务、维持和平任务以及为进行危机管理包括维和提供战斗力量的任务"。① 2007 年欧盟签署的《里斯本条约》也指出，"根据联合国宪章原则，联盟将用于在联盟以外地区的维和、冲突预防和加强国际安全，将依靠成员国的能力来实施这些任务"。② 非洲联盟所属的和平与安全委员会（Peace and Security Council）的议定书也指出，该委员会的功能则在于"推动非洲的和平、安全和稳定，开展预防性外交和维持和平行动，开展灾害救援和人道主义行动"等。③ 该议定书在得到了非盟绝大部分成员国同意的条件下，于 2003 年 12 月生效。这也就意味着，各种地区性组织的干涉行动是具有合法性的，因为它们得到了其成员国的认可。

第二节　国际规范的变化对干涉行为的影响

国际组织所进行的干涉行为在冷战结束后日益增多，这同国际规范环境的变化具有密切的联系。在规范变化方面，一个最显著的变化是国家主权概念的演化，也就是传统的绝对主权的概念在一定意义上消退，而"作为责任的主权"的概念则得到了发展，随之而来的则是"保护的责任"（responsibility to protect，R2P）的概念的出现。另一个规范的变化则是"人的安全"的概念的发展。这一规范的变化在学术界和政界得到了越来越多的认可。这两种规范的变化导致了国家和国际组织所处的社会环境发生了变化，从而使得干涉行为具有了越来越多的合理性。

在这种规范变化的过程当中，国际组织具有双重的作用。一方面，国际组织是规范变化的积极推动者，在很大程度上引导了规范变化的方向。另一方面，国际组织自身也受到规范变化的影响，其行为

① 张迎红：《欧盟共同安全与防务政策研究》，时事出版社 2011 年版，第 155 页。
② 同上书，第 157 页。
③ 非洲联盟网站（http://www. au. int/en/organs/psc）。

越来越多地反映出规范变化的结果，反映了变化的规范中所体现的价值观。在这方面，芬尼莫尔等人的研究已经表明，政府间国际组织或非政府组织都可以成为推动规范变化的重要的组织平台，而且这些组织往往都具有自身的目标和日程，而这些目标和日程则塑造了国际组织所推动的规范的内容。① 同时，国际组织当中重要的个人也可能会成为新规范的倡导者。例如科菲·安南（Kofi Annan）在担任联合国秘书长期间就不遗余力地推动"保护的责任"规范的发展，对于这一规范在全球层次上的扩展起到了重要的作用。② 对于国际组织而言，它们既推动了"保护的责任"和"人的安全"的概念的发展，又根据这些概念开展干涉行动。

一 主权概念的变化与"保护的责任"的出现

传统的国家主权概念起源于欧洲，它始于 1648 年的《威斯特伐利亚体系合约》。在该合约中，它承认当时处于神圣罗马帝国统治之下的诸多邦国为独立的主权国家，从而用主权国家的观念替代了罗马帝国的"世界国家"的观念，并确认了主权平等和领土主权等原则。③ 在当代，国家主权仍然是构成国际关系的最根本规则。迄今为止，国际社会并没有明确对国家主权的法律原则（体现在《联合国宪章》第二款当中）、对国家主权所具有的至高无上的地位以及不干涉原则等进行修正。④ 不过，在当代国际关系的实践当中，国家主权在很多方面正在逐渐被超越，主权的概念也变得不断式微。这里最为典型的是欧盟，在欧盟地区可以说威斯特法利亚式的主权概念已经不再有效，欧盟的成员国和欧盟机构在权利分配方面，以及欧盟的统一

---

① Martha Finnemore and Kathryn Sikkink, "International Norm Dynamics and Political Change", *International Organization*, Vol. 52, No. 4, 1998, p. 899.

② Cristina Gabriela Badescu, *Humanitarian Intervention and the Responsibility to Protect*, New York: Taylor and Francis Group, 2011, p. 122.

③ 王铁崖主编：《国际法》，法律出版社 2002 年版，第 36 页。

④ ［意］马里奥·泰洛：《国际关系理论：欧洲视角》，潘忠岐等译，上海人民出版社 2011 年版，第 9 页。

性和联盟成员国的多样性方面都已经达到了一种新的平衡。① 事实上，欧盟存在的合法性具有双重基础。一方面，它的合法性来自成员国的承认；另一方面，其合法性也直接来自欧盟成员国的公民。欧盟的合法性同欧洲的公民权紧密相连，欧盟公民在国内和地区当中都具有其他地区的人所不具备的权利。

这也就意味着，人权的概念日益和主权交织在一起，个人权利开始取代国家主权成为国际社会关注的焦点。当然，目前这种趋势仍然集中在欧洲地区，但是根据芬尼莫尔等人的规范扩散理论，当有足够数量的国家接受新规范的时候，就会出现规范传播的"临界点"（tipping point），在此之后，规范就将在国际社会中迅速传播并被大部分国家所接受。② 因此，主权概念的变化实际上是当代国际关系当中持续发生的一种现象，尽管它并没有取代传统的国家主权，但是已经对国家和国际组织的行为产生了不可忽视的影响。

事实上，国家主权概念的变化源于调节人权同主权之间的矛盾性的需要，也就是说国家主权需要变得同不断发展的个人权利的概念相适应。阿琼·乔杜里（Arjun Chowdhury）注意到了传统的主权概念同人权之间的矛盾关系：一方面，人权的普遍性意味着个人和群体应该不受国家权力的管辖，但是仍然需要一些强制性的机制来确保个人权利的实现；另一方面，人权的普遍性同国家主权的概念相抵触，也与当前国家之间普遍承认一个国家享有在国内事务中不受干涉的权利这一事实相违背。③ 这就意味着，在国际关系中人们需要普遍面对一个人权同主权之间的僵局，即国家能以维护国家利益的名义任意行使权力而忽视人权，而人权也对国家主权构成了挑战。同时，人权又具有一定意义上的抽象性，因为它不是根据人对一个具体的国家的隶属关

---

① ［意］马里奥·泰洛：《国际关系理论：欧洲视角》，潘忠岐等译，上海人民出版社2011年版，第174页。

② Martha Finnemore and Kathryn Sikkink, "International Norm Dynamics and Political Change", *International Organization*, Vol. 52, No. 4, 1998, p. 901.

③ Arjun Chowdhury, "'The Giver or the Recipient?': The Peculiar Ownership of Human Rights", *International Political Sociology*, Vol. 5, No. 1, 2011, p. 38.

系而具有的权利，而是根据作为人类的总体特征而来的权利。为了调和主权同人权之间的矛盾，2001 年 12 月，一个名为"干涉与国际主权国际委员会"（International Commission of Intervention and State Sovereignty，ICISS）的机构向全世界公布了它名为《保护的责任》的报告，提出主权国家有责任保护本国公民免受本来可以避免的灾害的侵犯，如大规模屠杀、强奸以及饥饿的威胁等。当本国政府没有能力或者不愿意这样做的时候，国际社会就必须承担起保护该国公民的责任，包括使用军事力量进行干涉。① "保护的责任"的提出意味着国家主权的概念得到了延伸，它也意味着国家主权不是国家所具有的权利（right），而是国家的一种责任（responsibility），具体而言就是保护本国公民的责任。当本国政府不愿意或没有能力这样做的时候，国际社会就可以打破不干涉的规则而采取一定的行动。这样，保护的责任在一定程度上调和了主权和人权之间的关系。它一方面强调作为责任的主权仍然是维持国际体系稳定的最基本原则，另一方面也认为负责任的国家是本国最有效和最具有合法性的人权保护者。②

　　根据作为责任的主权的概念，在国际社会当中实际上存在着两类国家：一类是尊重其公民权利的合法的国家，另一类则是不尊重其公民权利的不合法国家。如果将主权看作是一种责任，那么第二类国家实际上就不具有国家主权了，因此对其进行的干涉也就不存在违反主权的现象。在实践当中，国际组织的干涉行为也是针对第二类国家而进行的。乔杜里指出，不尊重其公民权利的国家又可分为两种情况，一种是所谓的"失败国家"，即没有能力保护其公民的权利；另一种是所谓的"流氓国家"，即有意地侵犯其公民的权利。这两类国家对于国际社会的危害是类似的，即它们都破坏了国际人权规范。③ 乔杜里认为，主权概念的变化和保护责任的提出，意味着国家的内部行为

────────────

　　① 李斌：《"保护的责任"对不干涉内政原则的影响》，《法律科学》2007 年第 3 期。
　　② Arjun Chowdhury，" 'The Giver or the Recipient?'：The Peculiar Ownership of Human Rights"，p. 40.
　　③ Ibid.，p. 42.

不再能够同外部行为明确分开，主权变成了国际行为体用来约束国家行为的工具，而不是国家保护其免受外部干涉的盾牌，这在一定程度上协调了人权同主权之间的关系。但是乔杜里也提出了主权概念的变化所导致的一个问题：即使侵犯人权构成了摒弃主权的合法理由，那么究竟哪个行为体才有资格进行干涉行为呢？①

结合上文对于国际组织合法性的讨论，我们认为在当代国际关系中只有国际组织才能成为实施干涉的合法行为体。事实上，联合国等国际组织也已经认识到了这一点。因此，"保护的责任"这一原则在2005年得到了联合国大会的赞成，并在2006年得到了安理会全体成员一致的通过。联合国原秘书长潘基文（Ban Ki-moon）也提出，将"保护的责任"从话语转变成行动是他任期中的核心关注点之一。2006年以来，"保护的责任"被运用于联合国在很多地方的干涉行动当中，这其中主要包括联合国人权理事会在达尔富尔执行的任务，期间该理事会反映苏丹政府"明显不能履行其保护本国公民的责任"以及安理会同非盟在达尔富尔地区开展的联合行动、联合国在肯尼亚的大选之后的维和行动等。②

不过，也有学者注意到运用"保护的责任"来进行干涉时存在的一些问题。罗伯特·佩普（Robert A. Pape）指出，"保护的责任"的一个主要问题在于它将进行干涉的标准降得过低，以至于每一个事件都有可能成为国际共同体进行干涉的理由。同时，"保护的责任"提出了国家建设（nation building）的概念，以建立新的国家制度来取代现行的制度，但是这个概念却缺乏适用范围，这就意味着进行干涉的国际共同体需要承担无限制的义务而不用考虑所需负担的成本，也容易导致帝国主义政策。③ 为此，佩普提出了国际组织根据"保护的责

---

① Arjun Chowdhury, "'The Giver or the Recipient?': The Peculiar Ownership of Human Rights", p. 43.

② Alex J. Bellamy, "The Responsibility to Protect and the Problem of Military Intervention", *International Affairs*, Vol. 84, No. 4, 2008, p. 615.

③ Robert A. Pape, "When Duty Calls? A Pragmatic Standard of Humanitarian Intervention", *International Security*, Vol. 37, No. 1, 2012, p. 43.

任"来进行干涉时应该遵循的三个原则：第一，存在着大规模的屠杀行为；第二，可以使用较低成本的干涉手段；第三，目标国有实现持续安全的前景。① 艾力克斯·贝拉米（Alex J. Bellamy）则认为，各国之间对于"保护的责任"和采取军事行动之间的关系仍然含混不清，而这影响了这一概念的有效性。一方面，有些国家认为"保护的责任"不过是使干涉行为合法化的一种方式，因此可以使国家或国际组织在没有安理会授权的情况下采取干涉行动；另一方面，有些国家认为迄今仍然没有明确的指导框架来表明军事干涉具有正当性的条件，也没有在安理会陷入僵局的情况下做出关于干涉的决议的适当程序。② 这表明"保护的责任"作为一个新兴的概念其内容仍然缺乏精确性，从而为各国留下了自行解读的空间。在这种条件下，这一概念存在着被滥用的可能性。同时，联合国安理会中的大国博弈也可能会影响"保护的责任"的行使。

二 "人的安全"的概念的发展

与"保护的责任"相关的一个概念就是"人的安全"，事实上，"保护的责任"正是基于保障个人安全这一前提而成立的。如果强调人的安全，就意味着当国家政府不愿或不能保护其本国公民的安全的时候，国际社会有责任进行干涉。实际上"人的安全"这一概念的出现要远远早于"保护的责任"。例如伊曼纽尔·康德（Immanuel Kant）就认为，每一个国家的公民也都是世界公民，并因此有权利在国家之间自由迁徙。③ 在国际关系研究当中，也有很多学者注意到人类个体的作用。安德鲁·林克莱特（Andrew Linklater）就注意到，在国际关系中存在着一种个人不仅仅属于主权国家，而且属于一个更加

① Robert A. Pape, "When Duty Calls? A Pragmatic Standard of Humanitarian Intervention", *International Security*, Vol. 37, No. 1, 2012, p. 74.

② Alex J. Bellamy, "The Responsibility to Protect and the Problem of Military Intervention", pp. 616–617.

③ ［意］马里奥·泰洛：《国际关系理论：欧洲视角》，潘忠岐等译，上海人民出版社2011年版，第17页。

具有包容性的人类共同体或国家社会的信念。① 英国学派当中的世界主义（cosmopolitanism）也提出了一种世界邦联（civitas maxima）的思想，即一个由个人组成的社会，在其中个人高于民族和国家，它抵制认为存在着国家社会的观念，并且认为真正的国际社会是一个由个人所组成的社会。②

在国际关系学界，批判理论实际上已经注意到人的安全的问题。法兰克福学派的早期代表人物马克斯·霍克海默（Max Horkheimer）指出，批判理论的关注重点就是将人类从痛苦中解放出来；如果不关注人类的解放问题，社会科学就不能抓住现实。霍克海默认为，人类为了幸福和减少痛苦而抗争是无须证明其正当性的基本的和本质的事实。为了争取人类的解放，批判理论应当致力于两个方面的努力：一是将人类从自然的强制力中解放出来，二是将人类从社会生活的强制力中解放出来。③ 哈贝马斯则继承了霍克海默的思想，并在此基础上提出了基于个体的权利理论。在哈贝马斯看来，在现代社会当中，公民有权利自己决定组成一个共同体，并且可以在这个共同体当中以平等的身份对其共同的生活加以调节。④ 在国际领域，哈贝马斯则构想除了一种"世界公民社会"，即一种建立在世界公民权利基础之上的社会，在其中所有人联合起来，所有民族和种族都可以和平共处。在这种社会当中，国家共同体需要使用制裁作为威胁，以监督其成员国做出合法的行为。哈贝马斯所构想的这种社会所赖以存在的权利就是世界公民权，它的特点在于超越了国家而直接赋予个人以国际法主体的地位，并且赋予个人在世界公民联盟当

① Andrew Linklater, "The Question of the Next Stage in International Relations Theory: A Critical-Theoretical Point of View", in Stephen C. Roach, ed., *Critical Theory and International Relations: A Reader*, New York: Taylor and Francis Group, 2008, p. 248.

② Andrew Linklater and Hidemi Suganami, *The English School of International Relations*, Cambridge: Cambridge University Press, 2006, p. 160.

③ Shannon Brincat, "On the Methods of Critical Theory: Advancing the Project of Emancipation beyond the Early Frankfort School", *International Relations*, Vol. 26, No. 2, 2012, p. 220.

④ 马珂：《后民族主义的认同建构及其启示：争论中的哈贝马斯国际政治理念》，上海人民出版社 2010 年版，第 66 页。

中的成员资格。① 正是基于这种思想，哈贝马斯认为人权具有普遍有效性，因此他支持出于人权的考虑而进行国际干预。②

在实践当中，"人的安全"这一概念在联合国人类安全委员会2003 年发表的一份名为《人类安全》（Human Security Now）的报告中得到了体现。该报告将"人的安全"定义为"以增强人类自由和人类福祉的方式来保护人类生活中的至关重要的核心利益"，它意味着保护最根本的自由——生存的自由，保护人们免受威胁，也意味着创造能给人们以生存和尊严的政治、社会、环境、经济、军事和文化体系。③ 同时，该报告指出，"人的安全"概念的出现反映了国际社会对于"安全"这一概念的理解的扩展，即安全不再仅仅是国家所面对的外部威胁。报告指出，国内冲突已经取代国家间战争成为对于国际和平和安全的主要威胁，而全球化的进程也深刻地改变了国家之间和国家内部的关系。④ 也就是说，该报告实际上认可联合国以"人的安全"的名义对一个国家的内部事务进行干涉，包括采取军事行动，以保障目标国的公民的安全。

根据"人的安全"的名义所发起的干涉行动的首要目标应该是保障被干涉国的公民的生命安全，这是因为离开了生命安全，其他一切安全都无从谈起。这就提示国际组织在进行干涉的时候应将保障人的生存权放在首要位置，而政治重建之类的任务则可以放在次要位置。也就是说，国际组织在进行干涉的时候要考虑到目标国公民的真正需求，避免将干涉行为过度政治化。⑤ 这就意味着国际组织在决定进行干涉的时候可以设立人类安全的需求等级（human security hierarchy），

---

　　① 彭宵：《全球化、民族国家与世界公民社会——哈贝马斯国际政治思想评述》，《欧洲研究》2004 年第 1 期。

　　② 童世骏：《国际政治中的三种普遍主义——伊拉克战争以后对罗尔斯和哈贝马斯的国际政治理论比较》，《华东师范大学学报》（哲学社会科学版）2003 年第 6 期。

　　③ Commission on Human Security, *Human Security Now*, New York, 2003, p. 4.

　　④ Ibid. , p. 5

　　⑤ Yuka Hasegawa, "The UN Peace Operation and Protection of Human Security: The Case of Afghanistan", *Human Security Perspective*, Vol. 1, No. 2, 2004, p. 6.

根据这种等级来决定干涉行为的重点。① 不过，尽管在当代国际关系中由单个国家以"人的安全"为理由对别国进行干涉的事件也会出现，但是最具合法性的仍然是以联合国为代表的各种政府间组织。例如，西方国家在1991年以维护联合国第688号决议的名义对伊拉克进行干涉，以保护其国内的库尔德人，但是这种行为的合法性却受到联合国的质疑，而且随后西方国家用联合国的武装力量代替其自身的武装力量进行干涉活动的计划也被质疑为是超越了联合国决议的授权。② 与此同时，安理会也在力图不断塑造其在保护"人的安全"方面的权威，即使是在对特定国家实施制裁的时候也不例外，以防止当地居民因联合国的制裁而威胁到其个人安全。例如，它建立和修订了各种条款来保护两种个人权利：一种是保护它对其施加了全面制裁或贸易禁运的国家的公民的生命权、获得食品权和健康权；另一种是保护被其列入黑名单的个人的法定诉讼权（due process）。③ 欧盟也提出随着国内冲突逐渐取代国家间冲突成为冲突的主要形式，因国内冲突而造成的难民日益增多，而且自然灾害等问题对人类所造成的伤害也越来越显著。在这种情况下，欧盟有责任在推动人道主义干涉方面发挥先锋作用。根据这种观点，欧盟于2007年12月在成员国之间达成了欧洲人道主义援助共识（the European Consensus on Humanitarian Aid），并且得到了欧洲议会、欧洲理事会以及欧洲委员会的批准。④

第三节　对国际组织干涉行为效果的探讨

在上一节里，我们对国际组织进行干涉的合法性来源以及外部规

---

① Yuka Hasegawa, The UN Peace Operation and Protection of Human Security: The Case of Afghanistan, p. 7.

② Nicholas J. Wheeler, *Saving Strangers: Humanitarian Intervention in International Society*, Oxford: Oxford University Press, 2000, p. 140.

③ Monika Heupel, "With Power Comes Responsibility: Human Rights Protection in United Nations Sanctions Policy", *European Journal of International Relations*, Vol. 19, No. 4, 2011, p. 775.

④ 参见欧洲联盟网站（http://ec. europa. eu/echo/policies/consensus_ en. htm）。

范环境的变化对于国际组织的干涉行为的影响及其存在的问题进行了探讨。结合上文的分析，我们认为在当代国际关系中，只有政府间国际组织才能作为实施干涉行为的恰当主体。国际社会中的国家往往希望通过国际组织的干涉行为改善目标国国内公民的人权状况，这是因为在当代国际关系中只有少数几个行为体既有能力又有意愿进行干涉，同时还具有干涉的合法性。① 在当代，几个主要国际组织所进行的干涉行动也屡见不鲜。因此，本节主要对国际组织的干涉行为的效果进行探讨，并分析产生这些效果的原因。

国际社会赋予国际组织发起干涉行动的合法性，其初衷自然是希望能够改善目标国国内的人权状况。但是，很多学者从不同侧面进行的研究却显示出，国际组织的行动效果往往未必如人们所愿。罗伯特·劳赫豪斯（Robert Rauchhaus）利用经济学中的委托代理理论（principal-agent theory），分析了国际组织在进行干涉时所面临的困境。劳赫豪斯认为，委托代理理论所提出的两个问题——道德风险（moral hazard）和逆向选择（adverse selection）——是国际组织在进行干涉时所面临的两个主要问题，而现有的研究往往只注意到了道德风险而忽视了逆向选择。② 事实上，在对国际组织和国际制度进行研究的时候，很多学者已经注意到道德风险的问题。如有人指出如果国际组织成为道德风险的源泉的话，它反而可能破坏国际秩序。③ 具体到干涉问题时，艾伦·库普曼（Alan J. Kuperman）指出，外部的干涉行动可能会通过降低国内分离主义采取行动的预期成本以及提高这种行动成功的可能性而鼓励分离主义势力，使得国内局势更加复杂

①　Cristina Gabriela Badescu, *Humanitarian Intervention and the Responsibility to Protect*, p. 95. 本书作者列入了五个可以合法进行干涉的国际组织，它们是联合国、北约、欧盟、非盟和西非经济共同体。

②　Robert W. Rauchhaus, "Principal-Agent Problem in Humanitarian Intervention: Moral Hazard, Adverse Selection, and the Commitment Dilemma", *International Studies Quarterly*, Vol. 53, No. 4, 2009, p. 871.

③　［美］吉乌利奥·M. 加拉罗蒂：《国际组织的局限性：国际关系管理中的系统失灵》，载［美］莉萨·马丁、贝思·西蒙斯主编《国际制度》，黄仁伟、蔡鹏鸿等译，上海世纪出版集团 2006 年版，第 423 页。

化，而这是同干涉的初衷相违背的。也就是说，外部干涉引发了国内分离主义势力的道德风险问题，使得这些本来应该受到保护的人更有可能伤害无辜的公民。艾伦认为，科索沃的现实情况在一定程度上就证明了这一点。①

不过，对于干涉行动中的逆向选择问题，学者们给予的关注仍然不多，而这也成为劳斯豪斯分析的重点。逆向选择来自信息不明确，而道德风险则来自行动的不明确。从时间上来看，道德风险发生于协议订立之后，也就是说委托人在订立协议之后不能观察代理人的行动，从而使代理人存在着滥用权利的可能性；而逆向选择则发生在协议订立之前，它意味着由于委托人对代理人的偏好不确定而订立了不恰当的协议。② 如果将国际组织看作是委托人，而将被保护的目标看作是代理人的话，那么逆向选择理论就意味着如果被保护的目标自己挑起了暴力冲突，那么国际组织就不应该进行干涉。例如，如果一个国家内部的分裂主义势力因危害了本国公民的安全而遭到打击，那么国际组织就不应以此为理由保护这种分裂主义势力。

劳赫豪斯认为在现实当中，国际组织往往面临着这样的困境：它们一方面需要在一个国家的少数民族受到迫害的时候做出可靠的干涉承诺，另一方面又需要保留在国内少数民族主动引发暴力冲突的条件下终止进行干涉的权利。但事实上国际组织很难同时做到这两点，因为它们一旦决定进行干涉就不可能再去制裁引发了冲突的国内少数民族。这样，一旦国际组织决定进行干涉，就存在着国内少数民族搭便车的可能性，而如果国际组织对冲突坐视不理又会对自身产生不利影响，因此它们可能会在明知道自己的干涉行为会鼓励国内分裂势力的情况下仍然进行干涉。③ 具体而言，就是国际组织同国内群体之间在

---

① Alan J. Kuperman, "The Moral Hazard of Humanitarian Intervention", *International Studies Quarterly*, Vol. 52, No. 1, 2008, p. 49.

② Robert W. Rauchhaus, "Principal-Agent Problem in Humanitarian Intervention: Moral Hazard, Adverse Selection, and the Commitment Dilemma", p. 872.

③ Ibid., p. 873.

偏好方面存在着差异，而这种差异会影响干涉的效果。如果国际组织的目标是维护和平而国内群体的目标是制造冲突，那么国际组织的干涉行为就会鼓励国内群体的冲突行为。例如，在科索沃的案例当中，如果不是预期到北约会进行干涉，科索沃的阿尔巴尼亚人对塞尔维亚政府和塞族人进行的袭击就将是徒劳的，而北约的干涉则推动了科索沃的独立。①

另外有学者注意到，有的时候国际组织的干预也有可能会直接侵害目标国公民的人权，或者至少对其人权状况产生消极的影响。例如，联合国在刚果（金）的维和行动就被指责导致了对当地的妇女和儿童的侵害，北约在巴尔干地区的行动也对那里的人权状况造成了负面影响。② 同时，另外也有人注意到联合国的干涉行动加剧了一种具体人权侵犯行为——人口贩卖——的泛滥。这一研究显示，在联合国维和力量进入科索沃地区之后，越来越多的来自东欧的妇女被贩卖到这一地区。③ 这种情况可以算作是联合国干涉的一个意料之外的结果，即联合国的干涉行动反而引发了新的人权问题。该研究发现，国际维和行动可以改变目标国对于人口贩卖的国内需求情况，从而为人口贩卖市场的扩大创造了条件。具体而言，对这种现象可以有三个解释：第一，联合国的干涉导致了在目标国国内的外国士兵数量的增加，而这推动了对贩卖妇女的需求；第二，随着联合国的干涉往往会有各种非政府组织、其他军事力量以及其他国际机构来到目标国，从而导致事实上因联合国的干涉而来到目标国的人员要远远多于联合国的军事人员，而那些人也会推动对贩卖妇女的需求；第三，联合国军事力量的存在会打压目标国本地的犯罪行为，从而为国际人口贩运开

① Robert W. Rauchhaus, "Principal-Agent Problem in Humanitarian Intervention: Moral Hazard, Adverse Selection, and the Commitment Dilemma", p. 878.

② Monika Heupel, "With Power Comes Responsibility: Human Rights Protection in United Nations Sanctions Policy", p. 774.

③ Charles Anthony Smith and Heather M. Smith, "Human Trafficking: The Unintended Effect of United Nations Intervention", *International Political Science Review*, Vol. 32, No. 2, 2010, p. 125.

辟了空间。①

这种研究揭示了一个普遍存在而又往往容易被忽视的问题，即联合国出自善意的维和行动反而会对相关的人产生不良的后果。② 除单纯地以联合国人员本身为基础的解释之外，另外一种可以更为广泛地解释联合国的干涉行为的负面效果的是联合国安理会将干涉行动过于政治化了，也就是说安理会的行动受到了很多其他社会组织、联合国机构以及具体成员国的态度的影响，而这些机构和组织都具有自身的需求，它们会按照自身的关于"良性治理"（global governance）的标准来要求联合国的行动。③ 也就是说，联合国安理会在推动干涉行动的时候，受到了来自外部行为体的多种社会化机制的影响，包括社会学习、羞辱（shaming）、藐视（defiance）和诉讼（litigation）等，这些机制共同推动了安理会决议的形成。④

对于国际组织的军事干涉行动的效果，学者们之间也存在着不同的看法。有学者指出，国际组织的介入可以缩短争端延续的时间，具体而言，国际组织可以推动谈判各方的讨价还价进程的发展，可以帮助各方克服承诺问题，也可以通过强制性手段迫使冲突各方达成协议。同时，国际组织并不能降低国内或国家间冲突发生的可能性，其作用主要体现在冲突发生之后推动各方解决分歧、达成协议方面，而不是在冲突预防方面，这主要是因为它们可以对冲突各方的讨价还价过程施加足够的影响。⑤ 国际组织可以缩短冲突延续的时间，主要是它们可以帮助冲突中的各方克服谈判中的承诺问题，而这主要是通过增加持续冲突的成本以及采取强制机制来实现的。具

---

① Charles Anthony Smith and Heather M. Smith, "Human Trafficking: The Unintended Effect of United Nations Intervention", pp. 127 – 128.

② Ibid. , pp. 138 – 139.

③ Monika Heupel, "With Power Comes Responsibility: Human Rights Protection in United Nations Sanctions Policy", p. 790.

④ Ibid. , pp. 789 – 790.

⑤ Megan Shannon, Daniel Morey and Frederick J. Boehmke, "The Influence of International Organizations on Militarized Dispute Initiation and Duration", *International Studies Quarterly*, Vol. 54, No. 4, 2010, p. 1124.

体而言，国际组织可以通过三种方式推动冲突的解决。第一，通过威胁使用制裁等方式来推动冲突各方实现停火。第二，通过召集冲突各方坐下来谈判来缓解承诺问题，并且可以充当协议的担保人。第三，对于不能达成协议或不实现停火的各方，国际组织可以施加制裁。① 这种观点也可以在实证研究中得到证实，例如联合国和非盟在埃塞俄比亚和厄立特里亚之间的冲突中所发挥的作用就是推动了双方的和解。

　　尽管国际组织可以帮助国家在短期内克服承诺问题从而达成协议，但是对于冲突解决的长期效果却受到一些人的质疑。也就是说，国际组织的干涉行动可能在一定时期内缓解或阻止了冲突，但是却不能避免冲突的再度爆发。这就表明尽管国际组织可以通过各种方式推动冲突中的各方达成协议，但是它们在维护协议得以遵守方面仍然缺少有效的手段。例如，联合国 1991 年至 1992 年在安哥拉的观察员行动确保了当地选举的顺利进行，但是在大选后不久内战就重新爆发了。② 因此，要全面评价一个国际组织的干涉行为，就不能仅仅观察干涉的短期效果，还需要在较长的时间里观察冲突是否会重新发生。这就表明国际组织可用的资源和手段仍然是有限的，因此难以确保长期的和平和稳定。以联合国为例，这种长期的局限性可以通过三个方面来得以解释。第一，联合国的干涉行动主要是反应性的，也就是在冲突达到一定严重程度的时候联合国才会介入，联合国缺少能力和意愿来进行早期的冲突预警工作。然而就冲突本身而言，如果联合国介入得越早则实现长期和平的可能性就越大。第二，联合国在各方达成协议之后就会很快离开，转而去关注其他地区的冲突问题，因此没有足够的精力监督协议得以执行。第三，

---

　　① 　Megan Shannon, Daniel Morey and Frederick J. Boehmke, "The Influence of International Organizations on Militarized Dispute Initiation and Duration", *International Studies Quarterly*, Vol. 54, No. 4, 2010, p. 1126.

　　② 　Paul F. Diehl, Jennifer Reifschneider and Paul R. Hensel, "United Nations Intervention and Recurring Conflict", *International Organization*, Vol. 50, No. 4, 1996, p. 683.

联合国的干预可能会阻碍长期协议的达成。也就是说，联合国的介入可能只是在各方之间造成了僵持的局面，或者只是暂时缓解了冲突，但是没有消除各方之间的敌意;① 而在没有联合国介入的条件下，各方在经历冲突之后可能会自发地达成长期协议。根据这种分析，国际组织的干涉更多的是一种"治标不治本"的行动，可能在短期内能够缓解紧张局面，但由于冲突的根源没有消除，所以冲突还会再度爆发。

根据这些分析可以看出，对于国际组织的干涉效果的评价并不完全是正面的，相反，有相当一部分研究反映了干涉行为的不良后果。事实上，芬尼莫尔等人也注意到了这一点，他们指出对于国际组织的过于乐观的评价主要是新自由主义者从经济组织的角度所做出的判断，即将国际组织看作是实现帕累托最优和解决国家的集体行动问题的途径，但事实上国际组织却经常制造一些违背初衷的后果。② 对于这一现象，也可以用不同的理论解释。如管理学派将上述的国际组织行动的长期效果的不足归结为三个原因：第一，条约本身的不确定性；第二，国家履行条约的能力的限制；第三，经济和社会成本的变化。③ 也就是说，管理学派认为产生负面效果的原因主要是外在的，并不涉及国际组织自身的问题。但是如果从社会学的角度来看，情况就会更复杂，这种内生于国际组织中的问题又可被称为是组织的"系统性失灵"。根据这种观点，国际组织本身可能也会成为导致国际关系不稳定的因素。④ 对于芬尼莫尔等人而言，这种系统性失灵则来自官僚机构本身的特性，而官僚结构的行动方式可

---

① Paul F. Diehl, Jennifer Reifschneider and Paul R. Hensel, "United Nations Intervention and Recurring Conflict", p. 688.

② Michael N. Narnett and Martha Finnemore, "The Politics, Power and Pathologies of International Organizations", p. 701.

③ ［美］乔治·W. 唐斯、戴维·M. 罗克、彼得·N. 巴苏姆：《遵约的福音是合作的福音吗?》，载［美］莉萨·马丁、贝思·西蒙斯主编《国际制度》，第 322 页。

④ ［美］吉乌利奥·M. 加拉罗蒂：《国际组织的局限性：国际关系管理中的系统失灵》，载［美］莉萨·马丁、贝思·西蒙斯主编《国际制度》，第 422—423 页。

能本身就同它们的使命背道而驰，并且不顾它们本身应该代表的成员的利益。① 具体来说，国际组织的失灵现象可以从外部文化环境和组织的内部文化等方面来解释。第一，国际组织在国际舞台上主要关注的是合法性而不是效率，因此它们的首要目标是满足其所处的文化环境当中的合法性标准，而不是行动的效率。第二，国际组织所处的文化环境本身就有很多矛盾之处，例如市场经济和人的平等，而这也体现在国际组织的行为当中。第三，作为官僚机构的国际组织可以产生自身的内部文化，而这种文化可能会推动国际组织做出违背初衷的行为。②

第四节　总结

本章主要从合法性来源、外部规范环境的变化对组织行为的影响以及国际组织干涉行为的效果三个方面对当代国际组织的干涉行为进行了探讨。根据以上分析，我们初步得出以下三个结论。

第一，国际组织是当前国际舞台上唯一具有合法性的可以进行干涉的行为体。尽管由某个国家所发起的干涉行动也是国际关系中的常见现象，但这些行动的合法性都不如由国际组织所倡导的行动，而且甚至可能会对国家形象产生负面的影响。为了增强行动的合法性，希望进行干涉的国家的最佳方法就是寻求国际组织的支持。事实上，这一点也得到了国家的认可。一方面，如果承认英国学派所谓的国际社会概念，那么国家作为这个社会当中的成员就需要关注自己的行动的合法性，这就是所谓的"社会行动的逻辑"（logic of social action）；③另一方面，国家也承认国际组织是国际合法性的守护者，因此愿意通

---

① Michael N. Narnett and Martha Finnemore, "The Politics, Power and Pathologies of International Organizations", p. 715.

② Ibid.

③ Katharina P. Coleman, *International Organizations and Peace Enforcement*, Cambridge: Cambridge University Press, 2007, pp. 37 – 38.

过国际组织来采取干涉行动。①

　　第二，外部规范环境的变化也推动了国际组织的干涉行动。由于规范环境的变化，特别是主权概念的变化和随之而来的"保护责任"的出现，以及"人的安全"的概念的发展，都推动了国际组织的干涉行为。联合国宪章所规定的不干涉内政原则本身也是一种规范，但正如上文所分析的，规范也会不断变化，新规范会部分或全部取代旧规范。因此，当代主权的内涵也在一定意义上得到了重新解读，以使它和干涉行动相符合。同时，需要指出的是，这些规范变化并不意味着国家主权被削弱了。首先，主权概念本身就在不断变化，在威斯特法利亚体系正式确定主权制度以后，在 19 世纪出现了少数民族权利和自决权利，在当代又允许联合国以出于人道主义的目的来干涉一个国家的内部事务，这一切表明主权概念自形成以来一直都在经历着变化。其次，不干涉原则从来没有得到严格遵守过，自主权的概念形成以来一直都是如此。国家总是一方面承认各国的主权平等，另一方面又从事干涉行动。最后，当前主权概念的变化只是影响了国家主权的内部方面，而没有影响到国家本身，国家仍然是国际社会中平等的成员。②

　　第三，国际组织所进行的干涉行为所产生的效果并不完全是正面的。就干涉的初衷而言，国际组织希望通过自身的行动来缓解冲突，改善目标国国内的人权状况。但正如上文所分析的，这些干涉行动往往会带来意料之外的负面影响。对于这些负面影响产生的原因有多种解读，管理学派将其归结为国际组织的外部因素使然，而社会学制度主义则将其看作是国际组织自身的原因所造成的。当然，我们不能因为这些负面后果而否定国际组织的积极作用。正如芬尼莫尔等人所指出的，国际组织的积极作用主要体现在两个方面：首先，国际组织的

---

　　① Katharina P. Coleman, *International Organizations and Peace Enforcement*, Cambridge: Cambridge University Press, 2007, p. 72.

　　② Cristina Gabriela Badescu, *Humanitarian Intervention and the Responsibility to Protect*, p. 26.

官员可以在政策争论的过程当中提出崭新的观点；其次，在国家或其他行为体具有分歧的领域，国际组织可以充当联盟的建立者。① 但对于干涉的这些负面后果，国际组织在制订干涉计划和做出干涉决定的时候也应当加以考虑，以将负面影响降至最低。

———————

　　① ［美］迈克尔·巴迈特、玛莎·芬尼莫尔：《为世界定规则：全球政治中的国际组织》，第236页。

第三章　冷战后欧盟的冲突干预
及亚洲实践

　　冷战结束后，欧洲长期面对的军事威胁消失，地区整合进程加速，欧共体发展为欧盟，欧洲的综合力量提升，在全球发挥影响力所受的限制明显减少。因此，欧洲有意愿、可能与能力在地区与全球事务中扮演更为重要的角色。而欧盟对区域外暴力冲突的干预，正是欧洲发挥其影响力的一个重要方面。

　　欧盟冲突干预是欧盟共同外交与安全政策（CFSP）的一个重要组成部分。本章在简要梳理冷战后欧盟对外干预政策演化的基础上，以欧盟在亚洲的冲突干预行动为例说明欧盟干预政策的若干特征，以及其干预政策在亚洲实践过程中的发展，最后尝试分析欧盟干预行动对中国外交战略与政策的启示。

第一节　冷战后欧盟冲突干预历史演化

　　根据 1992 年通过的《欧洲联盟条约》，欧盟有三个支柱。第一支柱为经济、社会、环境等不同领域的"欧洲共同体"，第二支柱为外交、军事等领域的"共同外交与安全政策"，第三支柱为"刑事犯罪领域的警务与司法合作"。其中的"共同外交与安全政策"经历了一个比较曲折的发展过程。

一 背景分析

冷战期间，欧洲在共同外交与安全政策领域的进展缓慢，成果寥寥。这有主客观两方面的原因。客观上，第二次世界大战后美国一方面通过北约为西欧国家提供安全保障，另一方面则限制西欧国家在北约框架以外发展独立的防务力量。而西欧国家在冷战期间一直保持较低的国防开支，各国政府的工作重心是经济恢复与发展，并成功实现了经济复兴。因此，冷战期间西欧国家既没有必要也没有能力采取共同的安全与防务政策。主观上，西欧国家也难以在这方面取得进展：英国偏爱的是"英美特殊关系"，缺乏推进欧洲安全与防务合作的动力，作为战败国的意大利与德国为了避嫌不便在这方面采取积极步骤，荷兰、比利时等其他国家力量不够，能发挥重大作用的法国则形单影只，先是"普列文计划"与"欧洲防务共同体"（EDC）胎死腹中，继而西欧联盟（WEU）把军事方面的责任推给北约，然后法国于1965年退出北约军事机构。

苏联解体、冷战结束后，主客观两方面均发生了变化。主观上，美国对欧洲事务的兴趣下降，如在波斯尼亚与科索沃冲突的早期均不愿过多介入，尤其是大规模军事介入。美国也同意欧盟在欧洲安全事务上发挥更大的作用。英国有兴趣强化与欧洲大陆的关系，尤其是布莱尔领导下的英国，认为加强欧洲军事能力有助于平衡跨大西洋关系并确保北约的存续。[①] 法国意识到，自己有可能在欧盟安全政策上发挥更大的作用，但在这方面能出大力的是英国而不是德国。同时，德国与意大利也比较敢于在欧洲安全政策上采取更大的力度，一个典型的例子是德国在1991年率先单方面承认克罗地亚与斯洛文尼亚的独立。随着国家统一与安全环境明显改善，德国在欧洲安全领域发挥更大作用的意愿明显增强，开始了外交与安全政策的正常

---

① Stephan Keukeleire, "European Security and Defense Policy: From Taboo to a Spearhead of EU Foreign Policy?" in Federiga Bindi, ed., *The Foreign Policy of the European Union: Assessing Europe's Role in the World*, Washington, D. C., Brookings Institution Press, 2010, pp. 55 – 56.

化进程，并对欧盟的安全政策发挥了越来越大的影响力。① 客观上，欧洲在全球政治中的重要性减弱，难以像冷战时期一样被美国重视，而欧盟却发现，没有了美国的帮助，自己在冲突干预中是如此的无力，甚至无法对近在咫尺的巴尔干冲突采取强有力的干预措施。以科索沃战争为例，当时欧洲防务开支为美国的 60%，但军事行动能力仅仅是美国的 10%，欧洲战机依赖美国的激光制导炸弹，3/4 的飞机和 4/5 的炸药均由美国提供。② 这对欧盟尤其是法国形成巨大的刺激。

二 演化过程

时代的变化从主客观两个方面为欧盟推进共同外交与安全政策提供了可能。欧盟很好地抓住了这个机会。

在制定 1992 年的《欧洲联盟条约》（即《马斯特里赫特条约》，以下简称"马约"）和新的共同外交与安全政策的过程中，法国与其他欧盟成员国意识到，加强军事能力建设的时机已到。因此，在"马约"中，各方同意：共同外交与安全政策包括与安全相关的一切问题，拟建立一个共同防御政策框架并使之最终导向共同的防务。1992 年 6 月在波恩附近的彼得斯堡饭店举行的西欧联盟峰会，确定了"彼得斯堡任务"（Petersberg Tasks），确定了在执行人道、救援、维和、和平缔造（peacemaking）等干预行动时军事方面承担的任务。彼得斯堡任务改变了此前欧盟干预行动中侧重民事干预的状况，并引人注目地把和平缔造确定为任务目标。③ 1997 年的《阿姆斯特丹条约》强化了欧盟与西欧联盟的关系，④ 欧盟可以参与西欧联盟的行动，包括

---

① Robert H. Dorff, "Germany and the Future of European Security", *World Affairs*, Vol. 161, No. 2, Fall 1998, p. 60.

② 孙茹：《欧洲"共同外交和安全政策"的新进展》，《现代国际关系》2000 年第 5 期。

③ "Petersberg Tasks", http://en. wikipedia. org/wiki/Petersberg_ tasks.

④ 西欧联盟负责欧盟的防务功能，被视作欧盟的"武装臂膀"，尤其是在对外干预上。本土防务通常被视作北约功能。

"彼得斯堡任务"中的和平缔造功能。① 条约也加强了欧盟三支柱之间的横向联系，新的三人小组由欧盟轮值主席国、欧盟部长理事会秘书长和来自欧盟委员会的一名成员组成。投票机制也进一步向"有效多数票"制倾斜，"联合行动"不再需要全票通过才能付诸实施，反对的成员国可以弃权而不妨碍决议的通过。②

　　1998 年 12 月，时任英国首相布莱尔与时任法国总统希拉克在法国布列塔尼半岛海边小城圣马洛发表了《欧洲防务宣言》（Declaration on European Defense），即《圣马洛宣言》（The Saint-Malo Declaration）。根据这一声明，欧盟"必须建立可信的军事力量、确定使用军事力量的方法、并做好行动准备，以便在发生国际危机时，具备自主行动能力"。③ 这扫除了共同的安全与防务政策的政治障碍，并为相关政策的制定奠定了政治基础。④ 接着，欧盟成员国在 1999 年 6 月的科隆会议上达成协议，同意建立欧洲安全与防务政策（ESDP），⑤ 并决定西欧联盟于 2000 年年底前作为欧盟的"武装臂膀"并入欧盟。2000 年 6 月的欧盟理事会赫尔辛基会议，以及 2000 年 12 月的尼斯会议，在落实圣马洛声明上迈出了大步。军事上，确立了"赫尔辛基首要目标"（Helsinki Headline Goal，HHG），⑥ 其要求在 2003 年建立一支可在 30 天内部署的 15 个旅（5 万至 6 万人）的快速反应部队。制度建设上，建立了三个委员会：大使级的政治与安全常设委员会

---

　　① Stephan Keukeleire, "European Security and Defense Policy: From Taboo to a Spearhead of EU Foreign Policy?" in Federiga Bind, ed. , *The Foreign Policy of the European Union: Assessing Europe's Role in the World*, Washington, D. C. , Brookings Institution Press, 2010, pp. 54 – 55.

　　② 孙茹:《欧洲"共同外交和安全政策"的新进展》,《现代国际关系》2000 年第 5 期。

　　③ Giovanni Grevi, et al. , eds, *European Security and Defense Policy: The First Ten Years* (*1999 – 2009*), EUISS, Paris, 2009, p. 13.

　　④ Stephan Keukeleire, "European Security and Defense Policy: From Taboo to a Spearhead of EU Foreign Policy?" in Federiga Bindi, ed. , *The Foreign Policy of the European Union: Assessing Europe's Role in the World*, Washington, D. C. , Brookings Institution Press, 2010, p. 53, p. 56.

　　⑤ 欧洲安全与防务政策（ESDP）在 2009 年《里斯本条约》生效后改称为欧盟共同安全防务政策（CSDP），为统一起见，本书依然采用 ESDP 的称谓。

　　⑥ "Helsinki Headline Goal", http://en. wikipedia. org/wiki/Helsinki_ Headline_ Goal.

（PSC），负责向理事会就危机处理的政治目标和解决危机的方案提出建议，对欧盟的军事行动提供政治控制和战略指导；由各国防务首长或其代表组成的军事委员会（EUMC），负责就欧盟的所有军事问题向政治与安全委员会提供军事建议，对欧盟的军事行动提供军事指导；在理事会秘书处内设立军事参谋部（EUMS），负责早期预警、形势分析、制订战略计划等。① 此外，2001年7月，欧盟还成立了两个研究与分析机构。位于巴黎的欧盟安全研究所（EUISS），研究如何促进共同外交与安全政策的发展；在马德里近郊的托雷洪设立欧盟人造卫星中心（EUSC），负责通过分析卫星图像与间接数据（包括航空图像），以支持共同安全与防务政策的决策。

"赫尔辛基首要目标"的落实速度低于预期，且在落实的过程中发现了一些新问题。2003年在刚果（金）进行的阿特米斯行动显示，欧盟委员会与欧盟理事会、北约与欧盟、民事部门与军事部门之间的合作与联络存在一些不足，但欧盟参谋小组（EU Staff Group）、欧盟—联合国联络机制（EU-UN liaison mechanisms）运作得比较好。有学者认为，此次行动的成功与指挥官彼得·费斯（Pieter Feith）个人的关系甚大。② 欧盟理事会因而在2004年6月确定了新的赫尔辛基首要目标（即"HHG 2010"），规定2004年年底建立欧洲防务署，2007年可快速部署战斗部队，2008年建成一艘欧盟的航空母舰，2010年建成各种联络与资源的网络化并实现其通用能力，建设6万人的快速反应部队，并在2010年能够对危机采取快速的决定性行动。③ 西欧联盟已于2010年3月31日正式解散，并于2011年6月底

---

① 陈志敏：《欧洲联盟的军事化：从民事力量向军事力量的变形？》，《欧洲研究》2004年第5期。

② Petar Petrov, "Early Institutionalisation of the ESDP Governance Arrangements: Insights from the Operations Concordia and Artemis", in Vanhoonacker, Hylke Dijkstra and Heidi Maure, eds., Understanding the Role of Bureaucracy in the European Security and Defence Policy, *European Integration online Papers* (*EIoP*), Special Vol. 14, http://eiop.or.at/eiop/texte/2010 – 008a_htm. *European Integration online Papers*, Vol. 14, Issue 1, 2010, Art. 8, pp. 17 – 19.

③ 朱立群：《欧盟究竟是个什么样的力量》，《世界经济与政治》2008年第4期。

结束所有活动。至此，欧洲安全与防务政策进入了一个新阶段。

除上述军事危机管理领域外，欧洲安全与防务政策还包括民事危机管理。这方面更能体现欧盟特色。在波黑与科索沃冲突后，欧盟成员国意识到，民事危机管理是军事危机管理的必要补充，有助于被干预地区的长期稳定，因此，在瑞典与芬兰的倡议下，欧盟成员国同意建立民事危机管理机构，并在 2000 年的菲拉（feira）会议上初步确定了四个优先领域：警察、法治、民事管理与民事保护，稍后又增加了两个领域：监督团（monitoring missions）与一般性支持力量（generic support capabilities）。① 这六个优先领域 2004 年被各方接受，并在 2008 年发展为内涵明确的"民事优先目标"，主要内容是建立规模在 5000 人以上的警官库，其中 1400 人可在 30 天内派出；建立 200 人的法官与检察官库，其中部分人可在 30 天内派出；建立 500 人以上的专家库，以便执行选举、税收等事务；在民事保护方面，力求做到在 7 小时内派出 10 个专家，并建立不超过 2000 人的干预部队及其支持力量；建立 500 人以上的监督团以便承担边界监督、人权监督、政治形势监督等任务；在一般性支持力量方面，建立 400 人的专家库，协助欧盟特别代表与欧洲安全与防务政策使团执行如下任务：政治事务、人权、媒体、调解、解除武装、复员、再安置（DDR）与政治领域改革（SSR）。②

欧盟在民事危机管理的制度建设上也有实质性进展。在政治层面，建立危机管理民事委员会（CIVCOM）以便向政治与安全委员会和常驻代表委员会（COREPER）提供建议，并确保民事危机管理得以持续。在操作层面，民事—军事联合委员会（the Joint Civilian-Military Cell）负责具体运作。2008 年，欧盟成立了隶属欧盟理事会总秘书处的民事规划运作办公室（CPCC），负责民事危机的规划、派遣、

① Stephan Keukeleire, "European Security and Defense Policy: From Taboo to a Spearhead of EU Foreign Policy?" in Federiga Bindi, ed., *The Foreign Policy of the European Union: Assessing Europe's Role in the World*, Washington, D. C., Brookings Institution Press, 2010, p. 64.

② Ibid., pp. 64 – 65.

执行、评估等任务，这进一步提升了欧盟在民事危机管理上的能力。①

美国对欧洲安全与防务政策发展既支持又警惕，担心北约的功能被釜底抽薪，为此，时任国务卿奥尔布赖特提出，欧洲安全与防务政策获得美国支持的前提是"三避免"：不得与北约脱节（decoupling）、不得与北约重复（duplication）、不得歧视（discrimination）北约非欧盟成员国。2002 年的"柏林＋"（Berlin Plus）会议，就危机管理中欧洲安全与防务政策与北约的关系做出了安排（"柏林＋安排"）。它规定，欧盟可以通过两种方式处理危机：或者以一个成员国为行动总部自动进行干预，或者利用北约的设备与能力。如果是后者，意味着欧盟可以使用北约的规划能力与设施，或者领导一支北约派出的军事力量。根据"柏林＋安排"，欧盟在 2003 年 1 月接过了北约在马其顿的"联盟和谐"（Allied Harmony）行动，2004 年接过了北约在波黑的"稳定力量"（Stabilization force）行动。欧盟自身在"柏林＋安排"下策划的第一个干预行动，是 2003 年在刚果（金）进行的阿特米斯行动，由法国领导一支 1700 人的部队具体执行。②

法国是欧洲安全与防务政策的第一推动力，尤其是在军事危机管理方面，如 2003 年 12 月力促在欧盟军事参谋部内设立一个负责小型军事行动的规划委员会（planning cell），以便欧盟在不借用北约和成员国资产指挥欧盟军事行动，根据需要发起特定行动时迅速建立行动中心，但该委员会并非欧盟的"常设司令部"。③ 即便如此，法国传统的独立外交倾向依然让华盛顿心里"不踏实"。为此，法国除同意美国提出的"三避免"外，还在政策上比较"亲美"的萨科齐的推动下，于 2009 年重返北约军事机构。而英国对欧洲安全与防务政策的支持也以"不危及英美特殊关系"为限，它虽然同意规划委员会，

---

① Stephan Keukeleire, "European Security and Defense Policy: From Taboo to a Spearhead of EU Foreign Policy?", in Federiga Bindi, ed., *The Foreign Policy of the European Union: Assessing Europe's Role in the World*, Washington, D. C., Brookings Institution Press, 2010, p. 65.

② Ibid., pp. 57 – 58.

③ 陈志敏：《欧洲联盟的军事化：从民事力量向军事力量的变形?》，《欧洲研究》2004 年第 5 期。

却提出了一系列限制条件：欧盟只有在北约不采取行动时才能展开军事行动；行动应首先借用北约的军事资产；如决定采取独立行动，应优先借用成员国的司令部来实施行动计划和指挥；只有在各国同意不借用北约和成员国军事资产的情况下，才考虑动用"规划委员会"。① 而且，各个成员国可以自愿决定是否参加此类行动。这使得欧洲安全与防务政策很难摆脱政府间主义的合作框架，发展出一支能进行大规模军事干预的独立防务力量，更无法成为一个与美国相匹敌的军事力量。

德国在欧洲安全与防务政策中的角色与作用值得重视。冷战结束后，"在欧洲外交与安全政策领域发挥更大作用"已经成为德国主要政党及其领导人的共识。但是，对如何体现这种作用，各党派存在争议。20 世纪 90 年代末期，通过多边机制、必须获得国际组织（如联合国、欧安组织、北约）的授权成为德国参与对外干预行动的必要条件。而且，联邦议院（Bundestag）对此类行动实行一事一议，决策层对军事力量参与多国维和行动尚未达成共识，强调联邦国防军（Bundeswehr）应避免成为战斗角色（combat roles）。② 进入 21 世纪后，德国允许联邦国防军参与军事干预行动，但主张在军事危机管理（而非传统的军事干预）框架下动用国防军，而且限制参与危机管理的国防军数量。同时，强调民事危机管理在干预行动中的作用。此外，德国还强调，在安全解决方案牵涉东欧时，不能把俄罗斯与独联体国家排除在外。③ 德国的这些主张符合大部分欧盟成员国的愿望，因此成为欧盟干预行动的特色。

三　成果

一个值得关注的现象是，在过去的十多年里，欧盟在推进制度建

---

① 陈志敏：《欧洲联盟的军事化：从民事力量向军事力量的变形?》，《欧洲研究》2004 年第 5 期。

② Robert H. Dorff, "Germany and the Future of European Security", *World Affairs*, Vol. 161, No. 2, Fall 1998, p. 60.

③ Ibid. , p. 64.

设上遇到了不少麻烦：法国与荷兰在 2004 年的公投中拒绝了欧洲宪法条约，爱尔兰在 2007 年拒绝了里斯本条约，但是，在欧洲安全与防务政策上依然取得了显著进展：从政治宣言性质的共同外交与安全政策（CFSP）转变为具有可操作性的欧洲安全与防务政策（ESDP）①并多次采取行动。ESDP 行动从无到有、不断增加，欧盟还建立了欧洲防务机构。具体而言，在 1999 年科隆会议决定建立 ESDP 后，不到 3 年时间，欧盟就建立了必要的制度与机构，并转入实际干预行动。而且，采取的行动从 2003 年的 1 件增加到 2009 年的 23 件，②涉及地区包括巴尔干、高加索、非洲、中东乃至亚洲。③与行动增加相匹配的是欧盟防务开支的增加，早在 2003 年，欧盟成员国 25 国的国防开支总和就达到了 2081 亿美元，为美国（4049 亿美元）的一半。④

第二节　欧盟对外干预的主要特征及案例

欧盟在冷战后日益关注亚洲的安全问题，是基于这样一种认识：亚洲政局不稳将影响欧洲的整体福利。欧洲理事会 2003 年 12 月在布鲁塞尔通过的欧洲安全战略（ESS）中指出，诸如克什米尔、朝鲜半岛等问题直接或间接影响到欧洲的利益，因此朝鲜和南亚的核问题都是欧洲所关心的。因此，除了经济与贸易议题外，欧盟还应该关注亚洲的安全问题。⑤因此，20 世纪 90 年代欧盟就成为东盟地区论坛（ARF）、亚太安全合作理事会（CSCAP）、亚欧会议（ASEM）与朝

---

①　欧洲安全与防务政策（ESDP）有时候也被称作共同安全与防务政策（CSDP），以便凸显其与共同外交与安全政策（CFSP）的关系以及所取得的进展。

②　Stephan Keukeleire, "European Security and Defense Policy: From Taboo to a Spearhead of EU Foreign Policy?" in Federiga Bindi, ed., *The Foreign Policy of the European Union: Assessing Europe's Role in the World*, Washington, D. C., Brookings Institution Press, 2010, p. 53.

③　Ibid., pp. 58 – 60.

④　朱立群：《欧盟究竟是个什么样的力量》，《世界经济与政治》2008 年第 4 期。

⑤　Nicola Casarini, "The Making of the EU's Strategy toward Asia", in Nicola Casarini and Costanza Muzu, eds., *European Foreign Policy in an Evolving International System: The Road towards Convergence*, Palgrave MacMillan, New York, 2007, p. 221.

鲜能源开发组织（KEDO）的成员。

冷战后欧盟对外干预具有哪些特征？白云真博士研究了欧盟在非洲的干预行动，总结出四个主要特征：民事与军事权力相结合、干预工具的综合性、多边主义、预防性。① 这对笔者具有重要的启发。在他的分类的基础上，这里尝试给出另一种分类，并分析欧盟在亚洲干预行动的特点。

一 欧盟干预的主要特征

欧盟对亚洲暴力冲突的干预，实际上包括两个部分：暴力性民族冲突与国际战争。暴力性民族冲突包括柬埔寨、斯里兰卡、东帝汶、亚齐、巴勒斯坦等案例。国际战争包括阿富汗战争、伊拉克战争与格鲁吉亚战争。由于只有 8 个案例，借此总结特征显然是危险的，因此，下面总结的几点仅具有相对的参考价值。

（一）注重多边合作

我们很少见到欧盟在不与其他国际组织或国家协调的情况下单独采取干预行动。欧盟在这方面的多边合作，既包括成员国之间的协调与合作（如德国与荷兰联合接管驻阿富汗国际安全部队），也注重与全球性、地区性与专门组织（如联合国、非盟、东盟）的合作（如欧盟在 2003—2007 年进行的 14 个干预行动，11 个基于安理会决议，3 个获得争端双方或当事国政府的邀请），② 有时还与某些国家开展多边合作（如在斯里兰卡案例中，欧盟与挪威、美国、日本组成援助斯里兰卡东京会议的四个联席方）。欧盟采取这种策略的目的是最大地实现干预行动的合法性，以便实现干预效果的最大化，因而被概括为"有效的多边主义"，③ 就亚洲干预行动而言，欧盟对多边合作的注重

---

① 白云真：《欧盟对非洲民族冲突干预的特点及对中国的启示》，《教学与研究》2013年第 3 期。

② 梁文敏：《冷战后冲突干预的欧盟模式：动力、特点与影响因素》，硕士学位论文，复旦大学，2008 年，第 45 页。

③ 郑先武：《欧盟区域间集体安全的构建》，《世界经济与政治》2012 年第 1 期。

在巴勒斯坦案例中表现得较为典型，亚齐案例则比较有特点。

1. 巴勒斯坦案例

欧盟在20世纪90年代初期就积极支持以（巴以分别建国的）"两国方案"解决巴以冲突，为此而采取的行动有支持巴以签署一系列双边协议，促进地区框架内的对话，给予巴解财政援助，参与"中东问题四方"机制等。[①]

欧洲对巴以冲突采取集体行动始于1973年的赎罪日战争，主张在联合国安理会242号决议基础上解决问题，其核心是两点：以土地换和平，美国承认巴勒斯坦人民的权利。这一立场在1980年的威尼斯声明中被进一步明确。声明认为，巴勒斯坦人民享有自决权，巴解组织作为巴勒斯坦人民的合法代表应该得到承认，以色列在被占领土上的定居点是非法的。以色列据此认为欧洲具有强烈的反犹倾向，欧洲因而难以在调停中有效发挥作用。在1991年马德里和会与1993年奥斯陆协定签署后，土地换和平被巴以双方接受，欧盟得以在此后的和平进程中发挥作用，并成为主要的财政支持者，为巴勒斯坦社会经济援助管理机制（PEGASE）、巴勒斯坦改革与发展计划（PRDP）、欧盟委员会人道主义援助组织（ECHO）、国际合作促进发展和团结组织（CIDSE）等民事行动提供财政支持，涉及人道主义危机、总统选举、经济发展、审计与内务人员培训、公务员工资与退休金支付等领域。[②] 目前为止，欧盟采取的集体干预行动有两个：欧盟拉法边界援助团（EU Border Assistance Mission-Rafah，EUBAM Rafah）与欧盟巴勒斯坦警务支持协作办公室（EU Police Co-ordinating Office for Palestinian Police Support，EUPOL COPPS）。欧盟拉法边界援助团行动始于2005年以色列从加沙地带单边撤军后，旨在监控巴埃边界拉法地带

---

① "中东问题四方"机制（Quartet on the Middle East），又称中东和平四方集团，是促进巴以和平进程的永久性论坛，由联合国、欧盟、美国、俄罗斯四方2002年成立于马德里。

② Asaf Siniver, "The EU and the Israeli-Palestinian conflict", in Richard G. Whitman and Stefan Wolff, eds., *The European Union as a Global Conflict Manager*, Routledge, London and New York, 2012, pp. 84 – 85.

的过境点，使之保持开放。这一行动由于哈马斯控制了加沙地带而在2007年暂停。欧盟巴勒斯坦警务支持协作办公室行动始于2006年，年度预算为250万—620万欧元，参与行动人员不到70人，其任务是建立可持续且有效的警察力量、培训警官、提供装备、组织巴以联合警官讨论会。这一行动在2009年展期。①

这两个行动的效果并不确切。批评者质疑，欧盟拉法边界援助团100多万欧元的年度预算加上不到30人的监督团到底能发挥多大的作用。② 而且，欧盟历年来累计数亿欧元的财政支持并没有促使巴勒斯坦与以色列采取相应行动，以色列在占领区内侵犯人权与国际法的行为依然在继续，对加沙地带的封锁并没有解除。巴勒斯坦也没有进行相应的政治与司法改革。重要的是，欧盟不得不面临这样的尴尬：抵制控制加沙地带的民选哈马斯政府，支持控制西岸的非民选法塔赫政府。总体而言，在中东和平进程中，投入巨大的欧盟总体上还属于边缘角色。

2. 亚齐案例

亚齐案例主要由芬兰主导，欧盟配合，监督印尼政府与自由亚齐运动（Gerakan Aceh Merdeka，GAM）达成和平协议并执行。2004年10月，时任印尼总统苏西洛调整了亚齐政策，冲突双方开始秘密接触，2004年12月，印度洋大海啸后双方转为正式谈判。欧盟支持芬兰为此所提出的危机管理倡议（CMI）。2005年上半年，在芬兰时任总统阿赫蒂萨里的调解下，印尼政府和"自由亚齐运动"代表在赫尔辛基举行了数轮和谈。8月15日双方正式签署了包括八个方面内

---

① Esra Bulut, "EUPOL COPPS (Palestinian Territories)", in Giovanni Grevi, et al., eds., *European Security and Defense Policy: The First Ten Years (1999 – 2009)*, EUISS, Paris, 2007, pp. 287 – 298; Esra Bulut, "EUBAM Rafah (Palestinian Territories)", in Giovanni Grevi, et al., eds., *European Security and Defense Policy: The First Ten Years (1999 – 2009)*, EUISS, Paris, 2007, pp. 299 – 310.

② Asaf Siniver, "The EU and the Israeli-Palestinian conflict", in Richard G. Whitman and Stefan Wolff, eds., *The European Union as a Global Conflict Manager*, Routledge, London and New York, 2012, p. 84.

容的谅解备忘录（MOU），① 印尼政府在备忘录中同意亚齐享有广泛的自治。同日，"自由亚齐运动"士兵上缴武器。② 这促使欧盟开始采取进一步的行动。

2005 年 9 月 6 日，欧盟理事会通过了旨在采取联合行动的共同外交与安全政策 643 号议案（Council Joint Action 2005/643/CFSP），其主要内容为拨款 1500 万欧元，其中 900 万来自共同外交与安全政策预算，600 万来自参加行动的 12 个成员国；组建 218 人规模的亚齐监督团（Aceh Monitoring Mission，AMM-Aceh），其中 125 人来自欧盟，93 人来自东盟，工作期限为 2005 年 9 月 15 日到 2006 年 12 月 15 日。监督团的使命是监督自由亚齐运动（GAM）解除武装、复员、安置，监督其他零散军事人员的安置，监督亚齐立法过程与人权形势，调查违反谅解备忘录的情况与有争议的特赦案例，帮助各派建立联系并进行良好的合作。③

泰国、马来西亚、文莱、菲律宾与新加坡参与了监督团。监督团分为四个团队，包括由瑞典提供的后勤团队。到 2005 年底的第一阶段行动顺利。因此，从 2006 年开始的第二阶段监督团裁减了人员。2006 年 7 月，印度尼西亚国会通过了《亚齐自治法》，赋予了亚齐省地方政府更大的自治权。根据《亚齐自治法》，亚齐开发石油和天然气收入的 70% 将由本省支配。2006 年底，监督团顺利完成任务。

从时间上看，欧盟第一次与其他地区组织合作开展的干预行动为

① The MoU, section 5, "Establishment of the Aceh Monitoring Mission", http：// www. aceh-mm. org/download/english/Helsinki%20MoU. pdf.

② Kirsten E. Schulze, "The Aceh Monitoring Mission", in Giovanni Grevi, et al. , eds. , *European Security and Defense Policy*：*The First Ten Years（1999 – 2009）*, EUISS, Paris, 2009, p. 266；Nicola Casarini, "The Making of the EU's Strategy toward Asia", in Nicola Casarini and Costanza Muzu, eds. , *European Foreign Policy in an Evolving International System*：*The Road towards Convergence*, Palgrave MacMillan, New York, 2007, p. 222.

③ Kirsten E. Schulze, "The Aceh Monitoring Mission", in Giovanni Grevi, et al. , eds. , *European Security and Defense Policy*：*The First Ten Years（1999 – 2009）*, EUISS, Paris, 2009, pp. 265 – 266.

与非盟合作进行的"朋友 II 民事—军事支持行动"。在苏丹达尔富尔地区进行的这项行动从 2005 年 7 月开始延续到年底。但这一行动的主导者是非盟，欧盟起支持与配合作用。[①] 亚齐监督团则是与其他地区组织合作，但由欧盟主导进行的首次干预行动。由于任务完成得比较好，亚齐已经成为欧盟推行欧洲安全与防务政策的一个经典案例。2006 年底亚齐监督团行动完成后，欧盟继续在警察培训等方面对亚齐给予支持。欧盟对印尼的经济与人道主义援助达到 4000 万欧元。[②]

欧盟对多边主义的强调在军事行动中也有所体现。以 2003 年在刚果（金）进行的阿特米斯行动（Operation ARTEMIS）为例，欧盟成员国之外，巴西、加拿大、南非 3 个非欧盟成员国也参与了这一行动，法国提供了总共 1785 人中的 1651 人，其他国家合计提供了 134 人。[③] 从军事角度看，这 134 人对于行动的成功与否影响不大，但体现了欧盟对多边合作的重视。这场由来自欧洲、非洲、北美洲与南美洲 17 个国家参与的为期 3 个月的行动，可称为"欧盟领导的多国部队干预行动"。

（二）以某个成员国为主，个别情况下以 2—3 个成员国为主

基于多边原则与操作的便利，欧盟通常视情况确定某一成员国为具体行动的主导国（lead nation）。比较突出的一点是，主导国既有法国、英国这样的大成员国与曾经的殖民大国，[④] 也有葡萄牙这样力量不大的曾经的殖民国家，还有芬兰、挪威这样没什么殖民历史的小成员国。小国唱主角更能凸显欧洲安全与防务政策的意义，因此，这里

---

① 梁文敏：《冷战后冲突干预的欧盟模式：动力、特点与影响因素》，硕士学位论文，复旦大学，2008 年，第 30 页。

② 宿亮：《欧盟参与东亚安全治理：行动与局限》，《太平洋学报》2011 年第 6 期。

③ Damien Helly, "Operation ARTEMIS（RD Congo）", in Giovanni Grevi, et al., eds., *European Security and Defense Policy：The First Ten Years*（1999 – 2009），EUISS, Paris, 2009, p. 183.

④ 如 20 世纪 90 年代初期，法国就在联合国柬埔寨过渡权力机构（UNTAC）中扮演了重要的角色，包括担任这一机构民事部门（Civil Administration Component of UNTAC）的负责人（administrative magistrate）。Brigitte Stern, ed., *United Nations Peace-keeping Operations：A Guide to French Politics*, United Nations University Press, Tokyo, Japan, 1998, p. 109.

主要分析斯里兰卡与东帝汶案例。

1. 斯里兰卡案例

应时任斯里兰卡总统库马拉通加夫人邀请，挪威从 2000 年开始斡旋斯里兰卡和平进程。在挪威的推动下，斯政府和泰米尔伊拉姆猛虎组织（LTTE）2002 年签署停火协议。2003 年，猛虎组织虽然退出和平谈判，但并没有退出停火协议。因此，欧盟与挪威、美国、日本成为援助斯里兰卡东京会议的四个联席方，2002 年 11 月、2003 年 4 月、6 月和 2005 年 6 月，分别在奥斯陆、华盛顿、东京和布鲁塞尔举行了四次相关会议。不过，由于猛虎组织态度反复，并多次策划爆炸行动，2006 年欧盟把猛虎组织列为恐怖组织并实施了多方面的制裁：冻结与猛虎组织有关的个人和实体的金融资产、切断其个人和实体的经济来源，并加强欧盟各成员国在此方面的警察和司法合作。欧盟试图以此促使猛虎组织放弃暴力重回谈判。

2. 东帝汶案例

联合国对东帝汶的维和可以分为两个时期。1998 年 6 月以前，主要是葡萄牙主导，欧盟配合。1983—1998 年，在联合国秘书长的斡旋下，葡萄牙与印尼政府就东帝汶问题进行了十几轮谈判。1998 年 5 月 5 日，印尼、葡萄牙和联合国三方就东帝汶举行全民公决签署协议。8 月 30 日，联合国驻东帝汶特派团（United Nations Mission in East Timor）主持东帝汶全民公决。此后，东帝汶问题变成联合国主导，欧盟配合。欧盟参与东帝汶民主政府建立过程，为东帝汶重建提供了至少 7 亿欧元的援助。[①] 独立后的东帝汶依然与葡萄牙关系密切，把自身定位为亚洲葡萄牙语国家。葡语国家共同体及其成员国关系是东帝汶的外交重点。

（三）强调民事领域的干预

这是欧盟进行冲突干预的一个显著特征。欧盟的前身欧共体就被

---

① Nicola Casarini, "The Making of the EU's Strategy toward Asia", in Nicola Casarini and Costanza Muzu, eds., *European Foreign Policy in an Evolving International System: The Road towards Convergence*, Palgrave MacMillan, New York, 2007, p. 222.

迪歇纳（Duchene）、忒切特（Twitchett）等欧洲学者视作没有军事力量却一样能对国际关系施加影响的民事力量或民事集团。[①] 在本书中，发生大规模战争行动的伊拉克案例、阿富汗案例与格鲁吉亚案例非常能说明欧洲安全与防务政策强调民事干预的特征。如格鲁吉亚希望欧盟能进行全面的干预，但欧盟仅仅同意派出监督团进行民事干预。这固然与欧盟的军事干预能力不足有关，但更重要的是，欧盟意识到军事干预的局限：只能制止冲突，但不能解决冲突产生的原因。为长远效果计，干预行动应该着力于利益冲突的调解、法律制度的恢复与完善等。因此，欧盟把自己干预行动的重心也放在这些方面。而且，欧盟在执行这三个干预行动时，拓展了运作模式，如在阿富汗发展出的"领域（任务）主导国模式"。

1. 阿富汗案例

由于事务高度繁重，美国希望其他国家更多地分担重建任务，而欧盟在"轻足迹"（light footprint）原则指导下实施的阿富汗农村发展、治理与卫生等工作进展缓慢，[②] 欧盟对外干预中的"主导国模式"（lead nation approach）又有了新的发展：原先那种由一个国家主导某一行动的模式，细化为若干国家分工合作，分别主导某一中心任务。2002 年的维也纳"八国峰会"，确定由日本负责裁军、复员与安置（reintegration）等任务，美国负责军队事务，德国负责警察事务，意大利负责司法事务，英国负责毒品事务。[③] 同样是大规模军事行动后的战后重建，这种做法在伊拉克案例中尚不明显，但在阿富汗案例中则比较典型，可以说，"主导国模式"在阿富汗发展为"领域（或任务）主导国模式"。

2003 年 2 月爆发的伊拉克战争使得欧盟成员国分裂为两个阵

---

①　陈志敏：《欧洲联盟的军事化：从民事力量向军事力量的变形?》，《欧洲研究》2004 年第 5 期。

②　Eva Gross, "The EU in Afghanistan", in Richard G. Whitman and Stefan Wolff, eds., *The European Union as a Global Conflict Manager*, Routledge, London and New York, 2012, p. 110.

③　Ibid, p. 112.

营，这对欧盟试图构建共同外交与安全政策是个重大打击，也使得其在伊拉克境内的干预行动直到 2005 年才得以实施。英国、西班牙、意大利、丹麦、葡萄牙以及欧盟候选国（如波兰、匈牙利、捷克、马其顿、克罗地亚、阿尔巴尼亚）支持美国主导的这场战争。而德国、法国、比利时、瑞典、芬兰、奥地利、希腊、卢森堡等则联合俄罗斯反对这场战争，主张在联合国框架内解决伊拉克问题。① 萨达姆政权迅速倒台后，欧盟国家的大致共识是联合国在重建中发挥重心作用。但美国坚持认为，必须由参战国主导重建工作，联合国只能参与人道主义援助等事务。美国虽然主导着伊拉克战后重建，但也对欧盟做出了某些让步。因此，欧盟在重建中除了人道主义援助外，还参与到伊拉克法律体系的重建等事务，其典型例子就是 2005 年 7 月开始实施的欧盟驻伊拉克法律特派团行动（EUJUST LEX-IRAQ）。

欧盟驻伊拉克法律特派团行动旨在加强伊拉克的法治并提升人权，具体做法是在欧盟成员国内为伊拉克培训中高级警察、法官、监狱管理人员并促进这些人员之间的合作。17 个欧盟成员国参与了这项工作，约旦与埃及则承办了 3 次相关会议。截止到 2009 年 6 月的预算为 800 万欧元。虽然各个成员国政府都声称支持，但这项工作在政治上依然颇有争议，法国与西班牙政府等拒绝在很不安全的伊拉克进行这项工作，因此，实际操作变成利用欧盟的培训设施，但一些大的活动则放在约旦与埃及举办。这项活动取得的成效包括在四年时间里培训了 2000 多位伊拉克官员，其中 34 位还被借调到欧洲国家的对口机构工作学习；为以后采取的欧盟安全与防务政策行动提供了某些经验，如把一些活动安排在目标国以外举办，在阿富汗的行动就借鉴了这方面的经验。②

---

① 郭琳芳：《关于伊拉克战争问题的欧盟外交政策》，硕士学位论文，郑州大学，2012 年。

② Daniel Korski, "EUJUST LEX（Iraq）", in Giovanni Grevi, et al. , eds. , *European Security and Defense Policy：The First Ten Years（1999 - 2009）*, EUISS, Paris, 2009, pp. 231 - 235.

这个行动也存在一些不足：缺乏后继项目，也没有考虑与伊拉克内政部与警察署的相关培训项目衔接；缺乏对培训效果的评估，如多少人还活着、是否应用了所学技能、多少人依然在岗或得到提升；没有考虑伊拉克的具体情况（与普通法系国家的情况不同，伊拉克长期以来是由地方法官主导案件的调查过程）；范围太小，大部分的警察培训工作依然由美国主导；伊拉克内政部负责选派受训人员，腐败与管理不善等因素使得他们并没有选派最需要培训的人。① 尽管有这些不足，欧盟理事会还是在 2009 年 6 月批准延长这一项目，并把授权范围扩展到战区内的飞行员培训等。②

2. 格鲁吉亚案例

欧盟在格鲁吉亚实施了两个干预计划：欧盟格鲁吉亚法治特派团（EUJUST Themis-Georgia）与欧盟格鲁吉亚监督团（EUMM-Georgia）。

20 世纪 90 年代，欧盟对格鲁吉亚政策类似于对其他独联体国家：签署伙伴与合作协定，在"对独联体技术援助"计划（即 TACIS，中文简称"塔西斯计划"）下提供技术与财政支持，优先关注的领域为法治、良治、人权、减贫、冲突预防与解决等。2000 年后，南高加索形势持续不稳定，2003 年亲西方的萨克什维利取代谢瓦尔德纳泽并希望格鲁吉亚融入西方。欧盟因而重新评估了对这一地区的政策，决定强化对这一地区的政治影响力，并把欧洲安全与防务政策（ESDP）从巴尔干扩展到南高加索地区。但格鲁吉亚形势尚没有严重到需要一次大规模的欧洲安全与防务政策行动，因此，欧盟依据自己的偏好与在格鲁吉亚的已有工作，决定推出一个民事方面的欧洲安全与防务政策，以推进格鲁吉亚的法治（rule of law）改革。其结果便是"欧盟格鲁吉亚法治特派团"（EUJUST Themis Georgia，Themis③）方案的出

---

① Daniel Korski, "EUJUST LEX (Iraq)", in Giovanni Grevi, et al., eds., *European Security and Defense Policy: The First Ten Years* (1999 – 2009), EUISS, Paris, 2009, pp. 237 – 240.

② See Council Conclusions on the ESDP, March 26, 2009, Brussels, http://www.consilium. europa. eu/uedocs/cms_ Data/docs/pressdata/en/ec/104692. pdf.

③ 西弥斯（Themis）是希腊神话中掌管法律与裁判的女神。

台，实施时间为 2004 年 7 月 1 日到 2005 年 7 月 15 日。法国、德国、荷兰等 10 个国家共派出 10 个专家执行这一行动，其主要任务为与欧盟等其他机构合作，共同协助格鲁吉亚政府制定刑事司法改革战略，指导新的刑事司法改革，支持相关立法规划，以及提供其他必要的帮助。① 专家们分三个阶段工作：评估阶段、方案草拟阶段，方案实施阶段。由于格鲁吉亚方面没能按时拿出战略草案，进度受到影响。2005 年，双方合作修改后的《刑事司法改革国家战略》被时任总统萨克什维利批准。这种对没有发生大规模冲突国家的干预行动或可视作是欧盟干预行动的"格鲁吉亚模式"。

2008 年 9 月开始的欧盟格鲁吉亚监督团（EUMM-Georgia）行动，旨在协助终止格鲁吉亚与俄罗斯之间的冲突，稳定格鲁吉亚尤其是南奥塞梯与阿布哈兹局势；监督冲突方的民事行为，包括"六点协议"的执行情况；与联合国、欧安组织密切合作，为格鲁吉亚建立战后长期稳定。监督团由来自 24 个欧盟成员国的 340 人组成，到 2010 年的预算为 4960 万欧元。② 欧盟对格俄冲突的干预具有如下特点：反应迅速，冲突发生后与欧安组织立即行动，冲突第三天（8 月 12 日）即促使格俄双方达成"六点协议"；坚持限于民事干预，而非格鲁吉亚方面期望的全面干预；全程参与，行动多次延期，至今仍在进行，欧盟希望通过这一行动在格鲁吉亚（包括南奥塞梯与阿布哈兹）实现和平缔造与战后的长期稳定；主要与格鲁吉亚政府合作，与俄罗斯的合作有限，俄罗斯并没有按照协定全部撤军，欧盟也未能获得南奥塞梯与阿布哈兹的大力支持。③

（四）以"军事危机管理"定位军事干预

欧盟从全球治理的角度，用军事危机管理这一说法替代军事干

---

① Xymena Kurowska, "EUJUST THEMIS（Georgia）", in Giovanni Grevi, et al. , eds. , *European Security and Defense Policy：The First Ten Years（1999 - 2009）*. EUISS, Paris, 2009, pp. 201 - 202.

② Sabine Fischer, "EUMM Georgia", in Giovanni Grevi, et al. , eds, *European Security and Defense Policy：The First Ten Years（1999 - 2009）*. EUISS, Paris, 2009, pp. 279 - 280.

③ Ibid. , pp. 280 - 289.

预，并尝试赋予军事危机管理一些新意：把它当作危机管理的一部分，强调多国合作，预先建立相应的部队，限制军队使用地点与时间，等等。1992 年彼得斯堡任务虽然强化了军事方面的任务，但并非强调传统的军事干预，而是与人道主义救援任务、维和任务等相结合，为的是实现和平缔造（peace making）。1999 年的赫尔辛基首要目标隐含两个原则。第一个原则与欧洲安全与防务政策对象有关：绝不卷入成员国之间的领土争端，仅仅聚焦于各种危机管理；不处理大规模武装冲突（如在伊拉克与阿富汗那样的行动）。① 第二个原则与方法论有关：不试图建立永久性的欧盟部队，仅仅在欧洲安全与防务政策框架内各成员国自愿、暂时参加各种行动。

当然，为了强化短期干预效果，欧盟也不排斥在一定情况下强调军事手段，如在亚齐案例中，军事人员就在四个小组中占主导地位，以便执行谅解备忘录中规定的复员、遣散、调配等任务。② 而阿特米斯行动是在没有北约支持下，欧盟采取的第一个重大军事干预行动，有近 2000 人参加。但法国对领导这一行动提出了一些前提条件：联合国授权、限定行动的时间与区域、邻国乌干达与卢旺达的政治支持。③ 这些条件获得满足后法国才开始行动。行动时间为 2003 年 6 月 12 日到 9 月 1 日。9 月后 5000 人的联合国维和部队接管了相关任务。

欧盟倡导"军事危机管理"政策，乃是基于自己的角色定位与扬长避短，虽然意识到军事干预的必要性，但并不刻意强调。由于军事干预更能体现一个国家的硬实力，因此，这些行动通常由军事实力比较强大的英国与法国主导，如利比亚危机、阿特米斯行动。西班牙、意大利与波兰在参与北约主导的军事行动中也比较积极。作为经济实力最强的欧盟成员，德国在 20 世纪 90 年代就发现，

① 当然，这也可以理解为欧盟在执行"避免 3D"政策。

② Daniel Korski, "EUJUST LEX（Iraq）", in Giovanni Grevi, et al., eds., *European Security and Defense Policy: The First Ten Years（1999 - 2009）*. EUISS, Paris, 2009, pp. 267 - 268.

③ Damien Helly, "Operation ARTEMIS（RD Congo）", in Giovanni Grevi, et al., eds., *European Security and Defense Policy: The First Ten Years（1999 - 2009）*. EUISS, Paris, 2009, p. 182.

邻国（尤其是法国与波兰）既希望德国承担更大的国际安全责任，又担心德国的作用太大，以致独断专行（assertive and independent）。① 这种矛盾心理促使德国在安全政策上较少实施直接的影响，而更多采取发挥间接影响的方式，如提供经济援助、人员培训、帮助重建法律制度等。在军事干预方面，德国则持一种"可以有选择地参加，但绝不积极主动"的态度，而且是有限度地参加，如在阿特米斯行动中，仅仅派出34名人员参与医疗服务。② 在阿富汗案例中，德国先是拒绝领导国际安全部队，经过协调，2003年2月德国与荷兰联手接过了驻阿富汗国际安全部队的指挥权。德国的这种态度可能会继续下去。③

从本书案例看，欧盟在干预行动时并不偏重军事干预，对军事手段的使用有明显的限制，看不出欧盟"使用军事手段意愿上升"。④

（五）具有整体性的框架

欧盟对外干预并非随机行为，而是依据共同安全与防务政策（ESDP）的整体性框架与战略目标，制定相应的政策文件与实施细则，以便综合运用多种政策工具，实现冲突预防、制止冲突、战后重建、可持续发展等综合目标。

欧盟把自己视作全球行为体，应当在全球安全中承担责任。⑤ 亚洲是全球经济发展最快的地区，人口众多，民族构成复杂，国家与民族间冲突频繁发生，与欧洲的政治、经济联系日益密切，因此，在亚洲安全中承担责任成为欧盟全球安全政策的一个组成部分。为

---

① Robert H. Dorff, "Germany and the Future of European Security", *World Affairs*, Vol. 161, No. 2, Fall 1998, pp. 64 – 65.

② Daniel Korski, "EUJUST LEX（Iraq）", in Giovanni Grevi, et al., eds., *European Security and Defense Policy: The First Ten Years（1999 – 2009）*. EUISS, Paris, 2009, p. 183.

③ Robert H. Dorff, "Germany and the Future of European Security", *World Affairs*, Vol. 161, No. 2, Fall 1998, p. 66.

④ 梁文敏:《冷战后冲突干预的欧盟模式: 动力、特点与影响因素》, 硕士学位论文, 复旦大学, 2008年, 第50页。

⑤ European Council, "A Secure Europe in a Better World—The European Security Strategy", December 12, 2003, pp. 1 – 14.

此，欧盟制定了多个针对亚洲的战略文件，如 1994 年的《新亚洲战略文件》（Towards a New Asia Strategy）（以下简称《战略文件》）、2001 年的《欧洲与亚洲：增强伙伴关系的战略框架》（Europe and A-sia：A Strategic Framework for Enhancing Partnership）（以下简称《战略框架》），以及一些国别战略文件。2007 年，欧盟理事会发布的《欧盟外交与安全政策东亚行动纲领》（以下简称《行动纲领》）则是欧盟为贯彻执行 2003 年《欧洲安全战略》而推出的政策性指导文件，也是欧盟在东亚地区推行共同外交与安全政策的第一部官方指导文件。《行动纲领》强调欧盟与东盟合作的重要性以及对东北亚地区安全治理的参与，并明确指出参与东亚地区安全治理对其构筑全球影响力的关键性意义。[①] 亚齐监督团（AMM-Aceh）既是欧盟推行《战略文件》与《战略框架》的一个有力例证，也服务于《行动纲领》的构建。从上述六个案例中我们都可以看出，欧盟在实施干预行动时使用多种政策工具以实现制止冲突、战后重建与可持续发展等多重目标。

而且，欧盟也注重概念与做法上的创新。历史来看，欧洲是自由、民主、人权等概念的提出者。借由二战后的历史经历，欧洲试图让世界相信：曾经以帝国主义的武力强行统治世界的大陆，正在从规范层面上确定世界标准。[②] 制定国际规范离不开提出新观念与概念。为此，欧盟强调对外干预中的预防性介入（preventive engagement）、和平缔造、可持续发展等，并在亚洲的干预行动中发展出"领域主导国模式"与"格鲁吉亚模式"。

当然，由于欧盟成员国众多，在安全问题上欧盟无法像一个国家那样迅速、有力地做出决策并付诸行动，许多情况下欧盟主要起协调

① 宿亮：《欧盟参与东亚安全治理：行动与局限》，《太平洋学报》2011 年第 6 期。

② Richard Rosecrance，"The European Union：A New Type of International Actor"，in J. Zielonka，ed.，*Paradoxes of European Foreign Policy*，The Hague：Kluwer Law International，1998，p. 22，转引自陈志敏《欧洲联盟的军事化：从民事力量向军事力量的变形?》，《欧洲研究》2004 年第 5 期。

作用，而需要依靠主要成员国实施冲突干预行动。欧盟众多机构之间的协调也存在问题，影响了干预行动的效果，但这不能掩盖欧盟在对外干预问题上具有整体性框架的特点。

欧盟对亚洲的欧洲安全与防务政策显然不限于上述六个干预行动。英国依然是《五国防御协定》（Five-Power Defense Arrangements）的成员国，法国在印度洋与南太平洋依然派驻有数千名军人。欧盟对亚洲的军售更是影响了亚洲的战略平衡。根据美国亚洲研究局（NBAR）2005 年的统计，受中国、印度与东南亚国家需求的驱动，亚洲已经成为发展中国家最大的武器销售市场，占 2001—2004 年全球军售市场的一半份额。①

二 欧盟对亚洲干预行动的特征

总体而言，英法两国是欧盟安全与防务政策的主要驱动力与干预行动的领导者，西班牙、波兰等国是此类行动的积极参与者，德国与意大利则扮演着主要支持力量，尤其是在理念与经济上。当然，美国的同意（至少是默许）必不可少。上述五个特征在欧盟对外干预中普遍存在，那么，欧盟针对亚洲的干预行动是否表现出某种独特性？从现有案例看，欧盟对亚洲的干预行动表现为以下四个特点。

第一，西亚是干预的重点地区。从干预的次数、力度、开支、政策框架等方面我们都可以看出，欧盟对外干预的重心，1999 年之前在欧洲，1999 年之后为非洲与西亚。欧盟安全研究所（EUISS）的一项研究表明，在 1999—2009 年期间，欧盟进行的 23 次干预行动中，10 次在非洲，6 次在欧洲，7 次在亚洲。在亚洲的 7 次干预行动中有 6 次在西亚（格鲁吉亚与巴勒斯坦各 2 次，伊拉克与阿富汗各 1 次），只有 1 次在东南亚（印度尼西亚），即针对阿富汗的 EUPOL（2007—2010），针对伊拉克的欧盟驻伊拉克法律特派团行动（2005—2009），

① Nicola Casarini, "The Making of the EU's Strategy toward Asia", in Nicola Casarini and Costanza Muzu, eds., *European Foreign Policy in an Evolving International System: The Road towards Convergence*, Palgrave MacMillan, New York, 2007, p. 222.

针对巴勒斯坦的 EUBAM-Rafah（2005—2009）与 EUPOL COPPS
（2005—2010），针对格鲁吉亚的欧盟格鲁吉亚法治特派团（EUJUST
THEMIS）与 EUMM-GEORGE，针对印度尼西亚亚齐问题的亚齐监督
团（AMM-ACEH）。[①] 即使加上不在欧盟安全研究所分析范围内的斯
里兰卡与东帝汶案例，东南亚地区也只有 3 个案例。

此外，欧盟针对索马里的 NAVFOR（2008 年）规模达 1500 人，
主要在海上执行且涉及部分亚洲海域。对菲律宾南部棉兰老岛的冲突
欧盟则只是轻度参与，并呼应菲律宾政府的要求，把莫洛伊斯兰解放
阵线列为恐怖组织。

第二，细化了"主导国模式"。2003 年的伊拉克战争后，美国希
望北约与欧盟（尤其是德国）在阿富汗战后重建中发挥更大的作用。
由于重建工作难度远远超过预期，欧盟的"主导国模式"在此细化
为"领域（任务）主导国模式"。

第三，初步形成了"格鲁吉亚模式"。欧盟在格鲁吉亚的西弥斯
行动在欧洲安全与防务政策（ESDP）中的价值在于把法治特派团列
入 ESDP 框架，扩展了 ESDP 的概念，因此欧盟在没有发生严重危机
的国家也可以实施干预行动。这是欧洲安全与防务政策在巴尔干地区
实施后，首次用于欧洲近邻国家。[②] 欧盟在巴勒斯坦的欧盟拉法边界
援助团与欧盟巴勒斯坦警务支持协作办公室两次干预行动，在一定程
度上也可以说是格鲁吉亚模式的实践。

第四，小国主导的案例比较多。如芬兰主导亚齐案例，葡萄牙主
导东帝汶案例，挪威主导斯里兰卡案例，占总案例的 37.5%。这是
一个比较有意思的现象。

为什么这些欧洲小国能在欧盟对亚洲的干预行动中发挥主导作

---

① Giovanni Grevi, et al., eds, *European Security and Defense Policy：The First Ten Years*
（*1999 - 2009*）, EUISS, Paris, 2009, pp. 5 - 6.

② Xymena Kurowska, "EUJUST THEMIS（Georgia）", in Giovanni Grevi, et al, eds., *European Security and Defense Policy：The First Ten Years*（*1999 - 2009*）, EUISS, Paris, 2009, pp.
203 - 209.

用呢？有研究认为，国内的稳定、有弹性的行政机构、形成联盟是
小国外交政策成功的主要因素。① 这是从一个国家内部而言。就小国
对外干预政策的效果而言，形成国际联盟可能是最主要的因素。上
述三国在实施干预的过程中，均有欧盟的支持，有的还获得联合国、
美国、日本等的支持，实际上是与这些力量形成国际联盟。还有一
点不容忽视：被干预国家冲突各方的信任感。他们相信小国在干预
的过程中会基于道义的力量行事，提出的解决方案会比较公正，也
不会在方案被拒绝后单方面采取制裁措施。以斯里兰卡为例，印度
此前的干预行动就以失败告终。在 1983—1990 年，印度是斯里兰卡
冲突的主要干预国，从 1987 年起派出维和部队（IPKF），累计达到
15 万人。② 即使如此，依然没能让冲突双方实现停火，自己也因损失
惨重而在 1990 年全部撤军，改而推行不插手、不干预、中立政策。③
但印度还是不能获得泰米尔猛虎组织的谅解，拉吉夫·甘地 1991 年
被猛虎组织派出的人体炸弹暗杀。这个案例体现了小国干预所具有
的独特优势。

三 欧盟对外干预机制中的不足

第一，在欧洲安全与防务政策框架下，军事危机管理有北约这个
现成资源可用，而民事管理却没有类似的便利；民事危机管理人员数
量远远少于军事危机管理人员，尽管前者的任务更多、更复杂。更重
要的是，与外交、国防等部门相比，内政、财政、司法等机构在对外
合作上经验不足，并有自己的官僚程序与文化，从而妨碍欧洲安全与
防务政策的有效运作。④

---

① Christos Kassimeris, "Foreign Policy of Small Powers", *International Politics*, Vol. 46, 2009, p. 99.

② Vinod F. Khobragade, "Indian Approach towards Sri Lankan Conflict", *The Indian Journal of Political Science*, Vol. LXIX, No. 4, 2008, p. 915.

③ Ibid. , p. 910.

④ Stephan Keukeleire, "European Security and Defense Policy: From Taboo to a Spearhead of EU Foreign Policy?" in Federiga Bindi, ed. , *The Foreign Policy of the European Union: Assessing Europe's Role in the World*, Washington, D. C. , Brookings Institution Press, 2010, pp. 65 – 66.

　　第二，欧洲安全与防务政策民事管理机构与欧盟委员会民事管理机构之间部分互补、部分重叠的关系也导致扯皮推诿，从而影响欧洲安全与防务政策的民事管理效率。欧盟理事会决定欧洲安全与防务政策的各项行动，具有临时性特征。而作为常设执行机构的欧盟委员会也有自己的民事机构，其政策具有稳定性、长期性特征。两者的功能差异与协调的困难导致欧盟的对外干预行动出现重复、混乱、不协调。① 在欧盟对刚果（金）的大规模干预行动中，这一点表现得比较突出。欧盟委员会注重和平重建与长期发展，而欧盟理事会主导的五个干预行动则侧重短期稳定与和平目标的实现。② 2009 年《里斯本条约》试图协调欧盟的各项运作机制，但并没有消除欧盟冲突管理活动的制度间差异。③

　　第三，欧盟成员国之间在确定干预对象时，有时难以达成一致，尤其是在参与美国主导的干预行动时。比较典型的例子是 2002 年美国领导的多国部队对伊拉克的入侵，德国与法国公开反对，中东欧国家与英国则支持。2011 年英法主导对利比亚的空袭，德国虽支持对利比亚采取制裁行动，但主张通过政治解决利比亚危机，反对进行军事干预，主要理由有两个：阿拉伯联盟对军事行动持怀疑态度，④ 军事干预在外交和军事上存在严重危险和风险。⑤ 因此，在联合国安理会关于设立禁飞区的投票中，德国没有像英国、法国、美国那样投赞

---

　　① 在欧盟现有的运作框架下，欧盟委员会（European Commission）为常设机构，但功能较弱，类似于半总统制国家的行政机构。欧盟理事会（Council of European Union）则是欧盟实际上的最高决策机构，并且拥有重要人员任命权与部分立法权，功能类似于半总统制国家的总统加上美国的参议院。

　　② Meike Froitzheim, Fredrik Söderbaum, Ian Taylor, "The Limits of the EU as a Peace and Security Actor in the Democratic Republic of the Congo", *Africa Spectrum*, Vol. 46, Issue 3, 2011, p. 53.

　　③ 焦兵、白云真：《欧盟对非冲突干预：以刚果（金）冲突管理与建设和平为例》，《西亚非洲》2013 年第 4 期。

　　④ 《俄德反对军事干预利比亚 美英法称为保护平民》，2011 年 3 月 22 日，中新网（http://www.chinanews.com/gj/2011/03 – 22/2920951.shtml）。

　　⑤ 闫瑾：《德国利比亚危机政策分析》，《欧洲研究》2011 年第 3 期。

成票，而是与俄罗斯、印度、巴西、中国等一起投了弃权票。① 政治主权的让渡要难于经济主权，而"有共同的货币政策却没有共同的财政政策"被公认为欧债危机产生的主要原因。因此，欧盟成员国在重大安全问题上难以取得一致的现象将会继续下去。而不能实行统一安全政策的欧盟无法成为国际政治中强有力的一极。

第三节　对中国治理战略与外交的启示

　　中国是崛起中的大国，在国际事务中承担更大责任乃大势所趋。而随着国家利益在全球范围内的日益扩展，如何保护海外公民与投资利益，成为一个重大的挑战。在有大量投资与中国公民的国家发生政权更迭、动乱等情况下，如果固守"不干涉内政"的原则，很可能危及海外公民的安全并导致投资上的重大损失。以利比亚事件为例，中国成功组织实施了三万多人的大撤侨行动，但在利比亚的188亿美元投资中的相当一部分很可能打水漂。已经有越来越多的中国学者认识到，中国的外交战略与政策也要与时俱进，进行适当的调整。王逸舟在总结若干案例的基础上提出，对境外冲突事件，尤其是涉及中国的公民安全与投资利益的，应该实行"创造性介入"的原则。② 赵华胜则结合2010年吉尔吉斯斯坦的动荡局势，认为中国应该修正不干涉内政原则：在利益不大或无能为力的地区，继续奉行不介入；而在有重大利益的地区，中国也有一定能力的情况下，应该奉行"建设性介入"。③ 这些学者的洞见无疑值得重视。但如何实施创造性介入或建设性介入，需要仔细研究与谋划。欧盟在干预暴力冲突的过程中，积累了不少经验与教训，对中国今后应对境外暴力冲突具有重要的参考价值。根据前面的案例分析，我们给出以下四点建议。

---

① 闫瑾：《德国利比亚危机政策分析》，《欧洲研究》2011年第3期。
② 王逸舟：《创造性介入——中国外交新取向》，北京大学出版社2011年版；王逸舟：《创造性介入——中国之全球角色的生成》，北京大学出版社2013年版。
③ 赵华胜：《不干涉内政与建设性介入》，《新疆师范大学学报》2011年第1期。

一　确定对境外冲突进行干预的总体战略与政策法规

我们应确定对境外冲突进行干预的总体战略与政策，建立并逐步完善相应的政策文件、法律法规。中国可以借鉴欧盟、美国、俄罗斯等国家在境外危机管理方面制定战略规划、制定相关法律、建立相关机构等方面的经验，以便把中国的干预行动建立在法律的基础上，使之具有透明性、可预见性与可持续性。这可能是中国崛起过程中处理国际事务时必须经历的一个环节。中国已有的参与联合国维和行动、海外撤侨、军舰护航等干预行动或者是基于联合国与当事国的邀请或者是基于临时决策，而缺乏参与这类行动的国内法基础。领导人讲话固然能体现中国外交行为的基础，但并非法律文件。《国防白皮书》等属于情况总结与政策宣示，也难以成为干预行动的法律基础。

此外，组织机构上也存在不足。中央外事领导小组作为一个常设机构起协调与决策作用，但由于人员不足、缺乏相应的研究机构等，难以通盘进行战略规划并制定相应的政策文件。这一点下文将进一步阐述。

二　避免单边主义、注重多边合作

"9·11"事件后小布什政府推行的以军事手段为主的单边主义政策，削弱了美国的总体实力与国际领导地位，严重损害了美国的国际声誉。作为实力快速提升的发展中大国，中国无疑应该避免重蹈其覆辙。而欧盟的多边主义更适合中国。中国在既往的干预行动中，非常重视国际组织尤其是联合国安理会的作用，现在每年派出的维和人员在五大常任理事国中最多，目前为 1773 人，远远多于其他四国。① 中国注重安理会授权的特征无疑应该保持，但也有必要增

---

① 截至 2013 年 7 月 31 日数据，其他四个常任理事国参与维和人数分别为法国 973 人、英国 278 人、美国 100 人、俄罗斯 98 人。"Monthly Summary of Contributions（Police, UN Military Experts on Mission and Troops）"，http：//www.un.org/en/peacekeeping/contributors/2013/jul13_1.pdf.

加与地区性国际组织、专业性国际组织、特定多边合作机制等的合作，以促进这些组织的积极性，并发挥其中立性、专业性等特长。如与联合国教科文组织、联合国粮农组织合作培训被干预国家与地区的教师、农业科技人员，与世界卫生组织和"无国界医生"组织合作培训医务人员，与国际刑警组织合作培养警务人员，还可以考虑与盖茨与梅琳达基金会、福特基金会等大型基金会合作设计一些民事干预行动项目。

对于欧盟在亚洲的干预行动，如果是亚齐、斯里兰卡、东帝汶那样的民事危机管理与多边协调，中国的态度无疑应该是支持与合作。对于欧盟参与的北约军事行动，我们也不能一概否定，只要是有利于亚洲的安全与稳定者，也可以持正面态度。①

中国在冲突干预上已经有一些新举措，如派海军参与亚丁湾与索马里海域护航，参加联合国索马里海盗问题联络小组会议以及"信息共享与防止冲突"护航合作国际会议；② 先后任命刘贵今、钟建华为非洲问题特使，任命吴思科为中东问题特使。2013 年 6 月 18—19 日中国还在北京承办了"联合国支持以色列—巴勒斯坦和平国际会议"。但总体上看，中国在多边合作上可以更积极些，如不参加中东问题"四方机制"的做法就值得商榷。③

外交斡旋中独立行动的好处是不受现有多边、双边机制的限制，保持自身灵活性。这是"独立自主的和平外交路线"的继续，体现的是"不结盟"思路。但游离于"四方机制"，也限制了中国在这个问题上利用国际社会力量。很难想象，没有联合国、美国、俄罗斯、欧盟、非盟等的配合，中国能在巴以争端这个超级难题上单独发挥明显的作用。崛起中的中国应积极寻找机会，在多边框架内学习国际治

---

① 戚建国副总参谋长在参加 2013 年香格里拉对话中，也认为判断北约在亚太介入的标准是是否有利于亚太地区的和平与稳定。姚忆江、王尔山：《戚建国副总参谋长问答摘录——"中国的态度是明确的"》，《南方周末》2013 年 6 月 6 日第 A8 版。

② 中华人民共和国国务院新闻办公室：《2010 年中国的国防》白皮书，2011 年 3 月。

③ 曾书柔：《中国中东问题特使吴思科：中国不考虑加入中东"四方机制"》，人民网（http：//world. people. cn/n/2013/0621/c1002 - 21925083. html）。

理经验。既然阿盟、埃及、巴勒斯坦等都提出中国应该加入四方机制，中国不妨进行尝试。如果被美国拒绝，中国并没有实质性的损失。而一旦加入，将成为中国践行多边外交的一个新例证，而且是落实习近平主席"四点主张"①（尤其是第四点）的有力一步。

这里还牵涉如何看待美国与欧盟对亚洲安全的影响，尤其是他们在东亚地区的干预行动。美国干预行动的效果具有两面性：促进亚洲的和平与稳定，保持在亚洲的领导地位与对相关国家的影响力。前者对中国是有利的。后者则对中国构成不利影响。中国在无力排除这种不利影响的情况下，所能做的就是通过扩大有利面来限制不利面。中国已经在进行这方面的努力，如决定参加 2014 年环太平洋军事演习，② 加强与美国在反恐、反海盗、网络安全等方面的合作。今后中国可尝试与美国主导下的干预行动进行某种协调与合作。

三　强化与拓展民事领域管理功能

中国维和行动传统上侧重道路、桥梁、医院、通信设施等有形项目。③ 但这些民事任务都是由军人完成的。民事方面，2000 年中国开始派出警察参与维持地方秩序，从 2000 年底到 2006 年共向东帝汶、波黑、利比里亚、阿富汗、科索沃、苏丹、海地 7 项维和行动派出维和警察 893 人。④ 位于河北廊坊的中国维和警察培训中心由公安部投资、2002 年建成。该中心 2012 年获得联合国维和警察派遣前培训课程认证，由此中国成为世界第九个、亚洲第一个通过此项认证的国家。此外，中国人民公安大学、浙江警察学院、云南警察学院、山东

---

① 张朔：《习近平就解决巴勒斯坦问题提四点主张》，中国新闻网（http://www.chinanews.com/gn/2013/05 – 06/4789708. shtml）。

② 魏莱：《美方确认中国将参加 2014 年环太平洋军事演习》，人民网（http://military.people.com.cn/n/2012/0920/c1011 – 19056552. html）。

③ 参见中华人民共和国国务院新闻办所发布的《2010 年中国的国防》白皮书与《国防白皮书：中国武装力量的多样化运用》中"参加联合国维和行动"部分。

④ 《中国开展维和警察工作简况》，中国维和警察网（http://www.mps.gov.cn/n16/n983040/n1372264/n1372612/1501400. html）。

警察学院等已经开始实施对亚非拉警官的交流与培训。① 这些昭示着中国开始强化民事领域干预功能，但显然不够。

从欧盟的例子来看，结合中国的长处与外援经验，中国在执行冲突干预行动时，在民事管理上可以拓展的业务很多，如强化对干预地区警察、法官、教师、医护人员的培训，包括在中国的长短期培训与在当地的短期培训；确定国内的对口培训院校，除了接受相关人员来华培训外，也可以在当地建立或协助建立相关的院校。除了增加培训人员外，在对象国开展培训项目应该列为优先项目，作为实施的第一步或许可以考虑在亚的斯亚贝巴的非盟总部、在东非枢纽城市内罗毕、在孟加拉国首都达卡等处开展警察、法官、教师、医务人员、农业技术人员等的培训。

除了官方组织机构外，非政府机构与团体的作用应该引起重视。行业协会、企业家俱乐部、志愿者组织等在干预行动对象国的人员培训、项目建设、伤员生理与心理康复、孤儿抚养等许多方面，可以发挥独特的作用。

中国还可以考虑与一些宗主国合作开展民事领域的干预行动，如在非洲法语地区与法国合作、英语地区与英国合作。特别是与西班牙、葡萄牙、比利时、荷兰等实力比较弱的宗主国合作，进行警察、法官、教师、医务人员的培训，发挥这些国家熟悉干预对象国语言、法律、习俗的优势，强化民事干预行动的效果。

四 建立境外军事危机管理机制

中国参与国际干预行动的程序是在外交部收到联合国的相关请求后，由外交部向国务院和中央军委就参与水平、类型和时间跨度提出建议。中央军委负责决定某特定军区执行该任务，如驻利比亚的维和人员主要来自北京军区、南京军区和沈阳军区；刚果民主共和国的维

---

① 王逸舟：《创造性介入——中国之全球角色的生成》，北京大学出版社 2013 年版，第 125—126 页。

和人员来自兰州军区；黎巴嫩的维和人员来自成都军区和广州军区；达尔富尔的维和人员来自济南军区。① 截至 2012 年底，中国派出 1842 名军人在全球 16 个任务区中的 9 个执行任务。②

中国自 1990 年开始参与联合国维和行动，但从执行的具体任务看，长期以来中国维和军人大多数情况下执行的是民事任务，以及排雷、联络、谈判、巡逻、监督停火等军事对抗性相对较弱的工作。③ 直到 2006 年，中国首次组建 7 人特战分队加入赴苏丹瓦乌的维和部队，但也只是担负维和部队营区周围地面特勤任务，负责营区安全，并执行特种侦察、特种营救、武装押运等应急突发任务等。此后，联合国 2007 年就希望中国派出安全部队（作战部队），而中国 2009 年才在北京怀柔成立隶属国防部的维和中心，负责维和部队人员的培训。2013 年派往马里的 400 人维和部队中包括一个警卫分队，这即是外界所说的安全部队，但并非作战部队，其任务为担负联合国驻马里综合稳定特派团司令部和维和部队营区的安全警卫任务。与 2006 年特战分队不同的是，其警卫范围不再限于中国维和部队的营区。这被联合国前副秘书长陈健认为是一个突破，意味着中国全面覆盖了维和警察、医护人员、工兵部队、安全部队等维和任务。④

改革开放以来，中国始终执行"独立自主的和平外交路线"，奉行"不干预内政"的政策，因此，在参加维和行动中始终坚持"不派遣作战部队参与作战任务"的原则。这一点正在面临越来越大的考验。如果中国公民在海外遭到大规模攻击，乃至出现大批人员伤亡的情况，中国政府是否不应该进行直接的干预以便完成保护侨民与撤侨的任务？所以，"不干预内政"的原则有必要"与时俱进"。"创造性

---

① 王衍：《北京外交政策大转变——大陆首次成建制安全部队海外维和》，《凤凰周刊》2013 年第 22 期，凤凰网（http：//www. ifengweekly. com/display. php？ newsId = 7097）。

② 中华人民共和国国务院新闻办公室：《国防白皮书：中国武装力量的多样化运用》，2013 年 4 月。

③ 同上书，"参加联合国维和行动"部分。

④ 王衍：《北京外交政策大转变——大陆首次成建制安全部队海外维和》，《凤凰周刊》2013 年第 22 期，凤凰网（http：//www. ifengweekly. com/display. php？ newsId = 7097）。

介入""建设性介入"等设想的出现，就是探讨如何在保持合法性、正当性前提下，进行境外危机干预行动。当然，其目的已经超越了"保护本国利益"的范畴，而扩展到世界和平、人的安全、大国责任等如何落实。

有专家认为，由于语言、人员储备等原因，中国现在尚无法大规模提升参与联合国维和行动的规模。① 但我们注意到，印度、巴基斯坦、孟加拉国、埃塞俄比亚等国家都派出了 6000 人以上的维护部队。② 这说明中国有潜力派出更多的维和人员。一方面牵涉中国对维和政策的调整，另一方面则说明，中国有必要加紧建立一套成熟的应对境外军事危机的管理机制，这一机制至少包括以下三个方面。

第一，评估体系。中国应该对境外可能发生暴力冲突的地区（尤其是重点地区）、已经发生冲突的等级等进行分类，明确相应的军事应对机制。哪些地区是应该干预的，哪些地区不宜参与或只能通过间接方式进行干预，哪些条件构成启动最低军事干预的必要条件，哪些条件下军事干预应该升级？与哪些国家或组织进行联合干预比较合适？等等。

第二，考虑在适当的时候组建危机干预部队。临时抽调的部队未必能适应在境外进行危机干预的任务。中国应该筹划建立一支 3000 人左右规模的快速反应部队，以便未来能快速派出 1000 人规模的安全部队到境外进行危机干预任务。现有的维和警察培训中心无法满足这方面的需求，位于北京怀柔的国防部维和中心规模也偏小。扩建怀柔中心应提上议事日程。

第三，建立国家安全委员会。制定境外军事危机管理应对框架、

---

① 徐纬地、张慧玉等专家均表达了这种观点。王衍：《北京外交政策大转变——大陆首次成建制安全部队海外维和》，《凤凰周刊》2013 年第 22 期，凤凰网（http://www.ifengweekly.com/display.php? newsId = 7097）。

② 截至 2013 年 7 月 31 日，在联合国维和任务中人数最多的前几位国家，分别为巴基斯坦 8252 人、孟加拉国 7936 人、印度 7859 人、埃塞俄比亚 6480 人。"Monthly Summary of Contributions（Police, UN Military Experts on Mission and Troops）", http://www.un.org/en/peacekeeping/contributors/2013/jul13_1.pdf.

政策文件与实施细则，协调国防部、外交部、商务部等相关部门。国家安全委员会是境外危机干预评估体系的承担者，并与中央军委协调干预任务的执行方案。长远看，把包括作战行动在内的军事危机管理行动纳入整个干预行动是大趋势，因此，国家安全委员会而非中央军委应该成为境外危机管理行动的组织者。

第四节　总结

中国是一个善于学习发展中的大国，在经济领域成功地体现了后发优势，在一代人的时间里发展为世界第二大经济体，并且很有可能在未来 20 年里超越美国，从而恢复其历史上长期所处的全球最大经济体地位。作为崛起中的大国，中国在冲突干预领域也势必要承担起更大的责任、发挥更大的作用，为此，汲取他国的经验与教训无疑也是必要的。

冷战后全球发生了许多暴力冲突，而美国与欧盟无疑是名列前茅的两大干预主体。两者的经济实力相当，但所采取的方式存在明显差异。美国军事实力强大，因此侧重于武力干预乃至大规模入侵，这在短期内可以取得显著效果，但副作用明显：耗资巨大，却常常引发反美情绪，损害美国的国际声誉，导致被干预国家（地区）的长期局势动荡。欧盟军事力量不足，长期被视作一支民事力量，主要通过非军事手段进行干预，注重经济援助、多边合作、经济与政治秩序重建等。因而，其干预行为更容易被对象国接受，也显得更有文化底蕴。这有助于欧盟实现如下目的：通过多样的干预手段，实现对区域外国家的制衡，并强力引导全球进程。①

欧盟对暴力冲突的干预具有以下几个一般性特征：注重多边合作、谋求干预行动合法性与效果的最大化；以某个成员国为主，个别情况下以 2—3 个成员国为主；强调民事领域的干预，注重战后重建

---

① 王逸舟：《欧洲干涉主义的多视角透视》，《世界经济与政治》2012 年第 3 期。

与可持续发展；超越传统的军事干预，以"军事危机管理"定位军事干预。

干预行动在共同安全与防务政策框架下实施，制定相应的政策文件与实施细则。就对亚洲地区的干预行动而言，西亚是干预的重点地区。在干预行动实施的过程中，欧盟把"主导国模式"细化为"领域主导国模式"，初步形成了"格鲁吉亚模式"。欧盟干预行动的主要不足是各国立场不一样，影响了干预行动的决策与实施；欧盟层面的民事干预机构众多，许多成员国也参与，但彼此协调不足，影响了民事干预行动的效率；没有现成的人员库可资利用，实际运作人员数量严重不足，影响了民事干预行动的效果。

相比较而言，欧盟的干预行动更值得中国借鉴。因此，我们建议，中国应确定对境外冲突进行干预的总体战略与政策，建立并逐步完善相应的政策文件、法律法规；避免单边主义、注重多边合作；强化与拓展民事领域管理功能；建立境外军事危机管理机制。

第四章 欧盟干预科索沃民族冲突
政策与绩效评估

基于对象的差异，欧盟的干预包括三种类型：干预组织内国家的民族冲突、干预组织外的其他欧洲国家的民族冲突、干预亚非国家的民族冲突。欧盟干预科索沃民族冲突属于第二类，也算得上迄今第二类中最重要的对象。目前国内学界已有一些关于欧盟对科索沃问题的政策研究，但聚焦于民族冲突干预的文献则并不多见，本章就欧盟干预科索沃民族冲突的政策工具与机构建制、干预进程的变化及原因、干预效果与缺失进行阐述。

第一节 欧盟干预科索沃民族冲突的
政策工具与机构建制

一 欧盟干预科索沃民族冲突的政策工具

在科索沃问题上，与其说欧盟制定了明确而独立的科索沃干预政策，还不如说它是在其共同外交与安全政策与欧洲一体化政策框架下进行干预。

（一）共同外交与安全政策与科索沃民族冲突

欧盟共同外交与安全政策（CFSP）是在东欧剧变、苏联解体后该地区暴力冲突不断增多，而美国又要求欧洲担负起更多安全责任的背景下产生的，是欧共体应对日趋复杂的欧洲安全状况的一种政策调整。欧共体建立初期便考虑建立共同防务政策，只是当时的条件并不成熟。20 世纪 90 年代初，欧洲经济早已复苏，欧共体经济总量雄踞全球，欧共体开始积极筹划共同外交与安全政策。1992 年《马斯特里赫特条约》的签署，标志着共同外交与安全政策正式建立，并成为欧盟三大支柱之一。具体来说，欧盟在安全领域借助西欧联盟（2001年西欧联盟并入欧盟）的军事力量，引入了联合行动与共同立场两个核心概念。"联合行动是指需要使用某些资源的具体的联合措施，共同立场是指不需要使用任何资源的各国政策的合作。"① 也即是在面临安全危机时，欧盟各成员国应该通力协作，联合行动来应对挑战，而共同立场则是在国际舞台上，各国的外交政策应该具有一定意义上的一致性，更多地发出一个欧洲的声音。

民族冲突干预政策作为欧盟处理地区性冲突政策的重要内容，从属于共同外交与安全政策（CFSP），并遵循共同外交与安全政策的基本原则，其具体决策过程也与共同外交与安全政策保持一致。在 20 世纪 90 年代初期解决科索沃冲突进程中，欧盟遇到了诸多挑战，相关的外交政治努力鲜有实质效果。鉴于科索沃民族冲突的重要性以及前期干预之乏善可陈，欧盟决定改变干预理念并增强干预民族冲突的能力，于 1999 年启动了共同安全与防务政策（ESDP），这也被认为是彼得斯堡任务②的再生（该任务曾在 1996 年举行的 IGC 会议上被废除）。作为共同外交与安全政策的延续，共同安全与防务政策在整个决策机制上与共同外交与安全政策一脉相承，只是强调了军事力量的作用，设立了军事委员会，建立了政治与安全委员会定期会晤机制，设立了快速反应部队（在 2003 年前达到了 6 万人，2004 年还组建了由 1500 人构成的 20 个作战小组，专门应对突发事件）。

---

① John Peterson, "The European Union as a Global Actor", in Peterson and Sjursen, eds., *A Common Foreign Policy for Europe? Competing Visions of the CFSP*, London: Routledge, 1998, p. 5.

② 彼得斯堡任务是指在 1992 年西欧联盟部长们在德国波恩彼得斯堡旅馆发表的宣言，西欧成员国宣布其拥有的常规军事力量在使用上既对西欧联盟，也对北约和欧盟开放。Petersberg Declaration, Western European Union Council of Ministers, Bonn, June 19, 1992.

欧盟还将 CFSP 的内涵与外延予以扩展，即通过增强危机预防能力、非军事行为能力与外交干预等软实力建设，努力实现"利用和平手段取得胜利"的可能性，推动冲突后地区的治理，特别是法律与社会秩序的重建。[①] 在科索沃，欧盟于 2006 年 4 月开始策划驻科索沃规划小组（EUPT），以全面介入科索沃问题。[②] 而于 2003 年 12 月启动的欧洲安全战略，则是欧盟对于地区性暴力民族冲突认识的一种升华。欧盟日益感受到"冲突更多的是发生于国家内部而非国家之间"，[③] 尤其是由于民族、宗教等因素诱发的暴力性民族冲突问题成为了欧洲地区重要的不稳定性因素。

因此，欧盟共同外交与安全政策下的民族冲突干预政策，既指包括欧盟在科索沃民族冲突之前所采取的外交谈判、经济制裁，也指在科索沃民族冲突进程中运用的军事干预手段，还包括科索沃民族冲突之后，欧盟重建科索沃的经济、社会秩序的努力。

（二）欧洲一体化政策与科索沃冲突

在干预科索沃问题时，欧盟拥有其他国际组织所不具备的政策优势——欧洲一体化政策。欧盟成员国地位是吸引南联邦解体诸国的重要因素，也是欧盟在该地区具有独特影响的主要原因。[④]

首先，欧盟借助欧盟成员国身份的吸引力，通过稳定和联合进程（SAP）来争取西巴尔干国家积极参与科索沃民族冲突的解决进程。

南联邦解体之后的南联盟，曾遭到西方国家的长期经济、军事封锁，而在科索沃危机时更是遭到了北约的军事轰炸。米洛舍维奇倒台后，西方渴望建立的亲西方政权并未在南联盟出现。在科索沃问题解

---

① 刘泓:《欧洲联盟:一种新型人们共同体的建构》,中国社会科学出版社 2008 年版,第 187—189 页。

② 关呈远:《零距离解读欧盟外交官的前沿报告》,中国人民大学出版社 2009 年版,第 137—138 页。

③ European Security Strategy, Brussels, 12 December 2003. EN. p. 1. 转引自孔刚《欧盟共同安全与防务政策（1999—2009）》,军事谊文出版社 2010 年版,第 154 页。

④ Stefan Wolff, *The Regional and International Regulation of Ethnic conflict Patterns of Success and Failure*, 2009.

决过程中，南联盟以及后来的塞尔维亚政府发挥着重要的作用，没有塞政府的参与，冲突解决难以想象。比如，在科索沃大规模冲突后的民主化进程中所举行的多次选举，塞族人参与率极低，一方面由于塞族人人口数量比阿族人要少得多，即使参与选举也难以改变选举进程；另一方面塞政府支持塞族极端分子，并通过各种手段阻碍塞族人参与科索沃民主选举。将科索沃的塞族人置于政治秩序重建进程之外，不利于两族人民仇恨的化解。阿尔巴尼亚作为科索沃阿族的亲缘国，毗邻科索沃，它是科索沃解放军各种军事武器的重要来源。黑山、马其顿等国则是科索沃难民的重要聚居地，在难民疏导以及军事禁运方面都有着十分重要的作用。为提高上述国家更加"正面"参与冲突解决进程，为顺利实现欧盟在东南欧的战略扩展，欧盟与上述国家展开了多轮外交磋商，订立了《东南欧稳定公约》，拉开了东南欧国家加入欧盟的序幕。黑山、克罗地亚、马其顿成为了欧盟候选成员国，而塞尔维亚则一直处于纠结中，一方面希望融入欧洲，尽快实现国家的现代化；另一方面，入盟标准牵涉科索沃问题，塞尔维亚未能找到折中方案。

其次，在为西巴尔干国家所搭建的稳定和联合进程之下，欧盟在科索沃推进稳定和联合进程跟踪机制。这与联合国为解决科索沃民族冲突所确定的"先标准后地位"原则相一致。其主要内容是建立布鲁塞尔与普里什蒂纳之间的长期对话机制，暂时抛开科索沃的最终地位问题，以欧洲标准为基础，以科索沃实现政治民主化、经济市场化、民族关系融洽为目的，"监测科索沃的经济发展和结构改革并提出建议，并确保与欧洲标准和最佳做法保持一致"。[①] 在跟踪机制框架下，欧盟 2003 年至 2004 年召开了五次会议，探讨了科索沃司法、内务、传媒、通信、交通、经贸、海关等诸多现实问题，改善了欧盟在科索沃的重建工作，加快了科索沃融入欧洲进程。

欧盟干预科索沃民族冲突，其政策工具主要是依靠欧盟共同外交

---

① 参见《秘书长关于联合国科索沃临时行政当局特派团的报告》，2003 年 10 月 15 日。

与安全政策以及其中的共同安全与防务政策的实施手段，而欧洲一体化政策，作为独具欧洲特色的干预手段，通过稳定和联合进程机制的作用，为科索沃与欧盟搭建起了长期与稳定沟通的有效平台。一方面，有利于科索沃相关信息直接反馈到欧盟促进欧盟政策的完善与调整；另一方面，有助于提高科索沃当地人民参与到后冲突的治理过程中，发挥主人翁的作用，调动当地人参与重建与制度建设，在一定程度上能够提高干预政策的社会接纳程度，减少阻力。

二　欧盟的干预机构

对于科索沃冲突，欧盟首先依靠欧洲理事会、欧盟理事会、欧盟委员会、欧洲法院、欧洲议会等常设机构来处理，与此同时欧盟还在科索沃专设了欧盟委员会特遣部队、欧盟人道主义援助办公室和欧盟重建办事处来专门干预和治理科索沃民族冲突。

（一）欧盟常设机构与科索沃问题

科索沃民族冲突爆发后，欧洲理事会曾多次召开会议探讨处理方针、政策，特别是对于北约实施的军事干预、后冲突阶段的治理等内容，成员国首脑们都进行了较为深入的讨论。欧盟理事会，又被称作部长理事会，在整个欧盟决策机制中的地位仅次于欧洲理事会。在欧盟的次级机构中，欧盟理事会长期承担着决策工作，在具体民族冲突干预政策的制定上它有着其他机构难以比拟的优势。然而受制于政府间主义理念，其政策制定的效率往往会大打折扣，这也是欧盟制定政策不力，政策反馈机制不健全的重要原因。欧盟委员会、欧洲法院与欧洲议会三个机构具有超国家性质与联邦主义色彩，其决策程序通常是多数决定制度。作为共同体的重要执行机构，其作用主要体现在共同体事项上，即欧盟的经济贸易政策，而对于欧盟的共同外交与安全政策以及司法、内务等领域发言权较少。[①] 上述机构差异造成了在科

---

① 余南平：《欧盟一体化　共同安全与外交政策》，华东师范大学出版社 2009 年版，第 109—118 页。

索沃民族冲突的预防阶段、军事干预阶段，欧洲各成员国比较普遍地发出异质性声音，欧盟作为共同体的作用并不明显；而在后冲突治理阶段，虽然仍然部分涉及军事领域，但民事领域尤其是经济贸易等领域的比重明显上升，这时欧盟的优势才得以发挥出来，这也是联合国于 1999 年作出的 1244 号决议中将后冲突阶段的重建工作与经济、社会恢复任务交予欧盟的重要原因。

（二）欧盟科索沃问题专设的干预机构

与常设机构相比，专设机构具有极强的专业性与针对性，主要为应对后冲突阶段的社会治理问题。为了提高欧盟介入科索沃民族冲突能力，欧盟在科索沃专设了欧盟委员会特遣部队、欧盟人道主义援助办公室、欧盟重建办事处、"联络办公室"。

欧盟委员会特遣部队成立于 1999 年 6 月，一开始就接受了 1.27 亿欧元参与到科索沃的紧急援救项目，并陆续接到欧盟拨付的各项援助资金，积极参与到后冲突治理过程中，起到了中流砥柱的作用；而欧盟人道主义援助办公室、欧盟重建办事处作为科索沃危机之后建立的专职机构成为联合国科索沃临时行政当局特派团第四支柱——重建与经济发展的执行部门，在人道主义援助、难民返回、住房重建、产业复苏与经济社会制度重建过程中发挥了重要作用。"联络办公室"则是在 2004 年 3 月科索沃暴乱之后欧盟做出的政策性调整，该部门成立于 2004 年 8 月 27 日，旨在增强欧盟所主导的稳定和联合进程机制在科索沃的作用，加快科索沃融入欧洲的步伐，实现欧洲标准改造科索沃的目标。

第二节　欧盟干预科索沃问题的阶段变化及其原因

在科索沃冲突干预过程中，欧盟经历了冲突预防阶段的踌躇满志、军事干预中的甘当配角以及后冲突治理阶段争当领导的阶段性角色与政策演变。

一　欧盟的前期干预（1999 年 3 月前）：以冲突预防为主

从 1998 年科索沃危机爆发到 1999 年 3 月，欧盟采取了经济制裁、武器禁运、外交谈判与政治调停等干预手段。

第一，经济制裁。经济制裁作为国际社会干预地区性民族冲突的通行办法，由于其相对较低的执行成本与破坏力，成为了欧盟干预科索沃民族冲突的重要方式。为了说服南联盟政府停止在科索沃实施"种族屠杀"，逼迫其从科索沃撤出政府军，1998 年 6 月 8 日，欧盟 15 国外长同意在 6 月 29 日对南联盟实施航空禁令以及投资与出口禁令，同时对于南联盟政府在海外的财产予以冻结，以达到从经济上孤立南联盟的目的。[1]

第二，武器禁运。联合国安全理事会早在 1998 年 4 月就通过了武器禁运的决定，欧盟作为重要的政策执行者参与到了武器禁运的监督过程，在阿尔巴尼亚与马其顿等地都派驻了由专业人员组成的监测团监督武器禁运的执行情况，对于私自走私武器、贩卖军火的行为予以严惩，在一定程度上控制了武装设备在科索沃的泛滥。

第三，派遣调查团与外交观察团。调查团是欧盟在实施民族冲突前派遣的由法医组成的独立调查团，对于当地出现的人员伤亡情况进行核实，尤其是民族身份的识别，以此判断南联盟政府是否实施了种族屠杀。科索沃危机的重要导火索——拉查克事件的调查，都有欧盟派遣的专业调查团参与。而外交观察团则是欧盟派往南联盟巡查当时社会运行状况、暴力性冲突事件的重要方式。1998 年国际社会共派驻了 217 名工作人员担任观察团任务，欧盟占 33 人。

第四，外交谈判与政治调停。作为欧盟在干预科索沃民族冲突的预防阶段中使用最为频繁的手段，与欧盟擅长多边主义外交与谈判、

① Özgür Ünal Eriş, "Turkey as an Asset for Enhancing the EU Foreign Policy Strategy towards Syria", April 18, 2012; Özgür Ünal Eriş & Selcen Öner, "An Evaluation of the Transformative Power of EU Enlargement and Neighbourhood Policies: The Cases of Turkey and Ukraine", *Spectrum Journal of Global Studies*.

整体军事硬实力偏弱的组织特征有密切关系。首先是欧盟内部通过召开有关科索沃问题的会议，达成了有关干预科索沃危机的共识。于1998年6月15日召开的欧盟首脑会议就曾向南联盟政府提出了四点要求，即以保护阿族平民生存权为中心，南联盟撤出政府军，国际组织作为观察团介入科索沃民族冲突，实现南政府与科索沃阿族领导人间的对话。同时欧盟开始对南联盟政府施压，如果南联盟政府不遵照执行，那么国际社会将对南采取强硬措施。其次是欧盟成员国中的英、法、德、意参与国际社会南联邦问题联络小组。虽然上述国家的参与是以主权国家的形式参与，但是根据条约的规定，成员国间应该彼此协作，并坚持欧盟共同外交与安全政策的共同立场。[1] 1998年、1999年，英国与德国又正好担任欧盟轮值主席国，在某种程度上成为了欧盟对外政策的代言人，因此上述国家以欧盟成员国的身份参与到科索沃问题的解决进程，在一定程度上也代表了欧盟的组织利益。通过参与联络小组的行动，欧盟加强了与俄罗斯的联系，表明国际社会介入科索沃民族冲突的整体性。虽然在一系列的政策抉择上欧盟与俄罗斯的立场相去甚远，尤其是彼此在国家偏好上有明显差异，比如俄罗斯出于历史、宗教、地缘政治的考虑一直以来都坚决支持南联盟，反对西方国家各种过激的干预行为，而欧美国家虽然也存在一定的分歧，但是在面对具有共产主义性质的南联盟政府时表现出了高度的一致性，大多数国家都表达了对于南联盟政府的不满，只是双方在处理问题时所采取的具体手段有所不同、运用的政策强度有所差异。但是欧美之间并没有基于意识形态、文化、宗教上的根本差异，惠一鸣所著的《欧洲联盟发展史》更是将美国称作欧洲在美洲的延长部分，这种文化上的相似性、理念上的同质性让欧美在处理科索沃危机的诸多领域里能够达成共识，比如欧盟最终还是同意支持美国对于南联盟的空中打击。在科索沃危机不断深化，平民伤亡激增的客观情况

---

① EU, *Treaty on European Union*, Title Ⅴ, Article J. 2, 转引自何泰宇《欧洲联盟对科索夫事件的共同外交政策及实践：1998—1999》，博士学位论文，台湾大学，2005年。

下，国际联络小组为了力促政治解决科索沃危机的实现，在1999年2月6日举行了由英、法两国主持的朗布依埃政治谈判。该谈判秉承了1998年9月30日联合国安全理事会通过的1199号决议（中国弃权）① 精神。同时这次会谈与以往波黑冲突代顿协定的签署有很大不同，欧盟作为与俄罗斯同等地位的谈判参与者与美国一道参与了整个谈判过程，并且还专门派遣自己的特别代表Wolfgang Petritsch，以此发出欧洲共同的声音，表明了欧盟已经开始初步具备解决欧洲安全问题的能力。

1998年科索沃危机形成以来，欧盟积极介入了科索沃民族冲突，改变了干预波黑冲突时的被动地位，开始主动承担其维护欧洲安全的重任，实现其"欧洲是欧洲人的欧洲"的诺言。欧盟在科索沃民族冲突预防阶段中采取同波黑冲突完全不同的政策，主要原因如下。

第一，波黑冲突的历史教训让欧盟深刻认识到欧盟必须自己掌握控制欧洲安全的主导权。波黑冲突中穆族、塞族、克族间相互仇杀，南联盟、美国、俄罗斯以及众多国际组织的介入，并没有及时控制住暴力性民族冲突的升级，造成了严重的人道主义灾难，成为了国际社会干预民族冲突的失败案例，最终其解决方案也是在美国操控下签署的，欧盟作为欧洲地区的"大家长"未能成为解决波黑冲突的领导者，而让地区外的霸权国成为了波黑冲突的主宰者，这让欧洲脸面尽失，不得不反思自己的干预政策体系。美国主导的代顿协定签订之后，西巴尔干地区并没有迎来人们所期望的持久和平与安全，很快科索沃民族冲突问题便成为了国际社会热议的焦点议题，这说明仅依靠单一的炮舰政策难以从根本上解决暴力性民族冲突。同样，欧盟也认为其应该在科索沃民族冲突过程中扮演更加重要的角色。因此，在科索沃危机形成以来，欧盟及其成员国展开了多种形式的干预方式，希望通过达成政治协定来处理科索沃危机，改变过去美国惯用的军事干

---

① 联合国1199号决议规定科索沃要实现塞阿两族的停火，南联盟撤出政府军，接受国际社会的监督，并着重强调了南联盟政府的责任，对于阿族及其恐怖分子有所偏袒。

预为主的干预模式。同时，科索沃战略地位十分重要，紧靠欧盟东南欧成员国，其国内政治运行的状况、社会稳定的程度将直接影响到周边国家的安全，也将间接影响到欧盟的东扩战略，再加上暴力性民族冲突所衍生的人道主义灾难，已经成为国际社会难以容忍的人权问题。鉴于自身的安全考虑、人道主义考量以及欧盟一体化政策的需要，欧盟加大了干预科索沃民族冲突的力度。

第二，欧盟政策体系的不断完善。欧盟作为一体化程度最高的地区性国际组织，其政策体系一直处于不断完善中，主要是围绕政府间主义与超国家主义间的辩论。在1992年《马斯特里赫特条约》签署之后，欧共体正式过渡为欧洲联盟，并形成了欧盟的三大支柱：欧共体、共同外交与安全政策与内务、司法系统。在经济领域的欧共体由于是欧洲煤钢联合体、欧洲经济共同体的合成物，在长期的形成过程中，超国家主义占据了上风，欧委会与欧洲议会拥有较强的发言权，而在涉及安全、军事领域的共同外交与安全政策以及内务、司法方面则存在明显的不足。直到1997年欧洲理事会的阿姆斯特丹会议之后，欧盟政策才开始做出实质性调整，其政策重点逐渐从经济领域向安全与外交领域靠拢。欧盟设立了共同外交与安全政策的高级代表，便于发出欧洲共同的声音，同时还在决策机制中引入了"积极弃权"与"共同战略"等新概念，力图提高欧盟的决策效率。1998年召开的圣马洛法英峰会更是强调了欧盟应该具备独立行为的能力，要让欧盟的声音成为国际政治舞台的主流声音。[①] 欧盟希望通过完善共同外交与安全政策实现在科索沃民族冲突干预中的突围，但从现实情况来看，欧盟虽然在一些场合发出了代表共同体的声音，但是成员国作为共同外交与安全政策的主体，作用依然明显，并直接制约了欧盟的整体外交行动。

第三，欧盟决策过程中各成员国之间的博弈。欧盟成员国从最初

---

① Georgi Kamov, "EU's role in Conflict Resolution: The Case of the Eastern Enlargement and Neighbourhood Policy Areas", *Institut Europeen des Hautes Etudes Internationales*, 2006.

建立的 6 国发展到 1999 年的 27 国，一方面增强了欧盟的整体实力，提高了应对危机的能力；另一方面伴随成员国数量的增多，欧盟成员国间利益的分化、利益集团化现象日益明显，欧盟要在短时间内达成对外政策的共识难度越来越大，尤其是在外交、安全领域，更是需要成员国加强协作，尽快达成一致意见。在干预科索沃问题上，欧盟主要成员国间的意见并不是完全一致的，存在差异乃至对立。譬如，英国作为欧洲大陆之外的国家，长期以来与美国保持密切关系，大西洋主义色彩浓厚，在科索沃问题上，其国家政策与美国保持高度的一致性，都强调人道主义干预的必要性，认为在事关人权的道德问题上没有商量的余地，因此，英国积极支持欧盟开展更加强有力的干预，但是由于科索沃地理位置遥远，与英国的核心利益关系并不十分密切，因此在预防阶段，英国的干预政策仍然是以政治外交及经济手段为主，以减弱对外干预对本国带来的不利影响。

法国作为欧洲大陆的大国，其干预态度不如英国那么激进，法国作为欧洲一体化进程中的核心引擎，一直主张欧洲的事务应该由欧洲来主导，反对美国在欧洲事务中的独断专行，因此它反对采用美国式的军事干预科索沃民族冲突的手段。同时由于塞尔维亚曾经是法国人的势力范围，其传统感情因素也对法国的干预政策造成了影响，甚至出现了 1998 年 11 月法国驻北约总部军事代表团团长办公室主任皮埃尔将北约打击南联盟的计划泄露给塞尔维亚情报人员的丑闻。① 在科索沃冲突的前期干预阶段，法国力推政治解决科索沃危机的方案，在 1998 年 3 月 9 日的联络小组会议上，法国更是公开与美国叫板，反对武力解决科索沃危机的方案。但这并不代表法国要脱离西方国家大本营，之所以之前一直反对动武，主要原因是条件并不成熟，科索沃地区的人道主义灾难并没有西方媒体报道得那么严重，同时其政策还需要一段准备时间。这些原因都影响了法国的政策导向。但是法国作为

---

① 郝时远：《帝国霸权与巴尔干"火药桶"》，社会科学文献出版社 1999 年版，第 405 页。

西方自由、民主普世价值的倡导者，其制定外交政策的基本原则仍然与其他主要资本主义国家具有一致性，都把维持欧洲秩序与西方国家整体利益作为对外政策的基石。同时法国作为欧洲共同外交与安全政策的推动者，要实现在政治、军事、外交领域的欧洲一体化，仅靠欧洲自身力量的整合是不充分的，需要具备强大军事力量的北约支持，因此，法国最终还是站在了美国一边，支持其后美国主导的空袭南联盟。

德国作为欧盟经济实力最为雄厚的国家，在经济贸易领域与南联盟关系密切。在 1997 年南联盟主要贸易往来中，在出口方面，德国所占的比重为 9.2%，仅低于意大利与马其顿，而在进口方面，德国达到了 13.4%，居各国之首。[①] 此外，伴随科索沃民族冲突的加剧，难民潮正在涌入欧洲尤其是德国这种经济社会高度发达的国家，为了应对难民问题，德国只能采取较为审慎的办法。另外，德国作为前法西斯国家，自第二次世界大战结束以来，一直处于国际社会的严密监控之下，特别是在军队的建设方面更是长期受到限制，在欧洲一体化进程不断加深的过程中，德国才逐渐与其他成员国重新建立了信任。上述原因也在一定程度上铸造了新时期的德国注重物质利益、轻意识形态的务实主义外交理念。因此，鉴于德国与南联盟密切的经贸关系、难以控制的难民潮、德国自身军事发展的受限以及德国务实的外交理念，德国在民族冲突预防阶段形成了政治解决科索沃危机的基本立场。在 1999 年上半年作为欧盟轮值主席国的德国提出的对南政策即是强调合作，以联合国授权为法律依据，以和平计划为支撑的政策体系来应对危机。[②] 而在后期之所以支持美国的军事干预政策，其原因仍然是由于传统盟国以及西方共同的价值观所主导。

---

① 何泰宇:《欧洲联盟对科索夫事件的共同外交政策及实践：1998—1999》，博士学位论文，台湾大学，2005 年。

② Hanns W. Maull, "German Foreign Policy, Post-Kosovo: Still a Civilian Power?" *German Politics*, Vol. 9, Issue2（August 2000），p. 5, 转引自何泰宇《欧洲联盟对科索夫事件的共同外交政策及实践：1998—1999》，博士学位论文，台湾大学，2005 年。

希腊作为一个偏居西南欧一隅的中等国家，在欧盟事务中的话语权并不强，但是由于其地理位置与南联盟的接近，宗教信仰上的同一性，让其成为了西方国家中鲜有的支持塞政府的国家。但是由于国力弱小、对国际社会依赖性极大，希腊政府难以形成独立的干预科索沃问题的政策，同时也为了修复自己在波黑冲突中的不良形象，① 希腊也选择了支持欧盟的干预手段，甚至对于北约的武装干预也表示了谅解，但是，希腊没有直接派出军队参与轰炸。概言之，欧盟成员国作为欧盟政策的制定与实施主体，在整个政策体系中居于主导地位，欧盟干预科索沃的政策无疑也是各国尤其是主要大国相互博弈的结果，当然欧盟作为具有一定独立性质的国际组织具有一定的自主性，但是大国仍然是外交政策的重要裁决者。质言之，预防阶段的干预，由于主要国家所坚持的政治解决危机的方案，欧盟也最终采纳了这一符合欧盟实际的政策，只是在政治解决无效后，才不得已采取军事干预政策。

作为多边干预主义的尝试，欧盟在早期干预科索沃问题时，只是采取了强度较低的政治、经济干预政策，而未采取强有力的军事干预，只有在危机失控、人道主义灾难已成定局的情况下，才支持美国领导的北约军事干预行动。

二　欧盟中期干预（1999 年 3 月—2004 年 3 月）：空袭后的人道主义干预和社会重建

在南联盟拒绝《朗布依埃协定》之后，包括欧盟成员国在内的北约在未经联合国授权的前提下迅速启动军事干预，并于 1999 年 3 月 24 日对南联盟实施了长达 68 天的空中袭击，直到 6 月 9 日南联盟与北约代表签署南联盟军警部队撤出科索沃的协定后，北约才于 6 月 10 日宣布暂停轰炸南联盟，后于 6 月 20 日正式宣布停止空袭，标志着

---

① 波黑冲突时，希腊成了塞尔维亚人的支持者，然而波黑问题却造成了大量的平民伤亡，人道主义灾难发人深思，因而希腊的支持行径也成为其饱受诟病的重要原因。

科索沃战争结束。这场由美国领导欧盟国家广泛参与的空袭行动,对南联盟造成了重大的经济财产损失,大量平民流离失所,社会秩序陷入混乱。而在北约实施轰炸时,科索沃地区遭到了南联盟政府军的猛烈进攻。南联盟与北约达成协定后,南联盟政府军撤出科索沃,科索沃一度出现了权力真空,在科索沃解放军领导下,逆向民族仇杀运动突显,惨绝人寰的恐怖事件接二连三,大量塞族人选择逃离科索沃。战争的创伤,战后的社会动荡与不安,让科索沃再度陷入了困境。为了解决科索沃战后困难,消除暴力性民族冲突根源,联合国安理会于1999年6月10日通过了1244号决议,国际社会将正式大规模接管科索沃各项工作,科索沃也成为了联合国的又一个托管地区。该决议确定了国际组织介入科索沃民族冲突的总原则与具体规划,即由联合国负责当地的总体安全,保护难民顺利回返,南联盟军事部队撤出科索沃,在科索沃组建一支国际安全部队,同时联合国秘书长将派出自己的特别代表担任新成立的联合国科索沃临时行政当局特派团的总负责人,要求特派团按照规定时间解除科索沃解放军的武装,最终实现科索沃人民的自治。而根据联合国安理会的部署,欧盟承担了重建与经济发展的责任,开始了由欧盟领导的科索沃经济社会重建工作。

(一)欧盟参与了联合国领导的其他干预行动

在联合国直接管辖下的司法与警察事务方面,欧盟成员国派遣了大量警务人员参与了临时行政当局特派团警察组织,参与了战后科索沃社会治安的管理。同时,作为科索沃安全保障力量的科索沃维和部队,虽然是北约领导的,但是从整个维和部队的人员构成来说,欧盟成员国占据着绝对优势地位。整个维和部队由4个多国旅和一个特种部队——"多国特别部队"所组成,其中的"多国特别部队"由意大利负责,另外4个多国旅中有3个分别由芬兰、法国、德国负责,只有东部地区的多国旅由美国领导。维和部队作为维持科索沃地区社会秩序的国际军事力量,曾多次帮助国际组织开展人道主义援助,战后房屋、基础设施重建以及保证当地百姓尤其是少数民族群众的人身安全。但是由于维和部队人数有限,多国部队的性质,少数民族尤其是塞族的安全问题始终没有得到根本解决，塞族在后冲突治理阶段也长期生活在恐惧之中，塞阿两族间的民族隔阂比国际社会干预前更加严重了。

（二）欧盟负责的重建与经济发展

作为欧盟实施后冲突阶段治理的重头戏，欧盟通过整合自身资源，加强与其他国际组织、国家的联系，对科索沃地区经济的恢复与社会的重建做出了重要贡献。

1. 人道主义援助项目实施

战后的科索沃可谓一片狼藉，约 5.4 万处房屋被毁，另有 5 万处严重毁坏，道路、管道、电缆等基础设施受长年战乱影响，已经难以满足当地人民群众的基本需求，大批陆续回返的难民、流离失所百姓的安置让整个科索沃长期处于混乱状态。为此，国际社会在科索沃实施了紧急的人道主义援助，而欧盟通过与世界银行的合作于 1999 年 7 月 28 日举办了首次捐助国会议，为即将开始的人道主义干预工作筹措资金。另外，欧盟还成立了专门的人道主义办公室，领导整个人道主义援助项目的实施，包括修建大批的住宅满足回返群众的需求，提供足够多的粮食、被服、木材、毯子等生活必用品满足科索沃群众的基本生活需求，对于妇女与儿童实施优先照顾计划，将一系列惠及百姓的子项目包括社区建设、保健服务、精神救助等落到实处，改善了当地人民群众的生存环境，成功应对了 1999 年冬季的严寒天气，没有出现大规模的冻伤死亡事件，使当地人民群众度过了战后初期的危险期，为下一步实施全面的经济社会重建奠定了基础。

2. 科索沃市场经济重建

欧盟在实施紧急人道主义援助之后，开始按照联合国的统一部署，转向实施更具长期目标的市场经济重建项目，主要包括基本经济制度的重建、基本经济面的恢复。在基本经济制度的重建方面，欧盟在饱受战争创伤的科索沃重新建立起市场经济制度。在欧盟的领导下，科索沃经济制度重建取得了一定的进展，主要表现在确定了科索沃经济发展的基本导向即是私有化的基本经济发展模式，通过对于国营企业的改制，实现了盘活资产、降低政府负担的目的。而且欧盟还创造性地实施了国营企业改制前由欧盟提供资金促进企业振兴的经济政策，其目的在于改善当地恶劣的经济环境。到 2000 年 6 月，联合国秘书长的报告显示，私营经济占科索沃整个经济的比重达到了 70%。欧盟改善了当地的就业状况，活跃了当地的市场经济，实现了超越干预前经济发展状况的基本目标；通过建立宏观经济框架，完善了整个经济运行体制；制定公司运营的各种规则，保证了企业与投资者的良性互动；还通过建立健全税收制度，完善消费税、关税、销售税的征收，保证了科索沃当地机构运营资金的本土化，有助于提升当地自治的能力；而通过在贸易、工业等部门的立法，并且在立法标准上力求与欧盟标准保持一致，为科索沃经济恢复营造了一个较好的法治环境，加快了科索沃经济的复苏。

而在科索沃基本经济面上，伴随基本经济制度的完善，欧盟等国际组织大量捐款为科索沃经济发展走出战争的泥潭带来了契机。在工业上，原有陈旧的厂房在欧盟的帮助下得到了翻修，比如为了修复一家大型电厂，欧盟共投资 8000 万德国马克，维修持续了近 4 个月。[1]除此之外，欧盟还对部分工厂原有产能结构做出了适应市场经济的调整，实现了工厂的结构性转变，从而改善了工厂的效益。在农业上，欧盟改组了科索沃效率低下的农业合作社，制订了新的农业产品加工计划，并通过与世界银行的联系，实施了世界银行——粮农组织项目，完善了农牧业的组织结构，增添了新的刺激性因素。在 2000 年 9 月，联合国秘书长的报告中就显示冲突后的第一次农作物收成情况，当时小麦约有 23 万吨，超过了科索沃战前水平，基本实现了农业经济的恢复。[2]商贸、金融业也出现了复苏的迹象。作为欧盟经济重建支柱部门之一的贸易工业行政局，通过自身的组织优势，调动各种社会资源，改善了当地的经贸环境。在科索沃一些重要城市，商业活动

---

① 《秘书长关于科索沃临时行政当局特派团的报告》，2000 年 9 月 18 日。
② 同上。

已经重新获得了活力，银行等金融机构也处于恢复当中，同时欧盟还实施了严格的审批程序，比如在联合国秘书长 2000 年 12 月 15 日的报告中就曾指出，当时共有 7 家银行申请获得银行业务活动的许可证，结果仅 1 家银行获得了最终营业许可证，而其他 6 家仅拿到了临时许可证。这也在一定程度上规避了科索沃地区可能出现的金融风险。尽管在欧盟经济重建政策指导下，科索沃在市场经济制度以及工业、农业、经贸等领域都有所发展，甚至不少经济指标都超过了战前水平，但是科索沃并没有改变贫困的经济状况，就连国内生产总值（GDP）也由于统计上的失误高估了经济恢复情况。2004 年科索沃财政经济部门在与国际机构协商后，重新评估了冲突后科索沃 GDP 的变化情况，其调整后的数据反映 2003 年其 GDP 仅为 13.4 亿欧元甚至低于之前所公布的 2000 年 GDP——14 亿欧元。

　　3. 科索沃社会重建

　　社会重建也是欧盟领导的重建任务的重要组成部分，是整个重建项目的基础性内容。本章所论述的社会重建主要包括基础设施的重建与各项社会事业的恢复。在基础设施方面，科索沃民族冲突自南联邦解体之日起就成为了南联盟难以解决的顽疾，特别是在科索沃解放军成立之后，阿族与塞族的对抗转化成了科索沃解放军与南联盟政府军之间的公开较量。长期的武装对抗与持久的暴力性民族冲突，让科索沃地区的基础设施基本处于瘫痪状态，难以应对冲突后阿族与塞族的需求。为此，欧盟实施了名为"科索沃：重建 2000"的基础设施抢修工程，并提供了实实在在的资金支持，同时欧盟还通过与世界银行、国际货币基金组织的联系，争取到了大量的国际援助资金。1999年 12 月 27 日，科索沃实现了第一列火车的运营，机场重新恢复了开放，公路建设走上了正轨。欧盟为其注入了 3000 万马克，进一步加强了铁路和公路的修复进度，为科索沃各族人民出行尽可能提供便捷的渠道。在社会事业的恢复方面，欧盟在住房分配上专设了中央住宅委员会，实现了房屋的公开、透明分配；在教育事业上，学校教育得到恢复，开始步入"发展科索沃教育系统"进程，完善了教育配套设施，开展了一系列的援助项目；在卫生事业上，医疗保健纳入了整个社会运行体系，欧盟成立了科索沃药品管理局，加强了药品的监管工作，基础医疗服务体系也基本得以恢复；通信、邮政、青年、文化等社会事业也开始转入正轨，能够满足当地百姓的基本需求。特别是在建立以维护当地社会治安为目的的科索沃保护团上，欧盟为其做了大量的培训工作，加快了保护团建设的步伐。

4. 制定少数民族社区的专项扶持政策

科索沃暴力性民族冲突的根源就在于阿族与当地少数民族尤其是塞族彼此间的不信任与仇恨。为了改善阿族与少数民族的关系，欧盟在后冲突治理阶段中也有意识地加强了对于少数民族群众的关注，这体现在欧盟专门制定的照顾少数民族的扶持政策上。第一，欧盟帮助当地少数民族在经济上更好地融入整个科索沃的经济体系，在少数民族聚居的地方设立了专门的金融机构，为其提供优惠的信贷业务支持，并改善公共服务行业专业人员服务少数民族的水平。在国际社会争取援助贷款时欧盟充分表达少数民族的诉求，并改变了过去简单的申请资金拿到科索沃地区搞建设的单一模式，涉及了援助资金的具体分配，尤其是要照顾处于弱势地位的少数民族的特殊利益。第二，在教育、科技等领域欧盟充分保障少数民族的入学机会，甚至在部分大学成立了塞族教师的咨询机构。[①] 另外，欧盟通过印制少数民族文字语言的教材课本等改善了少数民族教育。

5. 稳定与结盟进程跟踪机制的实施

在联合国对科总政策"先标准后地位"原则的指导下，欧盟在科索沃实施了稳定与结盟进程跟踪机制，以此促进科索沃早日具备联合国安理会所要求的各项竞争性指标。欧委会于 2003 年 3 月 13 日在普里什蒂纳召开了第一次稳定与结盟进程跟踪机制会议，其目的在于通过推动科索沃的体制改革，增强与欧盟标准的黏合度。在当年 7 月，欧委会专题召开了探讨司法、内政、电信以及通信等民事领域问题的

---

① 《秘书长关于科索沃临时行政当局特派团的报告》，2002 年 4 月 22 日。

跟踪机制会议，同年 10 月再次召开了有关经济、贸易、海关等市场经济问题的跟踪机制会议。跟踪机制的建立标志着欧盟正在全力运用欧盟标准干预科索沃后冲突阶段的治理，这种独具欧洲特色的机制，让欧盟实现了对于科索沃经济社会的全方位监控，有利于欧盟及时发现科索沃在发展过程中出现的各种问题，并迅速调整干预政策，以此加快科索沃融入欧洲的进程。

（三）欧盟中期干预与前期干预方式变化的原因

科索沃民族冲突的爆发、人道主义灾难的蔓延、南联盟中央政府控制的乏力，为国际社会干预科索沃民族冲突提供了理由。在科索沃民族冲突的预防阶段，欧盟曾采取政治、经济、外交以及军事制裁等低强度的手段干预科索沃问题，但最终未能阻止愈演愈烈的暴力性民族冲突以及迫在眉睫的人道主义灾难。为此，欧盟调整了干预科索沃民族冲突的政策，实施了强制使用武力的强干预手段，并在科索沃战争后，承担了联合国科索沃临时行政当局特派团第四支柱——重建与经济发展的任务，实施了紧急人道主义援助、经济社会重建、少数民族保护以及稳定与结盟跟踪进程机制等政策，在一定程度上遏制了暴力性民族冲突的爆发，促进了当地经济社会的恢复。而之所以欧盟会在中期干预阶段大幅度调整干预政策，这与预防阶段干预政策的失效、科索沃战争后的社会现状以及欧盟体制的演变有着密切联系。

1. 预防阶段干预政策的失效

在科索沃危机的预防阶段，欧盟与其他国际组织、国家等国际政治行为体联合采取了经济制裁、军事制裁以及多种形式的政治、外交斡旋谈判，都没能改善当地日益恶化的民族关系状况及其衍生的暴力性民族冲突再度发生的可能性。在政治解决无果的情况下，以美国为首的北约提出以武力干预的方式来解决科索沃危机，引起了欧盟及其成员国的广泛讨论，从最初部分国家出现的严重分歧对立到最后对于北约空袭南联盟的广泛支持，并在《朗布依埃协定》失败以后，在未得到联合国安理会授权的前提条件下实施了对于主权国家南联盟的空袭。

2. 科索沃战争后的社会现状

在以美国为首的北约实施军事干预之后，科索沃危机并没有得到根本解决，战后的科索沃在经济发展、社会重建与法制建设等方面困难重重，塞阿两族间的疏离感、不信任依然是当地民族关系的主题，整个科索沃社会缺乏共同的价值观以及在各民族间达成共识。在南联盟政府军撤离科索沃之际，科索沃地区出现了大量的民族仇杀事件，以科索沃解放军为代表的阿族极端分子对于塞族人的屠杀以及后期塞族人对于阿族人的反抗，都反映了当地民族关系不断恶化的问题。而长期的暴力性民族冲突不仅造成了大量的难民，还对科索沃当地的基础设施造成了重大破坏，房屋、桥梁、道路等设施被毁数量惊人，严重影响了当地人民群众的正常生活。鉴于战后科索沃残酷的经济社会发展现状以及欧盟具有较强的经济一体化行为能力，在整个联合国科索沃临时行政当局特派团的四大支柱项目中，欧盟担负起了重建与经济发展的重任。欧盟通过在科索沃实施紧急的人道主义援助成功帮助当地人民群众应对了 1999 年冬季的困难期，并在经济社会重建、法制以及少数民族生活状况改善方面实施了一系列的优惠政策，在一定程度上改善了当地老百姓的基本生活状况，缓解了塞阿两族间紧张的民族关系，降低了暴力性冲突事件发生的频率。尤其是具有欧洲特色的稳定与结盟跟踪进程机制的建立，标志着欧盟正式将科索沃作为欧盟标准的实施对象，切实加快了科索沃步入欧盟的步伐。

3. 欧盟体制的演变

欧盟作为处于一体化进程中的区域性国际组织，其政治、经济的黏合度正在不断加强。在对科索沃实施强制军事干预时，欧盟的作用并未凸显，反倒成为了美国所主导的北约的附庸。而在后冲突治理阶段，伴随着欧盟自身体制的完善以及国际社会干预任务分工的完成，欧盟才真正成为了一个更具独立性的干预主体。长期以来，欧盟的经济一体化早已领先于政治、军事上的一体化，造成了在北约实施空袭南联盟的军事行动中，欧盟并没有成为欧洲安全问题决策的主导者，只是扮演了在美国决策过程中参与者的角色。这种尴尬局面，让欧盟在科索沃战争后对其体制进行了调整，主要表现在共同安全与防务政策作为共同外交与安全政策的军事组成部分的建立，使其行动领域扩展到民事安全等社会领域，成为了欧盟在后冲突治理阶段实施人道主义援助与经济社会重建的重要政策保证，同时提高了欧盟的军事行动能力，改变了过度依靠美国领导的北约的窘态。在 1999 年 6 月召开的科隆欧洲理事会上，德国外交部长费希特（Joschka Fischer）曾表示欧盟应该建立起快速反应部队处理与管理欧洲的冲突与矛盾，即使没有美国的参与，欧盟也能够成为独立的力量。① 2000 年 6 月在费拉召开的欧洲理事会上，成员国共同承诺可以提供软实力的支持，帮助执行民事事务的管理。此外，欧盟还于 2001 年 2 月建立了快速反应机制，拥有独立调动军事或警察的能力，尤其是在哥德堡召开的欧洲理事会，更是明确将冲突预防作为欧洲对外关系的重要目标②。2003年伊拉克战争之后，③ 欧盟成员国间的利益关系开始重组，在西欧联盟并入欧盟之际，欧洲共同体的声音再度成为欧洲国家的共同选择。欧盟通过完善自身体制，为欧盟广泛参与后冲突阶段治理提供了制度上的支撑，也使其逐渐变为具备民事与军事双引擎干预能力的重要国际组织。

三 欧盟后期干预（2004 年 3 月—2008 年 2 月）：3 月冲突后的全方位重建

2004 年 3 月，科索沃爆发大规模族裔性暴力性事件，给国际社会在科索沃的干预造成了巨大的挑战。科索沃当地经济发展仍然十分落后，其提供的就业岗位远不能满足当地的需求；科索沃政治地位久拖不决，成为科索沃发展过程中最大的障碍。尤其是 3 月暴力事件，阿

---

① Georgi Kamov, *EU's Role in Conflict Solution：The Case of Eastern Enlargement and Neigh-borhood Policy Areas*, 2006.

② Ibid.

③ 在伊拉克战争中，欧盟成员国出现了分化，以英国为首的国家表达了对美国领导的军事干预行动的绝对支持，而法国等国家表现出较为独立的欧洲声音，这种矛盾导致在联合国安理会的投票上，英法两大安理会常任理事国的意见出现了不一致。

族武装分子不仅对塞族进行了野蛮的屠杀，还袭击了国际组织的办事机构，联合国科索沃临时行政当局特派团的办公室甚至也遭到了袭击。国际组织尤其是联合国特派团的民意支持呈现出明显下滑趋势。欧盟作为联合国特派团领导下的国际干预组织，一方面积极配合联合国特派团开展各种维和任务，维护科索沃地区安全与稳定，防止族裔间冲突的升级，并协同其他国际组织与国家开展广泛的外交活动，促进科索沃地位问题早日解决；另一方面认真履行自己的职责，加快科索沃地区的经济社会重建，促使其逐渐向欧盟标准靠近，实现科索沃问题解决的欧洲化。

（一）欧盟后期干预科索沃民族冲突的方式

2004年3月在科索沃引发的暴力性民族冲突事件，让国际社会企图建立多族裔共存的社会在某种程度上成为了泡影，大批难民再度涌向邻国，地区安全再度遭受威胁，科索沃问题也再度成为了国际社会关注的焦点。在这一阶段，欧盟的干预政策同中期干预政策相比具有一定的延续性与创造性。政策的延续性主要表现在欧盟作为第四支柱——经济社会重建的领导者，依然继续开展各项重建工作，逐步改善当地经济社会面貌，同时欧盟还积极配合联合国特派团开展国际维和；政策的创造性主要体现在欧盟开始介入科索沃地位谈判以及在当地司法体系中嵌入欧盟标准。

1. 欧盟进一步推动科索沃战后重建与经济、社会恢复

首先，欧盟加快推动了科索沃地区经济的私有化进程，并在经济发展过程中引入了欧盟标准。私有化作为欧盟干预科索沃经济发展的重要政策工具，贯穿于整个经济干预过程始终。在后期干预中，欧盟加快了当地经济私有化的步伐。据2005年4月联合国秘书长的报告显示，临时政府核准了32个公司的销售合同，对21个公司的报价进行了评估，并召开了科索沃信托机构理事会，让私有化进程步入了规范化、制度化。欧盟标准是欧盟干预科索沃经济发展最具特色的指标体系，欧盟通过在科索沃建立与完善市场经济法规来执行欧盟标准。比如在经济立法方面，科索沃临时政府已在欧盟的帮助

下制定出了 5 项经济法规，另外 18 项专门立法与条例中也有 8 项得到了落实，比如以欧洲工业标准为基准的矿山与矿物管理框架已经基本形成。①

其次，欧盟在实施稳定与结盟跟踪机制的同时，逐渐把科索沃视为战略伙伴。在 2004 年 3 月的骚乱事件之后，为了加强国际社会在科索沃的干预力度，确保科索沃地区的稳定，欧盟通过稳定和联合进程机制加强了在科索沃的政策干预度，以此增强科索沃接近欧盟的概率，并首次在稳定和联合进程报告中将科索沃列为塞尔维亚部分的单独一章。② 同时为了深化科索沃与欧盟的密切关系，在 2004 年 12 月 12 日，欧盟通过了新的稳定与结盟进程规划，与科索沃达成了新的伙伴关系。而在 2006 年 8 月通过的《欧洲合作伙伴关系行动计划》，则是以欧洲一体化为主要目标，为科索沃经济、社会发展量身定做了 100 多项指标，以此推动科索沃经济、社会的发展尽快接轨于欧盟。

再次，欧盟推动《东南欧稳定公约》的实施。科索沃作为东南欧重要的组成部分，其发展一直与东南欧国家保持着密切关系。为了改善科索沃经济社会发展的外部环境，欧盟主持召开了多次有科索沃代表团参加的与马其顿共和国、克罗地亚等国的自由贸易协定，在确保科索沃利益不受损的前提条件下，加强了科索沃与邻邦的交往，活跃了地区间的贸易。

最后，欧盟继续实施对于少数民族的优惠政策。这主要体现在公共部门招聘工作人员以及政策制定时着重考虑少数民族权益方面。公共部门在整个科索沃经济社会运行中处于中枢地位，其人员的配备以及民族构成情况能够在一定程度上反映当地族裔间权力的分配情况。

---

① 《秘书长关于科索沃临时行政当局特派团的报告》，2005 年 4 月 30 日。
② 欧洲共同体委员会：《2004 年稳定和联合报告》，塞尔维亚和黑山部分，按照联合国安理会 1999 年 6 月 10 日第 1244 号决议有关科索沃的章节，2004 年 3 月 30 日，转引自〔奥地利〕赫尔穆特·克拉默、维德兰·日希奇《科索沃问题》，苑建华等译，中央编译出版社 2007 年版，第 24 页。

在公共部门中的核心部门诸如海关、税务机关，少数族裔所占的比重接近或超过了其人口的比重，比如科索沃海关工作人员中少数民族比重达到了20％，税务机关少数民族比重为4.8％。同时，由于科索沃地区财政收入有限，无力供养庞大的官僚体系，为此，政府冻结了公共部门工作人员的招聘计划，但此项措施并不包含少数民族雇员，因此，少数民族雇员在整个公共部门的比重仍然处于上升阶段。此外，在科索沃整个政策制定体系中，少数民族的权益问题一直以来都是政府高度关注的问题，在欧盟的指导下，科索沃临时政府专门设立了一个优先考虑少数民族的政策咨询机制，确保了少数民族利益在政策制定中的优先地位。

2. 欧盟介入科索沃地位谈判、地区维和以及司法建设

科索沃的地位问题一直以来是困扰欧盟干预科索沃民族冲突的重要制度障碍。科索沃战争结束以后，国际社会始终秉持联合国1244号决议精神，将维护南联盟及其后继者塞尔维亚共和国的主权作为制定干预政策的首要考虑因素，并在联合国特派团确立的"先标准，后地位"原则指导下，开展了一系列的干预工作。然而由于科索沃民族冲突极为复杂，尤其是2004年3月以来大规模的暴力性事件，让国际社会颜面尽失，联合国的信誉危机不断升级。上述困境的出现与科索沃地位不明有着直接或间接的关系。为了改变国际社会的被动地位，从2005年开始，科索沃地位谈判问题得到了联合国的明确支持，联合国秘书长于2005年11月任命了时任芬兰总统的马尔蒂·阿赫蒂萨里为秘书长特使，专职科索沃地位问题，并提出了《科索沃地位解决方案全面提案》，其核心问题是推动科索沃独立，同时确保在科索沃的塞族人的自治。这遭到了塞尔维亚政府与俄罗斯政府的反对。同时，欧盟于2005年2月召开了欧洲理事会与部长理事会，发表了欧盟不支持科索沃回到1999年以前状态的声明，排除了科索沃重归塞黑的可能性。2005年4月，欧盟又再度强调科索沃的最终地位要经过漫长的过程才可能得到解决。欧盟的表态在一定程度上反映了西方国家企图推翻联合国1244号决议的政治态度，但是科索沃地位问题

作为涉及塞尔维亚主权的重大国际政治问题，在多次的外交斡旋与谈判中均未获得解决。后来，联合国科索沃问题联络小组又推出了新的方案，倡导科索沃塞族与阿族的对话与谈判，通过俄、美、欧三方的谈判继续讨论科索沃地位问题，并把 2007 年 12 月 10 日作为最后期限。欧盟承诺一旦科索沃地位问题得到解决，欧盟将通过提供警察与司法系统全程监控科索沃独立进程，确保科索沃地区各族利益得到应有的保护，同时欧盟还派遣了特别代表沃尔夫冈（Wolfgang Ischinger）参与了联合国科索沃问题协调小组，以此发挥欧盟多边外交功能，并于 8 月与美、俄两国一起召开了两次高级别领导人会议专门讨论科索沃地位问题，但由于美、欧与俄在一些核心问题上无法达成共识，导致国际社会通过政治手段解决科索沃地位问题再度陷入困境。科索沃临时政府面对这种局面极为不满，他们选择了单方面宣布独立的方式，向世人昭示科索沃地位问题的积重难返。这种单方面宣布独立的行为并不符合现代国际法的要求，现代国际法对于国家的确立的重要前提条件是不破坏他国的国家主权与获得世界各国的承认，特别是要获得联合国的承认，而科索沃显然不具备上述条件，其在独立时破坏了塞尔维亚的主权，且主要是获得了欧美等西方国家的承认，中国、俄罗斯等国均强烈反对这种有悖国际法精神的单方面行为。因此，科索沃地位问题仍将困扰科索沃未来的发展。

2004 年 3 月骚乱之后，联合国特派团加强了对于科索沃社会的控制力度，尤其是增派了科索沃维和部队兵力，以此满足维持当地社会治安的需求，欧盟成员国作为维和部队的重要组成部分，也承担了大量增兵任务。同时欧盟于 2006 年以后开始在科索沃执行建立警察机构的任务，并且启动了规划小组的建立工作，为后期全面介入科索沃的管理做好铺垫。

在司法领域，欧盟协助科索沃临时政府依据欧盟标准制定了《反腐败法》，建立起了反腐败机构，推动了科索沃官员任免的规范化，官员工作的廉洁化，提高了政府官员在科索沃当地百姓中的信任度。此外，欧盟理事会还在 2008 年 2 月 16 日做出了建立欧盟驻科索沃法治使团的决定，主要是协助科索沃司法与执法部门开展法治工作，从而使科索沃形成较为独立的司法系统。

在后期干预阶段，欧盟主要干预方式并没有出现根本性质的变化，许多干预手段沿袭了预防阶段尤其是中期干预阶段的基本形式。但是在后期干预阶段，欧盟的干预强度呈现不断加强的态势，其干预也不再局限于经济、社会重建与维和等领域，开始向司法、政治体系建立等政治领域转移。欧盟在干预科索沃民族冲突中的作用逐渐加强，与当时联合国特派团干预乏力，民意支持下降，步入后 1244 号决议的时期有密切关系。

（二）欧盟后期干预与中期干预方式变化的原因

与中期干预的方式相比，欧盟后期干预并没有出现本质上的变化，其原因在于后期与中期第二阶段都属于后冲突阶段的治理，与预防阶段强调经济、军事制裁有着显著的不同，在治理阶段，欧盟更多的是从事科索沃地区的人道主义援助、经济、社会重建以及后期的法制建设等。但这也并不是说后期与中期的干预方式完全相同，从上文的论述中，我们可以明显看到中期与后期虽然具有共性，但是其差异性也不容小视，主要体现在后期干预比中期干预的强度更高，范围更广，欧盟所起的作用日益突出等。而造成上述变化的原因主要有以下几点。

第一，科索沃当地经济社会发展的要求。科索沃战争之后，国际组织开始大规模介入科索沃民族冲突的解决，欧盟作为经济社会重建领域中的掌舵者，投入了巨额资金帮助科索沃地区实现经济社会的复苏。在后期干预中，欧盟加大了科索沃地区私有化进程，尤其是强调欧盟标准的嵌入，这是由于在 2004 年之后，科索沃地区已经度过了后冲突治理阶段的起步阶段，即人道主义援助阶段。当时科索沃所需要的已经不再是简单的人道主义援助与战后重建，其迫切需要的是如何实现科索沃由传统社会向现代社会转型，如何构建起现代市场经济制度，建立起完备的法制系统。而这无疑成为了欧盟在后期注重加强市场法规建设、司法系统构建的重要原因。同时，在实现传统科索沃向现代科索沃的华丽转身过程中，欧盟标准以及与之相匹配的结盟与稳定跟踪机制乃至后期的伙伴关系条约，无疑都是将具有现代性的欧洲发展模式嵌入到科索沃地区，实现当地现代化，改善当地百姓生活状况的重要手段。

第二，科索沃地位久拖不决，加大了解决科索沃问题的难度。科索沃地位问题一直是困扰科索沃当地经济社会发展的障碍性因素，自1999 年科索沃战争以来，一直未得到根本解决。在干预中期，联合国的"先标准，后地位"原则压制了地位问题的谈判，国际社会把主要精力放在了战后的重建与社会秩序的恢复上。这虽然取得了一定的成效，弹压了大规模的暴力性民族冲突发生的频率，但是依然没有从根本上化解科索沃危机，具有民族性的群体性事件依然在科索沃地区频繁发生，民族间的仇恨与恐惧依旧构成了民族关系的主题。而造成上述问题的原因是复杂的，既有历史上民族间长期的仇恨，也受制于科索沃地区经济社会发展长期处于落后状态，但更为重要的是科索沃地位问题的不明确，导致科索沃无法以正常的国际关系行为体参与到国际社会中，让科索沃在发展过程中丧失了许多机遇。其既不能以主权国家的身份加入联合国、欧盟，也不愿意成为塞尔维亚的附庸，这种模棱两可的两难局面，让欧盟在科索沃开展的经济社会重建工作成效大打折扣，再加上科索沃阿族对科索沃未来的悲观失望，让国际社会在科索沃后冲突治理阶段的干预举步维艰。因此，联合国于2005 年开始，重启了科索沃地位谈判进程，欧盟作为"三驾马车"之一的重要国际组织参与到了整个谈判过程中，发挥了建设性作用。

第三，科索沃地区的安全危机，影响了塞阿两族的民族关系。科索沃战争之后，当地的民族关系并没有进入良性循环阶段，民族间的仇杀也没有完全终止，只是暴力性民族冲突事件的数量在国际社会的弹压下有所下降，局势趋于缓和。但是，2004 年3 月爆发的一系列大规模暴力性民族冲突事件，又让科索沃陷入了安全困境，民族关系紧张程度激增。科索沃脆弱的安全环境，促使国际社会不得不调整战略，加强了维和部队的部署，以防止暴力性群体事件再度爆发。为此，欧盟配合联合国特派团的行动加派了大量兵力投入到了科索沃地区的维和中，捍卫了科索沃后期的安全与稳定。这也说明了欧盟在干预科索沃民族冲突过程中，非常注重当地的社会秩序以及民族关系状况，并根据现实情况的变化及时调整干预政策。

第四，欧盟自身体制的完善。欧盟干预科索沃民族冲突的政策从属于欧盟总的政策体系，其干预的强度与范围受到欧盟总体政策框架的影响。自2001年欧盟启动制定欧洲宪法行动以来，欧盟的政治、军事、安全一体化得到了强化，虽然欧盟宪法在法国、荷兰的公投失败，但在2007年又得到了重启，欧盟成员国签署了《柏林宣言》。特别是在同年10月所签署的《里斯本条约》中，欧盟专门设立了常任欧盟理事会主席与欧盟外交和安全政策高级代表专职负责欧盟对外政策，提高欧盟共同体的声音。在司法、安全等敏感领域，欧盟积极推广有效多数制，提高欧盟对外政策的效率。与此同时，欧盟进一步完善了共同安全与防务政策，对最初确立的快速反应机制做出了调整，建立了符合欧洲实际情况的由1500人构成的战斗小组，专门处理突发性暴力性事件，欧盟曾设想建立多达13个的战斗小组，到2006年已经建立了2—3个。① 战斗小组的建立，无疑对于提高欧盟干预民族冲突的能力有所帮助，同时也增强了欧盟在西巴尔干的国际干预能力，从而为干预科索沃民族冲突提供了一个较为有利的地区环境。其在2003年1月从联合国手中接管波斯尼亚的管制权，就是欧盟干预能力提升的重要表现。

欧盟干预科索沃民族冲突经历了三个阶段：预防阶段、中期以及后期干预阶段。预防阶段主要运用经济、军事制裁以及政治外交手段，中期干预阶段主要运用强制使用武力、经济社会重建以及维和行动等手段，后期干预阶段在具体政策上沿袭了中期干预的经济社会重建政策以及维和行动，只是其干预的强度与范围有所扩展，同时后期

---

① Jan Joel Andersson, "Armed and Ready? The EU Battlegroup Concept and the Nordic Battlegroup", SIEPS, 2006, 转引自 Georgi Kamov, *EU's Role in Conflict Solution：The Case of Eastern Enlargement and Neighborhood Policy Areas*, 2006。

干预更加注重科索沃接轨于欧盟的问题，并在市场经济、司法建设中着力嵌入欧盟标准，传播欧洲价值理念与规范（欧盟化），实现科索沃地区从传统社会向现代社会转型。

第三节　欧盟干预科索沃民族冲突成效与局限评估

自 1998 年科索沃危机爆发以来，欧盟利用共同外交与安全政策开始全方位干预科索沃民族冲突，通过政治外交谈判、经济、军事制裁，控制科索沃民族冲突的强度。尤其是在后冲突阶段的治理中，欧盟成为了经济社会重建的领导者，对于战后科索沃经济发展的复苏、社会的重建发挥了重要作用，取得了一定的成效。下面我们从欧盟干预科索沃民族冲突的目标、能力和局限性三个方面详加阐述。

一　欧盟干预科索沃民族冲突的成效评估

要对欧盟干预科索沃民族冲突进行评估，首先就要确定评价的标准，构建起评估的目标体系。本节以费特（Annemarie Peen Rodt）的内部与外部目标的实现程度作为评估欧盟干预的标准，[①] 同时在这两个评估标准中，又做出一定程度的区分，即内部目标主要是以干预者为中心，其目标的实现与干预者自身利益密切相关，而外部目标主要是强调被干预者的利益，被干预者往往是民族冲突的对象，因此，从民族问题的解决、民族冲突的化解的角度来看，外部目标的实现将决定国际组织解决民族冲突的成效，因而，本节也将着重论述欧盟在实现外部目标过程中所取得的成效。

（一）基于内部目标的评估

欧盟干预科索沃民族冲突要实现的内部目标主要有维护西巴尔干地区秩序、欧洲秩序与推行欧洲一体化政策。科索沃危机爆发以来，

---

① Annemarie Peen Rodt, ibid, 2007.

欧盟积极介入科索沃民族冲突，其最初的原动力就来源于欧盟对于地区秩序的维护，对于稳定与和平欧洲的需要。而整个欧盟干预进程包括三个阶段，每个阶段的目标实现情况也有所不同，因此下文分别从预防阶段、中期干预以及后期干预阶段分别加以评估。

1. 预防阶段的干预成效

在预防阶段，欧盟运用经济、军事制裁、政治外交谈判等手段，遏制可能出现的威胁地区安全的暴力性民族冲突。当时科索沃地区的民族冲突虽然并未得到完全压制，但是通过第三方的干预确实在一定程度上降低了冲突外溢的可能性。尤其是欧盟在塞尔维亚周边国家建立的武器禁运监督组织，防止了武器的流入，降低了地区内发生大规模暴力性民族冲突的可能性。但是，在整个预防阶段，科索沃也出现了难民外逃的现象，据统计，科索沃在 1998 年 8 月的难民及流离失所者有 23 万人，其中 6 万人想逃离科索沃，[①] 到 9 月底有 14000 人涌入阿尔巴尼亚，45000 人涌入了黑山共和国。[②] 总体上讲，科索沃危机正在逐渐向周边地区蔓延，西巴尔干地区稳定也开始受到难民潮的挑战，欧盟在预防阶段的干预成效并不明显，既没有控制住日益逼近的人道主义灾难，也未能维护好西巴尔干地区的稳定。

2. 中期干预阶段的成效

这一阶段欧盟主要运用强制使用武力、后冲突阶段的社会治理等手段。在强制使用武力阶段上，欧盟处于从属地位，成为了美国领导的北约的附庸。科索沃战争所造成的大量流离失所人员、难民不断向周边国家涌入，对于地区安全构成了威胁。因此，强制使用武力在一定程度上破坏了西巴尔干的地区稳定秩序。而在后冲突治理阶段，欧盟作为经济一体化程度最高的国际组织其作用明显，成为了战后科索沃经济社会重建与人道主义援助的主导者。欧盟通过整修被战火毁坏的房屋，提供紧急人道主义援助与重建科索沃地区的市场经济、法治

---

① 秘书长依照安全理事会第 1160（1998）号决议编写的报告，1998 年 9 月 21 日。
② 秘书长依照安全理事会第 1160（1999）号和第 1199（1998）号决议编写的报告，1998 年 10 月 3 日。

等，推动了难民回返工作，部分塞族人开始回到科索沃定居。从这个意义上讲，中期阶段中的后冲突治理为地区秩序的稳定做出了贡献。而欧洲一体化政策也在结盟与稳定跟踪机制实施的基础上得到了贯彻。欧盟通过在科索沃发展过程中注入欧盟标准，事实上使得科索沃的发展更加接近于欧洲，这有利于欧盟推行的东扩政策。

3. 后期干预阶段的成效

在这一阶段，欧盟在继承中期干预政策的同时，强化了《东南欧稳定公约》，推动了科索沃地位谈判问题、地区维和以及司法建设。《东南欧稳定公约》是东南欧各国彼此联系的纽带，让科索沃成为其中的重要组成部分，有利于把干预科索沃民族冲突纳入建立东南欧稳定秩序的范围内。在一个更为宽广的国际环境中解决科索沃问题，对于该问题的解决以及欧洲的秩序都是有益的。而地区谈判、维和以及司法建设等都是从建立科索沃地区内部稳定秩序出发，实现科索沃的可持续发展，从而维护整个地区的稳定。同时，在后期干预阶段也未出现大规模的难民潮，整个地区受到了国际社会较为严密的控制，欧盟的后期干预取得了一定的成效。

（二）基于外部目标的评估

外部目标评估是整个评估体系的主体部分，代表了被干预者的利益，因此也成为了评价第三方干预科索沃民族冲突合法性的一个重要指标。具体来说，外部目标评价主要包括三方面内容：是否阻止科索沃爆发大规模的人道主义灾难与大量平民的伤亡，是否实现科索沃地区塞阿两族的民族和解以及是否促使科索沃政治、经济、社会发展步入正轨。本节同样采用分阶段讨论的办法对其干预政策的成效进行评估。

1. 预防阶段的评估

欧盟对南联盟政府施压，以此避免出现大规模的人道主义灾难，实现塞阿两族的和解，但是欧盟与国际社会的软干预作用并不明显。在科索沃，南联盟政府军与科索沃解放军仍然处于激战状态，南政府军在处理危机过程中过度使用武力，造成了大量无辜平民的伤亡。而在科索沃内部，阿族武装分子也企图利用人道主义灾难的惨状，吸引国际社会高度介入科索沃民族冲突，使科索沃危机国际化，从而为攫取自己的私利服务，这种被少数精英操纵的民族主义成为了塞阿两族发展正常民族关系的障碍。而欧盟与国际社会的介入无疑处于一种两难的状况。一方面，对于人道主义灾难，出于人类的良知，国际社会应该予以干预。另一方面，国际社会干预力量的存在又会在一定程度上助长民族分裂分子、极端势力将人道主义灾难无限放大的可能性，尤其是会对被干预国的主权造成挑战。而这种困境无疑会对塞阿两族的民族关系产生极为不利的影响，造成双方都完全从自己民族的利益出发，缺乏达成民族间共识的公共空间，而欧盟作为第三方的干预者，也很难为其提供适当的交流平台，反倒有可能被少数民族精英所利用。因此，从外部目标来看，欧盟在预防阶段的干预并不算成功，一方面人道主义灾难正在愈演愈烈，另一方面民族间达成和解的可能性正在被融解。正是预防阶段的失败，才导致了中期干预阶段中强制使用武力政策的出炉。

2. 中期干预阶段的评估

中期干预阶段又可以分为两个阶段，第一是强制使用武力阶段，第二是后冲突治理阶段。强制使用武力的干预方式是在美国领导下的北约所直接执行的，欧盟更多的是扮演配合的角色，其发动空袭南联盟决议的出发点是为了向南联盟政府施压，要求其政府军撤出科索沃，避免出现人道主义灾难，这种未经联合国授权的军事行动，侵犯了南联盟的主权，是霸权主义与强权政治的表现，遭到了中国、俄罗斯等国的坚决反对。从其干预的成效来看，欧盟与美国通过强制使用武力，并未取得预期目标，人道主义灾难也未能得以避免，在北约空袭南联盟过程中，科索沃解放军与南联盟政府军兵戎相见，造成了大量人员伤亡，大批住房被毁，基础设施被毁坏殆尽，大量无辜百姓流离失所，难民数量激增的危险局面。尤其是在停战协定签署后，在南联盟政府军撤出科索沃，而国际维和部队尚未进驻的权力真空时期，阿族对于塞族进行的疯狂反扑，逆向民族屠杀让当时的塞阿两族民族关系跌入了冰点。

在后冲突治理阶段，欧盟协助联合国特派团开展的维和行动，为当地百姓带来了久违的地区和平。欧盟领导了经济与社会重建支柱，通过市场经济、社会的重建与少数民族优惠政策的实施，在一定程度上缓解了紧张的塞阿民族关系。当地暴力性民族冲突事件数量也有所减少，只是偶尔发生一些零星的袭击事件，这在联合国秘书长的报告中曾多次提及。此外，结盟与稳定跟踪机制的建立，让科索沃的发展有了欧盟标准作为指导，有利于推动科索沃地区在经济、社会发展上尽快走上正轨。但是受制于科索沃地区本身经济基础薄弱，地位问题久拖未决，科索沃地区的经济社会落后局面并没有得到根本改善，其失业率依旧位居欧洲地区首位，这也反映了欧盟的干预政策还有许多值得完善的地方。

3. 后期干预阶段的评估

2004 年 3 月的骚乱事件之后，国际社会加强了在科索沃的干预力度，欧盟也加强了维和部队兵力的部署，承担了更多维护安全的任务，参加了科索沃地位谈判，建立了以伙伴关系为核心的新的结盟与稳定机制，大力推行经济私有化与《东南欧稳定公约》，促进建立欧洲化的司法与法律制度，这对于科索沃改善落后的经济状况，提高自我发展能力，实现市场经济与法治，加快融入欧洲有重要意义。但是欧盟的干预仍然存在许多问题。其一，科索沃的最终地位问题仍未得到根本解决，虽然欧盟大部分成员国（27 个成员国中有 5 国未予承认）与美国等国承认了其国际法地位，但是联合国并没有确认其合法地位，中国、俄罗斯等大国也未予以承认；其二，科索沃地区经济发展对于外部援助的依赖性依然很强，在国际组织不断减弱经济援助的情况下，科索沃地区经济也陷入了困境，要实现科索沃地区经济发展步入正常轨道，还需要欧盟制定出更具针对性与可持续性的政策；其三，塞阿两族的民族关系依然未得到有效疏通，塞族依然游离于科索沃政治进程之外，当然这一领域不是由欧盟控制，但是民族关系的整合以及民族间信任的重建同样属于欧盟干预科索沃民族冲突的重要任务。

二 欧盟干预科索沃问题的能力评估

如斯蒂芬·沃夫（Stefan Wolff）所言，成功的国际组织干预民族冲突必须具备三大能力：行动能力、资金能力与合作协调能力。[①] 有关欧盟干预科索沃问题，我们也可以从能力层面加以评估。

（一）行动能力

行动能力，主要是指国际组织在干预过程中能否调集足够的执行人员，筹措到必备的物质资源以及健全的制度与政策工具。通过研究欧盟的干预政策与机制，我们可以发现欧盟作为欧洲地区最为重要的国际组织，在科索沃民族冲突干预过程中，提供了大量的政策执行人员，不仅派遣了大量维和部队人员，组建了专门的人道主义援助与重建机构，还配备了优秀的工作人员与精良的物质装备。同时伴随着欧盟政策机制不断完善，共同外交与安全政策向共同安全与防务政策的扩展，军事领域干预向非军事领域延展，表明欧盟已经具备了干预科索沃民族冲突的行动能力。

（二）资金能力

资金能力，即国际组织在干预民族冲突过程中是否能够筹集到足够的资金以应对短期与长期干预任务的经费需求，并且还要确保干预资金的及时到位，要与整个干预进程相匹配，否则将影响到国际组织干预的成效。欧盟作为世界最大规模经济体的国际组织，其本身在经济贸易与市场领域的一体化程度较高，超国家主义的共同体运行模式更是确保了欧盟成员国在共同财政预算上的协调力，同时欧委会与欧洲议会等对于外交、安全领域的财政预算问题同样享有较高程度的发言权。而从欧盟投入到科索沃的援助金额来分析，欧盟也确实在干预科索沃民族冲突中提供了大量的资金，从 1999 年战后到 2003 年底，

① Stefan Wolff, "The Regional and International Regulation of Ethnic Conflict Patterns of Success and Failure", Centre for International Crisis Management and Conflict Resolution University of Nottingham, 2009, http：//www. stefanwolff. com/files/Conflict%20Regulation. pdf.

欧盟为科索沃提供了 16 亿欧元的经济援助,[①] 成为了科索沃最大的资助者。

（三）合作协调能力

合作协调能力，即是国际组织能否协调好组织内部成员国关系、不同政策体系关系，以及本组织与其他国际组织的关系问题。欧盟作为世界一体化程度最高的区域性国际组织，从早期的煤钢联合体到欧共体再到欧盟，一直都在不断强化内部成员国行动的一致性，并一直在政府间主义与超国家主义之间徘徊。在克服成员国的分离主义之后，欧盟得以顺利建立，三大支柱也成为了欧盟的灵魂，但是成员国的协调问题一直未得到根本解决，尤其是在涉及安全、外交等国家核心利益领域，政府间主义明显占据了上风，一项安全、军事政策制定通常需要通过各成员国一致表决，虽然在后期有所调整，但是并没有根本扭转政治一体化的颓势。欧盟在成员国协调上的乏力也在一定程度上影响了欧盟政策机制的运转，降低了欧盟的内向性合作协调能力，这在欧盟干预科索沃民族冲突中也得到了体现。预防阶段干预的低效，军事干预的被动状态，只是到了后冲突治理阶段，欧盟才凸显了其重要性。而在外向性合作协调能力方面，欧盟的表现还不算逊色，在干预科索沃民族冲突中，虽然在预防阶段和军事干预上的独立性不强，很大程度上被美国"牵着鼻子走了"，但是在后冲突治理阶段，欧盟一方面通过内部整合提高了政策的效能，增强了共同体的行动能力，并组建了欧洲军；另一方面则是在人道主义援助与重建上发挥了领导作用，而在联合国科索沃临时行政当局特派团领导下的司法、警务、民政以及民主化建设中，欧盟均发挥了积极的辅助作用，有效配合了其他国际组织在科索沃实施的干预行为。可见，欧盟在科索沃民族冲突干预中其内向性的合作与协调性能力存在明显的不足，制约了欧盟制度优势的发挥，而其在外向性合作与协调能力方面，则

---

① ［奥地利］赫尔穆特·克拉默、维德兰·日希奇：《科索沃问题》，苑建华等译，中央编译出版社 2007 年版，第 22 页。

表现出了强劲的实力，这与欧盟是一体化程度最高的国际组织以及欧盟的成员国构成状况有着密切关系。

三 欧盟干预科索沃民族冲突的局限性

上文根据费特的内部目标与外部目标的评价体系对欧盟干预科索沃民族冲突的成效做了简要的论述。仅以干预者与被干预者的利益为出发点的评估体系并不能够完全解释欧盟这一特殊性质的国际组织的干预行为。下文将从欧盟体制的角度来论述其在干预过程中存在的不足，同时归纳欧盟干预的缺陷。

（一）欧盟的组织协调能力有待提升

欧盟作为国家间主义与超国家主义相混合的独具特色的区域性国际组织，在经济领域联邦主义占据了上风，而在共同外交与安全领域，虽然联邦主义多次向联盟主义发起挑战，但是联盟主义依然是其主导价值观。民族冲突干预问题，作为既涉及经济社会领域，又涉及外交与安全领域的重大问题，往往在外交与安全领域的共同政策上出现问题。这在一定程度上影响了欧盟的组织协调能力，主要体现在各成员国的意见协调问题与欧盟体制障碍上。

1. 各成员国意见协调问题

由于在共同外交与安全领域，国家依旧是主导者，因此，各国能否达成共识，制定出统一的政策对于实施该领域的民族冲突干预有重要意义。然而，欧盟成员国间要达成共识的难度比较大，这是由于欧盟成员国的差异性所决定的，欧盟的东扩在增强欧盟多样性的同时也大大提高了制定共同外交政策的难度。以欧盟成员国商讨对南联盟实施军事打击为例，当时各国的态度差异明显，不仅地区性大国与小国的态度差异明显，大国间也在一段时间内难以达成共识，法国在初期就曾坚决反对采取武力解决的办法，后来由于考虑到欧洲共同利益以及欧洲价值，才做出让步，支持了北约的军事行动。这种状况的形成主要是源于在欧洲一体化进程中，大西洋主义与欧洲主义间也曾经有过激烈的论战。以法国为代表的欧洲主义者强调欧洲的安全问题应该由欧洲来负责，而以英国为首的大西洋主义国家则对美国寄予厚望，支持美国在欧洲安全问题中的领导地位。这种理念上的矛盾无疑也成为了以后法、英等国意见难以统一的重要原因，而大国是欧盟的重要领导力量，大国间的矛盾也极有可能削弱组织的力量。

2. 欧盟自身的体制障碍

欧盟干预科索沃民族冲突机构主要由常设机构与非常设机构组成，其中常设机构是决策部门，而非常设机构是执行部门。从整个干预政策的运行体系来看，常设机构在政策体系中处于中枢地位，直接制约着欧盟干预行为。同时，常设机构工作部门繁多，造成了权力的过度分散，各部门之间协调的不力。尤其是在共同外交与安全领域出现了欧盟理事会一家独大的情况，而欧盟理事会又具有很强的政府间主义色彩，让欧盟在国际舞台上难以发出共同的声音。这既是欧盟自身体的制障碍，也是欧盟一体化程度不够的表现。特别是在涉及国家核心安全、外交领域，国家权力未实现向联盟的足够让渡，让欧盟的共同体组织成为了"摆设"，也让欧盟的共同行为能力受挫。

（二）欧盟标准与当地实际契合度不高

在欧盟干预科索沃民族冲突的政策体系中，结盟与稳定跟踪机制以及经济、社会、司法等领域欧盟标准的嵌入，为科索沃经济复苏、社会步入正轨发挥了一定的作用。但是欧盟标准作为根植于欧盟成员国的西方标准，其源于西方发达国家较为成熟的市场经济、民主政治与市民社会，而这种欧式的高标准能否适应还处于极端贫困、百废待兴、民族关系紧张、组织犯罪频发的科索沃，成为了欧盟干预科索沃的重大挑战。在经济领域，欧盟积极推动了科索沃私有化进程，大力改造传统产业，力图建立起市场经济，实现经济的法治化运行。欧盟通过近10年的努力，改善了科索沃的经济面貌，提高了科索沃地区自给自足的能力，比如科索沃国内税的比重呈逐年上升的趋势，对外的依赖性明显下降。然而，科索沃经济发展的内驱力依然不强，失业率仍然居高不下。在科索沃战争之后，在欧盟等国际组织高度介入科索沃民族冲突后，科索沃地区的就业情况并没有得到明显改善，其失业率长期高于50%，在2005年甚至达到了70%。① 失业率作为评价地区经济发展的一个重要指标，能够在一定程度上折射出当地经济的实际运行状况。当然造成失业率长期处于高位的原因是多方面的，比如劳动者的素质、经济的产业结构、国家的经济政策以及整个经济环境，但是欧盟作为科索沃地区经济发展与社会重建的领导者，面对如此之高的失业率，却没有拿出有效的应对措施，而是一味推动科索沃向欧盟标准接轨，企图在科索沃复制现代西方经济模式。欧盟在科索沃重新建构起欧洲化的市场经济制度以及管理体制，而忽略了当地经济发展处于困境的现实问题。这种标准与现实相脱离的矛盾，直接影响了欧盟干预政策的实施效果，致使欧盟在科索沃虽然投入巨资，但成效却不显著。

司法领域作为欧安合组织所负责的支柱，欧盟只是在后冲突治理后期才开始介入，主要是帮助科索沃建立反腐败法规以及市场经济法规。但是，当地经济犯罪问题依然普遍，当地官员的腐败案件更是接连不断，就连国际组织的部分官员也卷入了腐败丑闻，让国际社会在科索沃地区的信誉度大受影响，乃至出现了在2004年3月骚乱中对国际组织办事机构的袭击事件。可见，欧盟希冀利用完全西方的措施来干预科索沃民族冲突，建立现代的规章制度的做法，在某种意义上并不能完全适应当地社会的发展需求。

（三）受欧盟外大国与联合国的制约

欧盟作为地区性国际组织，在参与科索沃民族冲突治理过程中，深受欧盟外大国与联合国的影响。

首先是欧盟外大国的影响，主要是俄罗斯与美国。俄罗斯作为继承苏联政治、军事实力主体部分的国家，拥有雄厚的军事力量，且经济社会发展已经走出了苏联解体后的阴霾，正逐渐成为多级政治格局

---

① 数据来源：《秘书长关于科索沃临时行政当局特派团的报告》，2002年4月22日，2004年1月26日；［奥地利］赫尔穆特·克拉默、维德兰·日希奇：《科索沃问题》，苑建华等译，中央编译出版社2007年版，第111—125页。

中重要的一极。而西巴尔干地区尤其是塞尔维亚与俄罗斯不仅存在传统意义上的革命友谊，更是共同信仰东正教的宗教盟友，再加上泛斯拉夫主义的影响，更让俄罗斯与塞尔维亚关系密切。在整个干预科索沃民族冲突进程中，俄罗斯的立场较为暧昧，一方面俄方坚决反对北约对南联盟实施武装干预，另一方面又碍于自身国家实力的不足，积极参与科索沃问题协调小组，试图利用政治外交手段解决科索沃危机。而欧盟作为欧洲安全利益的代言人，一直以来都与俄罗斯保持密切的对话，希望获得俄罗斯对于欧盟在政治外交上的支持。尤其是欧盟东扩之后，其将直接面对庞大的俄罗斯，因此，欧盟在制定干预科索沃民族冲突的政策时也不得不认真考虑俄罗斯的利益，这也是欧盟最初积极倡导政治解决科索沃问题的重要因素之一。而美国作为国际社会中唯一的超级大国，通过北约组织掌握了控制欧洲安全的主导权，在整个民族冲突干预过程中，美国一贯以强大的经济、军事实力作为后盾，通过经济、军事制裁、外交谈判等方式解决危机，如果还未如愿，美国通常会使用军事打击的手段，直接介入地区冲突。美国前总统乔治·布什甚至还提出了先发制人的外交策略。同样，美国的干预模式也在一定程度上移植到了科索沃。以美国为核心的北约组织打着维护人权、避免出现大规模人道主义灾难的旗帜，悍然对主权国家南联盟实施了军事打击，而欧盟在是否做出军事打击决定上的作用并不明显，在军事安全领域的讨论基本为欧盟成员国中的大国所把持，在欧盟尚未达成一致意见时，北约就对南联盟实施了军事打击。1999 年 4 月，法国等国对军事打击开始动摇，企图重开政治、外交谈判之门，只是由于美国的强硬态度以及南联盟立场的不退让而作罢。可见，在预防阶段以及军事打击阶段，欧盟基本被美国牵着鼻子，其自主性也并不显著。

其次是联合国的影响。在科索沃民族冲突第三方干预中，联合国具有其他国际组织、国家所不具备的优势，这是由于联合国是源于世界各国为了维护国际和平与安全，尽可能避免国际社会出现具有破坏性的无政府状态，而通过协商一致订立联合国宪章所形成的具有广泛认同与较高合法性的国家联合体。在欧盟干预科索沃民族冲突过程中，欧盟在制定具体干预政策时往往会遵循联合国的章程以及联合国安理会制定的各项决议。在欧盟对南联盟实施武器禁运以及经济制裁时，欧盟的根据是联合国在1998年通过的决议。在军事打击阶段，欧盟并没有获得联合国的授权而与美国一道实施了对南的军事打击，但事后欧盟仍积极希望获得联合国的事后授权。在后冲突治理阶段，欧盟则始终按照联合国第1244号决议的要求，切实担负起第四支柱的领导任务，在科索沃开展了广泛的人道主义援助与经济、社会重建工作，即使是涉及科索沃最终地位的敏感问题，欧盟也一直在争取联合国的支持。虽然联合国安理会最终没有承认科索沃的主权国家地位，科索沃也只是通过单方面宣布独立的方式表达了阿族人渴望独立建国的心声，但是欧盟仍然在为科索沃地位问题以及科索沃地区稳定展开卓有成效的工作，比如欧盟派遣了驻科法治使团专职处理独立后的科索沃的法治建设问题。概言之，欧盟作为区域性国际组织，要想获得干预的合法性，寻求联合国的支持是必不可少的，而这种在联合国领导之下的干预模式，在给欧盟带来合法性优势的同时，也会对欧盟的干预产生不利影响，主要表现在欧盟的独立性受到压制，欧盟的潜力难以得到最大程度的发挥上。

第四节　总结

欧盟在整个科索沃民族冲突干预过程中，取得了一定的成效，在一定程度上防止了科索沃塞阿两族暴力性民族冲突的升级，减少了民族间群体性事件的数量，缓和了紧张的民族关系，特别是在后冲突治理阶段，欧盟的干预政策对于帮助科索沃地区逐渐走出战争阴霾，实现经济、社会的复苏有一定的指导意义。但是，欧盟作为一体化进程中的区域性国际组织，其政治、军事上一体化程度的不足，钳制了欧盟干预政策的实施。而这种制度上的不完善，也让欧盟在预防阶段以及武装干预阶段并没有发挥应有的作用，只是在后冲突治理阶段，欧盟才逐渐获得了干预的主动权，成为了科索沃经济社会重建的主导者，并在经济社会重建中逐渐输出欧盟标准以及欧洲价值理念，这对于后冲突阶段的治理有着重要的理论与现实意义。

第五章　欧盟对非干预政策：刚果(金)冲突管理与建设和平

　　暴力性冲突已经对非洲国家以及地区安全构成了严重威胁，具有全球性的影响。因而非洲冲突与动荡日益成为世界大国、国际组织等很多行为体的重要关切。在饱受战争蹂躏的后冲突社会进行冲突预防和管理、建设持久和平，[①] 对非洲和平与安全来说是一项令人生畏的严峻挑战。尽管 20 世纪 90 年代中期以来，非洲经济基本上保持着持续增长的势头，但是非洲冲突后国家建设和平仍面临着挑战。2012年马里军事政变引发内战和外部干预，尼日利亚极端组织"博科圣地"持续恐怖活动造成数百人丧生，中非共和国突生内乱，阿尔及利亚突发人质危机，这些冲突不断爆发或酝酿，威胁着非洲和平。2013年 3 月 29 日，刚果（金）政府军与反叛武装刚果自由和主权爱国者联盟在刚果（金）东部北基伍省的基查加（Kitchanga）再度发生武装冲突，双方在冲突中各有死伤。

　　由于苏联与美国共同主宰暴力冲突的调解作用消失了，因而欧盟对外政策扩大到安全和防务方面，承担起欧洲国家共同干预的责任。欧盟不断发展共同对外政策甚至军事能力，新的全球均势与国际秩序的变化使欧盟具有全球性维度。实际上，后冷战的世界以及欧盟自身制度建设促使欧盟在冲突管理等全球政治领域中日益扮演着国际性角

---

　　① 国际社会建设和平的努力包括监督停火、让战斗人员复员和重新融入社会、帮助难民和流离失所者回归、帮助组织和监督新政府的选举、支持司法和安全部门改革、加强保护人权和促进暴行后和解。

色。王逸舟教授指出，"欧洲人的对外干涉是西方世界主宰当代国际关系和全球发展进程的重要体现之一。与其他地区相比，欧洲的方式更加多样和有力，它们是对区域外国家的制衡，是对全球进程的强力引导"。① 欧盟与非洲的关系已经从单纯的发展合作关系扩展到安全与和平等领域，非洲冲突管理与预防的行动与方式呈现出显著的欧洲特点。

　　冲突管理和预防、冲突后建设和平成为欧盟扮演全球性参与者的重要工具。随着 2003 年《欧洲安全战略》的实施，欧盟日益扩展其在和平与安全领域的角色，寻求承担起全球安全的责任。2005 年欧盟在《欧盟与非洲：走向战略伙伴关系》中强调，"增强对非洲冲突后重建的支持以便于确保持久和平与发展"，为此"特别支持……裁军、遣散、团结以及安全部门改革计划"。② 欧盟参与或致力于苏丹、乍得、中非共和国、刚果（金）、布隆迪等国家的冲突预防、管理和解决以及建设和平的努力。欧盟是世界上最大的援助者，正日益成为地区与全球建设和平中的重要行为体。然而"欧盟仍被视为一个边缘且几乎无人知晓的安全参与者，当涉及世界重大战略问题时往往并不在意。尽管这种论述在某种程度上是夸大其词，但是欧盟仍必须回答一些重要问题，涉及欧盟应该如何成为成熟的安全行为体"。③

第一节　欧盟对非干预政策及政策工具

　　冲突并未随冷战而结束，相反人们对冲突预防的关切日益升温。特别是由于卢旺达大屠杀，欧盟日益关注撒哈拉以南非洲冲突预防、

---

　　① 王逸舟：《欧洲干涉主义的多角度透视》，《世界经济与政治》2012 年第 3 期。

　　② Commission of the European Communities（from now on："Commission"）（joint declaration），"EU Strategy for Africa：Towards a Euro-African pact to accelerate Africa's development"，Brussels，12 October 2005，p. 3，p. 21.

　　③ Björn Olav Knutsen，"The EU's Security and Defense Policy（ESDP）and the Challenges of Civil-Military Coordination（CMCO）：The Case of the Democratic Republic of Congo（DRC）"，European Security，Vol. 18，No. 3，2009，p. 441.

管理和解决。新的国际环境为欧盟提供了将其成功的内部和平模式"输出"到其他冲突地区的条件和机会。在 2001 年的《莱肯宣言》(the Laeken Declaration) 中，欧洲理事会提出一项议题，即"何为欧洲在变化世界中的角色？"。欧盟不仅寻求其在贸易、发展、援助等领域的国际角色，而且寻求作为国际安全行为体更大的全球角色，提供一系列广泛的冲突管理与干预措施。2003 年的《欧洲安全战略》将欧盟界定为"全球参与者"（a global player）。"欧洲利益的不断聚合、欧盟相互团结的不断加强致使欧盟成为一个更加可信与有效的行为体。欧洲应该乐于承担全球安全与构成一个更美好世界的责任。"①可见，欧盟试图在世界事务中发挥更大的政治与安全角色。欧盟冲突预防在某种程度上是异常的，主要因为冲突预防是相当新的，涉及不同的支柱，特别是政府间制度、资源与决策程序。欧盟在许多文件中阐明了其冲突预防的新方针，将最初关切聚焦于非洲国家，显著地体现在共同外交与安全政策、欧盟安全与国防政策以及欧盟对非战略中。

一　欧盟对非干预政策

欧盟冲突干预政策体现在欧盟与非洲国家的双边或多边协定中。欧盟的地区与国别战略文件强调了欧盟的发展与外部援助政策、和平建设举措。20 世纪 90 年代初以来，发展政策的失败以及非洲暴力性冲突的增加在某种程度上增加了欧洲对非政策所受到的压力。冲突的破坏性影响损害着欧盟合作与发展的努力，因而冲突预防与管理成为欧盟对非政策的核心议程。以军事手段实施的冲突管理对于欧盟日渐重要。欧盟逐渐改变了纯粹的经济与社会发展政策，转向更为复杂和综合性的政策，强调和平、稳定、发展、人权、法治、民主原则与善治之间的联系。

---

① European Commission, *A Secure Europe in a Better World: European Security Strategy*, Brussels: European Commision, 2003, p. 1.

欧盟对非洲的政策也从发展合作扩展到政治对话与安全援助，因而欧盟的政治与安全目标逐渐占据主导地位。1991 年的《马斯特里赫特条约》正式确认了欧盟向非洲提供的发展援助拨款的政治性质，而且将欧盟的发展工具引入了更加以安全为导向的途径，如冲突预防、冲突管理。自 1995 年以来，欧洲理事会与委员会经常提及冲突预防（如理事会宣言、理事会决议等），1996 年首次发布了通讯——《欧盟与非洲冲突问题：和平建设、冲突预防及其超越》（*The EU and the Issue of Conflict in Africa: Peace-building, Conflict Prevention and beyond*）。1995 年，第四个洛美协定修正版第一次将人权的条款纳入发展协定，赋予欧盟与非加太国家的合作以政治意义。由此，对人权、民主原则和法治国家的尊重成为合作的关键因素，是对国际发展合作协定的重要革新。

　　2000 年 6 月签署的《科托努协定》继续致力于欧洲与非洲国家在和平建设与冲突管理领域的合作，同时开展人权、民主、善治和法治等方面的政治对话。《科托努协定》将发展目标整合到共同外交和安全政策领域，致使发展政策具有政治特性，纳入互惠性的根本要素条款，确认了欧盟的政治性附加条件，即非洲"受援国"无法再逃避政治要求，否则就有可能面临潜在的制裁。《科托努协定》界定了欧盟与撒哈拉以南非洲国家之间的关系，体现为三大支柱，即政治对话、贸易与经济合作、发展援助。《科托努协定》意在解决以前协定的缺失，加强非加太集团与欧盟之间合作的政治维度，即增强人权、民主原则、法治与善治；公民社会参与；冲突预防与管理。2004 年 1 月 26 日，欧盟批准了《非洲暴力冲突的预防、管理与解决的共同立场》，其目的是"加强非洲在冲突领域的能力与行动手段从而有助于非洲暴力冲突的预防、管理与解决，特别是增强与非盟、次区域组织、公民社会组织的对话与支持"。[①] 2005 年 12 月，欧盟理事会批准了《欧盟对非战略》，其整体目标是确立欧洲与非洲大陆的连贯一致

---

① Council Common Position, 2004/85/CFSP, 26 January 2004.

的战略性伙伴关系。2007 年，第二届欧非首脑会议通过的《非洲—欧盟联合战略》以及实施这一战略的《行动计划》指出，欧非将建立"平等的战略伙伴关系"。2010 年 11 月 30 日，第三届非洲—欧盟首脑会议峰会通过《非洲—欧盟联合战略》的第二份《行动计划》，重申了非欧加强在各领域合作的决心，呼吁加强上届峰会确定的 8 个优先领域的合作关系，其中包括冲突预防。

二 欧盟冲突干预的政策工具

欧盟在冲突预防活动的合法性源于其所具有的一系列广泛工具。1992 年签署的《欧洲联盟条约》第 12 条列出了实现共同外交与安全政策目标的各种形式的工具手段。《欧洲联盟条约》签署以来，欧盟的许多冲突预防工具以不同方式遍及欧盟三大支柱①，体现出冲突预防领域的共同体方法与政府间方法。第一支柱的共同体方法涉及发展与援助政策、贸易问题、社会与环境活动及其他工具，涉及更广泛的欧盟冲突预防观念。当冲突预防落在第一支柱时，最相关的制度是欧洲委员会，其具有动议的权力并负责政策实施（更不用说预算权力）。第二、第三支柱都是"政府间方法"。第二支柱被称为共同外交和安全政策，第三支柱现在官方称为刑事领域警务与司法合作。这两个支柱的政策很大程度上依赖于欧盟成员国、欧洲理事会、欧洲委员会或其他制度。当涉及冲突预防时，包括欧洲安全与国防政策的共同外交和安全政策支柱是最有意义的，既包括与国防、安全相关的活动，也包括危机管理。

不同程序不同制度决定着欧洲冲突预防的工具与活动，且以不同方式践行，如发展合作、外部援助、贸易政策工具、社会与环境政策、外交工具与政治对话、与国际伙伴与非政府组织的合作、危机管

---

① 根据 1992 年《欧洲联盟条约》，欧盟由三大支柱组成。第一支柱为"欧洲各大共同体"，涉及经济、社会、环境等政策。第二支柱为"共同外交与安全政策"，涉及外交、军事等政策。第三支柱为"刑事领域警务与司法合作"，涉及共同合作打击刑事犯罪，该支柱前身是"司法与内政事务部门"。

理领域的新工具。欧盟资助非洲和平基金（the Peace Facility for Africa, PFA）的计划加强了非盟介入维和行动的能力。欧盟委员会也创设了新的支持干预的适当金融机制，即稳定手段（the Instrument for Stability）。

第二节　欧盟对非冲突干预行动及特点

欧洲国家曾经介入非洲大陆各种冲突，增加了其处理非洲危机的军事义务。欧洲国家派遣部队参加了联合国在安哥拉、莫桑比克、纳米比亚、刚果民主共和国、卢旺达与索马里的维和行动等任务。但是联合国在索马里使命的崩溃、卢旺达的灾难、欧盟对巴尔干地区的介入终结了欧盟在非洲维和的短暂复兴。数个欧洲国家几乎完全从非洲国家的军事介入中撤出了。1994 年以来欧盟启动了与非洲的政治对话，自 2000 年以来欧非对话与合作获得了新的动力。

2003 年是特别具有象征意义的年份，因为欧盟首次实施快速反应行动，在非洲开展军事行动，即在刚果民主共和国的阿特米斯行动（Operation Artemis to Burnia in D. R. Congo）。欧盟对刚果民主共和国暴力冲突干预致力于其国家建设与和平建设。2002—2010 年年底期间，欧盟动用了 9.61 亿欧元，这并不包括紧急救援、食物援助以及难民援助等人道主义援助。"很显然，如果以财政与政治责任来衡量，刚果民主共和国对欧盟是至关重要的。"① 在欧盟理事会授权及共同安全和防务政策框架下，2003 年以来欧盟在刚果民主共和国实施了 5 项民事和军事行动。

一　欧盟冲突干预的民事与军事权力

1999 年 6 月，科隆欧洲理事会第一次把为更好地完善和协调非军

---

① Meike Froitzheim, Fredrik Soderbaum and Ian Taylor, "The Limits of the EU as a Peace and Security Actor in the Democratic Republic of the Congo", *Africa Spectrum*, Vol. 3, No. 3, 2011, p. 47.

事手段以应对危机的目标提上了议事日程，提及民警、人道主义援助、行政和司法机构的恢复、搜寻与救护服务、选举观察、人权情况监测等。2000 年 3 月，里斯本欧洲理事会决定成立危机民事管理委员会。欧盟将警方能力、加强法治国家、民事行政管理与民事保护列为四个优先领域，发展危机管理的民事方面，包括警察行动、民事管理专家的部署、民事保护干预。"几乎在所有重大干预中，平民混乱之后伴随着军事效能。我们需要更大的能力以便将所有必要的民事资源用于危机或后危机情景中，包括军事与民事能力。"① 欧盟非暴力性冲突干预主要关注民事危机管理，涉及金沙萨警务行动（EUPOL Kinshasa）、刚果民主共和国警务行动（EUPOL RD Congo）、刚果民主共和国安全部门改革（EUSEC RD Congo）、几内亚比绍安全部门改革（EU SSR Guinea Bissau）、非盟驻苏丹使团支助行动（EU Spport to Amis)② 等。

欧盟的干预行动优先强调非军事行动，但不排除军事手段。1991 年缔结的《马斯特里赫特条约》重新将经济一体化与安全和防务领域的政治一体化联系在一起。条约第 17 条款规定共同外交与安全政策包括所有与欧盟安全有关的问题，即人道主义和救援使命、维和行动以及包括重建和平在内的使命。1997 年的《阿姆斯特丹条约》修改了不充分的程序与政策，设立了共同外交和安全政策高级代表。在《阿姆斯特丹条约》签署后，欧洲各国政府有能力为自己装配军事能力，使欧盟有条件能够与美国伙伴达成协议或共同履行军事使命。1999 年 12 月，赫尔辛基欧洲理事会确定在 2003 年之内达到有能力迅速集结和保持能够共同履行《彼得斯堡任务》的力量，即 15 个旅，60000 人。然而科索沃战争使欧盟无能为力，被迫袖手旁观。为此，欧洲理事会 1999 年宣布，为了实施冲突预防与危机管理的彼得斯堡任务，③ 欧盟必须拥有独立行动的能力，由可靠的军事力量、军事力

---

① European Commission, *A Secure Europe in a Better World*: *European Security Strategy*, Brussels: European Commision, 2003, p. 12.
② 需要指出的是，后三项行动均带有民事与军事的性质。
③ 1992 年西欧联盟会议提出西欧联盟的危机处理任务，即人道主义救援与维和、危机管理与恢复和平等军事行动。

量使用手段以及意愿所支持，如 2003 年 6 月至 2003 年 9 月的阿特米斯行动（ARTEMIS）、2006 年 7 月至 2006 年 11 月的刚果民主共和国军事行动（EUFOR RD Congo）、2008 年 3 月至 2009 年 3 月的乍得—中非共和国军事行动（EUFOR TCHAD/RCA）等。

二 欧盟冲突干预工具的综合性

危机管理与冲突预防等欧盟对非干预问题充分地涉及政治、外交、军事、民事、贸易与发展等手段，其主要工具包括贸易协定、发展援助、人道主义援助、督察支持（pre-accession support）、政治对话。发展性贸易政策（Developmental trade policies）包括《欧洲伙伴关系协定》（European Partnership Agreements，EPA）、普惠制（Generalised System of Preferences，GSP），为非洲国家提供了欧洲市场的优惠准入。欧盟及其成员国是世界上最大的发展援助提供者，占全球发展援助的 56%，因而危机预防是发展政策的必要组成部分。2003 年欧盟在欧洲发展基金的框架下设立并资助非洲和平基金（African Peace Facility）。非盟在苏丹的行动（AMIS）接受了其中大多数基金以致力于和平支持行动。

更为重要的是，安全部门改革成为非洲国家更广泛的制度建设的一部分，如 2008 年 6 月至 2010 年 9 月几内亚比绍安全部门改革行动、始于 2005 年 5 月的刚果民主共和国安全部门改革行动等。"安全部门改革作为欧盟在非洲推动冲突后和平建设的关键举措，其目标是按照与民主规范、善治、人权、透明度和法治等'合理的原则'相一致的方式，强化国家安全部门适应本国内部和外部一系列安全需求的能力。"①

三 欧盟冲突干预的多边主义特征

欧盟冲突干预的多边主义特征鲜明地体现在自身干预制度与政策

---

① 郑先武：《欧盟区域间集体安全的构建——基于欧盟在非洲危机管理行动经验分析》，《世界经济与政治》2012 年第 1 期。

的多边主义特征、与联合国的密切合作、支持并援助非盟及其次区域组织的努力等方面。欧盟与联合国、非盟等其他组织共同致力于推动冲突预防手段的发展。1995年12月4日，欧盟发布了《非洲预防性外交、冲突解决与维和》的理事会决议，开启了与南部非洲发展共同体、西非国家经济共同体等次区域组织的对话。欧盟视非盟为和平、安全与地区一体化的关键性组织。2002年4月，支持非盟和平建设与转型活动的计划得以签署，其基本目标是为和平与安全理事会的操作性行动提供资助，特别是2005年4月至2007年12月的非盟驻苏丹使团支助行动（EU Support to AMIS）。

　　2003年的《欧洲安全战略》指出，"我们致力于赞成和发展国际法。国际关系的基本框架是《联合国宪章》。联合国安理会对国际和平与安全的维系负有基本责任。巩固联合国，使其履行其责任而且有效地行动起来是欧洲的优先重点。我们需要国际组织、机制与条约有效地应对国际和平与安全所受到的威胁，因而必须准备行动起来"。①2003年5月30日，欧盟在联合国安理会正式授权下，在刚果（金）实施军事任务。此次任务仅仅持续到2003年9月1日，却是欧盟第一次独立自主行动的军事任务。欧盟不仅承认联合国在维系国际和平与安全方面的基本角色，而且为联合国提高快速反应能力。因此任何欧盟行动会需要联合国安理会的授权，开展搭桥性行动（a bridging operation），随后其他部队（UN's blue helmets or forces from different regional organizations）会取代欧盟所提供的部队。2007年10月16日，欧盟理事会根据联合国安理会1778号决议（2007年）最终批准欧盟在乍得和中非共和国开展军事行动，成为联合国在中非共和国和乍得使命（MINURCAT）的军事部分。

四　欧盟对非冲突干预的预防性

　　20世纪90年代，欧盟开始在其政治与战略性文件中更加强调冲

---

　　① European Commission, *A Secure Europe in a Better World*: *European Security Strategy*, Brussels: European Commision, 2003.

突预防的概念，然而本质上当代欧洲冲突预防活动是欧盟制度框架的产物。1995 年 12 月 4 日，欧盟理事会在《非洲预防性外交、冲突解决与维和》文件中确定了一些指导原则，即与非洲统一组织的政治对话、支持冲突预防、管理和解决的地方活动等。按照此文件，欧盟对于非洲冲突预防方面的贡献在于提供早期预警、预防性外交、应非洲统一组织的要求通过西欧联盟提出而最后由联合国安理会做出决定而进行的维和。1996 年，欧盟委员会在《欧盟与非洲冲突问题：和平建设、冲突预防与超越》中指出，欧盟与非洲国家关系的目标在于实现结构性稳定，即确定"一种包括可持续的经济发展，尊重民主与人权，可行的政治结构，健康的社会和环境条件，不求助武力冲突管理变革的能力"。[①] 1997 年 6 月，欧盟理事会通过了《非洲冲突预防与解决》，该文件强调危机预防是发展政策的必要组成部分。1998 年 11 月，欧盟理事会再次确认了其政策，即发展合作在加强和平建设、冲突预防与解决中的角色。2003 年的《欧洲安全战略》指出，"我们需要有能力在国家恶化、人道主义状况出现之前行动起来。预防性介入能够避免未来更为严重的问题"。[②] 尽管欧盟的能力与期望之间存在着差距，但是欧盟在非洲冲突预防领域，从具体活动到主要文件做出了很多努力。

第三节　欧盟在刚果(金)冲突管理与建设和平的努力

一　欧盟在刚果（金）冲突管理的努力

刚果（金）是一个有趣的代表性案例，我们以此观察欧盟运用制度性框架以及不同支柱间协作而帮助刚果（金）冲突后建设和平

[①] Commission of the European Communities, The European Union and the issue of conflicts in Africa: Peace-Building, Conflict Prevention and Beyond, http：//aei. pitt. edu/4280/1/4280. pdf.

[②] ［意］福尔维奥·阿蒂纳等：《全球政治体系中的欧洲联盟》，刘绯等译，中国社会科学出版社 2009 年版，第 17 页。

的努力及其成效。刚果（金）的冲突是二战以来最惨烈的战争，1998 年以来致使 500 万民众丧生。[①] 对于"非洲的世界大战"，从一开始欧盟就介入并且寻求成为冲突管理与解决的主要参与者，在刚果（金）采取了一系列广泛的政策，致力于其国家建设和平。2002—2010 年年底，欧盟动用了 9.61 亿欧元，并不包括紧急援助、食物援助与难民援助的人道主义援助。欧盟在欧盟理事会的授权及其共同安全与防御政策框架下在刚果（金）实施了 5 项军事和民事行动。2006 年 12 月，欧盟委员会（the European Commission）、欧盟理事会（the Council of the European Union）强调，刚果（金）"已经成为欧盟进行冲突后建设和平的重点地区"。[②] 显然，如果从援助资金及其政治承诺来看，刚果（金）对于欧盟至关重要。为此，笔者意在以欧盟的刚果（金）冲突管理行动为案例考察欧盟在非洲和平与安全领域中的角色和作用、其作为和平与安全行为体的局限，进而为建设非洲和平与维护非洲安全提供一些思考及对中国对非战略提供一些启示。

刚果（金）是世界上第十一大国家，占据了非洲大陆心脏的战略位置，与 9 个非洲国家相邻接壤，地缘战略优势明显。受资源争夺、殖民纠葛、部族矛盾、政治纷争等诸多因素影响，刚果（金）国家局势长期以来一直处于动荡不安的境况，被联合国列为世界上最不发达国家之一。刚果（金）成百万人流离失所，反映了其长期且复杂的冲突，刚果（金）处于从冲突管理到建设和平的转型阶段与过程中。为了解决冲突后建设和平，外部力量介入 1999 年卢萨卡停火协议，要求联刚特派团（MONUC）监督和平进程。"刚果各派之间的对话"（Inter-Congolese Dialogue）也意在推进民主转型。2002 年，全国分权协议得以实施。2003—2006 年是选举的过渡期。然而暴力性冲

---

① Thomas Turner, *The Congo Wars: Conflict, Myth and Reality*, London: Zed Books, 2007; Gérard Prunier, *Africa's World War: Congo, the Rwandan Genocide, and the Making of a Continental Catastrophe*, Oxford: Oxford University Press, 2008; Filip Reyntjens, *The Great African War: Congo and Regional Geopollitics*, 1996 – 2006, Cambridge: Cambridge University Press, 2009.

② European Commission and Council of the EU (joint), *EU Concept for support to Disarmament, Demobilisation and Reintegration (DDR)*, Brussels, 11 – 14 December 2006, p. 4.

突活动仍在持续，特别是其东部地区。2010 年，联刚特派团改为联刚特稳团（MONUSCO）。2012 年 6 月 27 日，联合国安理会一致通过决议，决定将联刚特稳团的任务期限延长至 2013 年 6 月 30 日。在持续不断的冲突背景下，刚果（金）如何实现有效的冲突管理并进行冲突后建设和平是对其本身与国际社会的共同挑战。

出于对历史传统与现实利益的战略考量，欧盟企图干预刚果（金）的冲突，试图推动冲突后建设和平。2003 年以来，欧盟通过共同体行为（Community action）和共同外交与安全政策（Common Foreign and Security Policy，CFSP）两大支柱参与刚果（金）国家事务，包括欧盟在刚果（金）的选举监督、五项欧洲安全与防务政策（ESDP）行动等一系列行为。欧盟试图以此在刚果（金）冲突后管理与建设和平过程中扮演重要的角色。

鉴于欧盟委员会的承诺，其总体目标是稳定刚果（金）并且支持国家重建，即本质上是和平建设、国家建设。欧盟委员会所实施的政策主要围绕着发展与人道主义援助，由欧盟发展与合作总署（DEVCO）、人道主义与公民保护总署（ECHO）、对外关系总署（RELEX）管理。欧盟委员会在 2008 年至 2013 年在第十次欧洲发展基金中提供了大概 5.84 亿欧元。根据《刚果（金）国别战略白皮书》，50% 的资金投在基础设施，25% 投在治理，10% 投在医疗部门。其余 15% 用于环境方面、自然资源的管理、区域经济发展与一体化。此外，欧盟人道主义与公民保护总署直接向刚果（金）提供人道主义援助，在 2009 年达到 0.45 亿欧元。①

除了欧盟委员会所负责的发展合作与人道主义援助的传统领域，欧盟理事会在共同安全与外交政策框架下开展了 5 项民事与军事行动。2003 年 6 月至 9 月，欧盟在刚果（金）开展阿耳特弥斯行动（Operation Artemis），其三个重要目标是保护布尼亚（Bunia）难民营

---

① European Union, *EU Mission to Provide Advice and Assistance for Security in the Democratic Republic of Congo*（DRC）, Brussels: Council Secretariat, 2010.

中的难民；保护机场；推动刚果（金）乃至非洲大湖地区的整个和平进程。就行动的时间、范围和地理范围而言，行动是有限的，仅仅暂时地恢复了布尼亚的稳定，而没有遣返武装人员。[①] 2005 年 4 月，欧盟在欧洲安全与防务政策框架下实施了金沙萨警务行动（EUPOL Kinshasa）。在 2006 年 7 月至 11 月刚果（金）第一次民主选举过程中，为了支持联刚特派团，欧盟实施了代号为刚果（金）军事行动（EUFOR RD Congo）的第三次行动，其四个重要目标是支持联合国稳定金沙萨地区安全局势的努力；保护平民；保护金沙萨机场；针对公民脱离危险而采取有限的行动。这次刚果（金）军事行动，以武力威慑的方式遏止了任何潜在肇事者的破坏行动，保证了刚果（金）2006 年大选的顺利进行，刚果（金）的和平民主建设也由此得到保障。

2007 年 7 月，刚果（金）警务行动（EUPOL RD Congo）取代了金沙萨警务行动，行动范围从金沙萨扩展到刚果（金）全国范围，特别是其北基伍省、南基伍省。自此，刚果（金）警务行动致力于支持与警察及其与司法体系相关的安全部门改革。刚果（金）警务行动涉及安全部门改革（SSR），为刚果（金）安全部门改革事务高级领导提供咨询和支持，帮助组建功能与高效的复员机构，显然超出了 2000 年 6 月欧盟理事会所确定的《彼得斯堡任务》与危机管理的民事方面的范围。欧盟也依赖于另一项安全行动以支持刚果（金）政府重建其军队，即刚果（金）安全部门改革行动（EUSEC RDC）。该项任务从 2005 年 6 月 8 日开始运作，并于 2012 年 9 月将任务期限延长到 2013 年 9 月 30 日。欧盟安全部门改革行动意在促进刚果（金）部队的成功安置，负责提供建议和援助，同时推动与人权、国际人道主义法、民主标准、善治原则、透明和尊重法治相一致的政策。

---

① Charlotte Wagnsson, "Divided Power Europe: Normative Divergences among the EU 'Big Three'", *Journal of European Public Policy*, Vol. 17, Issue 8, 2010, pp. 1089 – 1105.

安全、司法与军队改革意在促进发展与和平，在冲突后管理、建设和平中发挥着重要作用。警务等欧盟传统任务范围从监督、咨询、教育与培训演变成针对警务改革与方法而提出建议。可见，欧盟安全与防务政策使命日益承担着包括军事、警务以及司法方面的安全部门改革、裁军、复员和安置（DDR）领域的新任务。欧盟委员会努力改革刚果（金）司法体系，直接有助于欧盟安全与防务政策行动的实施。在冲突后冲突管理与建设和平的过程中，刚果（金）从欧盟得到的支持不仅体现在欧盟提供的选举监督、民事行动上，还更多地体现在军事行动上。尽管裁军、复员与安置是欧盟参与冲突后建设和平的重要领域，[①] 但是欧盟委员会支持世界银行的多国复员与安置计划（Multi-Country Demobilisation and Reintegration Program，MDRP），向其提供了 0.23 亿美元的资金，并没有直接介入军队安置过程。

二　刚果（金）冲突的区域性及欧盟的应对

欧盟对冲突地区特性的理解与其单独聚焦刚果（金）的做法存在着差距。尽管当今世界上大多数冲突仍是内战，但是非洲大多数冲突带有地区性质。事实上，刚果（金）的冲突是非洲暴力性冲突地区化的基本例子，无法脱离其地区邻国。刚果（金）东部地区的冲突并未脱离邻近地区，因而对非洲地区政治的理解是有效介入非洲大陆暴力性冲突的前提。"刚果（金）—卢旺达的关系是解决冲突的关键因素，如果在构建刚果（金）和平进程时忽视了这层关系，所有的努力都会失败。"[②] 因此，这需要考察欧盟实际在多大程度上将冲突视为地区化的问题以及欧盟的看法如何塑造着其活动。

的确，欧盟明确地意识到应对地区冲突的重要意义，而且将其视为欧盟安全战略的重要威胁。在非洲大湖地区，这些冲突直接或间接

---

① European Commission and Council of the EU (joint), *EU Concept for support to Disarmament, Demobilisation and Reintegration* (*DDR*), Brussels, 11 and 14 December 2006, p. 4.

② Tatiana Carayannis, "The Challenge of Building Sustainable Peace in the DRC", Centre for Humanitarian Dialogue, 2009, p. 6.

地影响着欧洲利益。此外，这些地区冲突影响着地区稳定，破坏着人类社会与社会基础设施；威胁着少数族群、基本自由与人权。① 不过与其官方言辞相比，欧盟的政策与规划框架仍是国家中心的，而且局限于具体国家。欧盟主要是应对民族国家而不是地区。尽管这些冲突具有地区特性，但是欧盟难以在地区性冲突的背景下成功地介入与干预。

尽管欧盟国防改革援助政策是针对非洲背景而设计的，但是欧盟似乎假设国家保持着对有组织的安全力量的控制。然而这种假设在非洲许多地区往往是不恰当的，特别是在刚果（金）。欧盟持有国家主义视角，过于关注刚果（金）国家的正式结构。因而在刚果（金），欧盟意在确立国家层面的正式结构，尤其是通过其安全部门改革的努力。然而这种国家建设方法很成问题，因为统治机制本身就是个问题，而且是人道主义紧急情况的原因。刚果（金）长期以来是以无序、国家衰退为特点的。欧盟关注具体项目，希望看到直接的后果以向国内民众提供资源开支的正当性。然而在复杂的人道主义紧急状态下，长期目标令人难以置信的复杂，不可能很快产生后果。

暴力性冲突地区性所形成的复杂性、异质性对决策者构成了挑战，然而欧盟并未很好地处理跨边界问题以及冲突的地区层面，因为欧盟在刚果（金）的方法依然是以国家为基础的。尽管欧盟本身日渐在言辞上意识到冲突的地区层面，但是实际上欧盟机制并未很好地应对此问题。欧盟结构固有的安全治理与制度设置加强了国家主义政策的方法论，很大程度上无力采取真正的地区方法。② 为了调和刚果（金）冲突的地区层面，欧盟1996年设立了非洲地区大湖特别代表，但并未发挥足够的作用。"在评价欧盟在刚果（金）东部地区的努力

---

① European Union, *European Security Strategy* 2003, p. 4, http：//www. consilium. europa. eu/uedocs/cmsUpload/78367. pdf.

② Meike Froitzheim, Fredrik Söderbaum, Ian Taylor, "The Limits of the EU as a Peace and Security Actor in the Democratic Republic of the Congo", *Africa Spectrum*, Vol. 46, Issue 3, 2011, pp. 58 – 59.

时，评估欧盟实际上在何种程度上视冲突为地区性而且成功地将冲突的地区层面纳入其政策考量是必要的。……事实上，欧盟政策与计划框架仍受到单一国家层次上分析的限制。"①

欧盟对刚果（金）冲突管理与建设和平的方法的缺点是，欧盟过于关注刚果（金）政府而未能在更广泛的意义上解决暴力性冲突的根源。由于欧盟没有充分考虑冲突的地区背景并且采用有效的措施，因而欧盟成为一个提供资金而不是提供政策的行为体。即使欧盟强调了冲突的地区层面，而且据此设置了欧盟特别代表的职位，然而欧盟仍仅仅关注刚果（金）国家层面。并不像巴尔干地区的肯考迪娅（Concordia）行动与奥尔瑟雅（Althea）行动，欧盟在两次安全与防务政策军事行动方面并未意图在全国范围内行动，或者没有将刚果（金）冲突作为一个整体而管理。

第四节 欧盟对非干预制度能力与成员国利益诉求

欧盟的三大支柱（欧洲各共同体、共同外交与安全政策、刑事领域警务与司法合作）分别在刚果（金）的冲突后重建中发挥了巨大作用，但却始终未能形成一个统一的冲突管理机构。管理权碎片化地分归欧盟委员会、欧洲理事会、欧洲议会、欧盟外交与安全高级代表及各成员国所有，造成多头管理、责任不明的局面。"政出多门"使欧盟在刚果（金）的政策缺乏连续性、一致性，导致冲突管理秩序混乱无序。欧盟的方法似乎是综合性的，内容上是丰富的，然而欧盟并不是自己所描述的有影响的全球性行为体。欧盟对非洲的军事行动已经成为其对非政策的新手段，以牺牲综合的长期发展为代价却无法解决冲突的深层次根源，因而仅仅展现了特定的形象，而没有实施任

---

① Meike Froitzheim, Fredrik Söderbaum, Ian Taylor, "The Limits of the EU as a Peace and Security Actor in the Democratic Republic of the Congo", *Africa Spectrum*, Vol. 46, Issue 3, 2011, p. 57.

何实际且连贯一致的一系列政策。① 欧盟在刚果（金）的冲突后建设和平与冲突预防和干预在很大程度上涉及一系列广泛且不同的欧盟政策与制度。2009 年的《里斯本条约》并没有消除欧盟冲突管理活动中的分水岭。欧盟共同外交与安全政策具有政府间主义的特点，由欧盟理事会负责，然而欧洲睦邻政策是由欧盟委员会负责的。欧盟的制度特性影响着其努力的成效。

一　欧盟委员会与欧盟理事会之间的跨部门竞争

欧盟委员会与欧盟理事会的任务分工日益复杂，破坏着欧盟在刚果（金）的凝聚力。除了军事危机管理，就民事危机管理与安全部门改革而言，几乎欧盟在刚果（金）的所有努力都是在共同安全与防务政策下实施或发展援助计划的一部分。事实上，欧洲发展政策管理中心（the European Centre for Development Policy Management）强调部门间协调是凝聚力的前提，然而这在刚果（金）东部地区是缺失的。共同安全与防务政策所涉及的民事危机管理与安全部门改革的民事方面的持续扩展导致或至少加剧了这种竞争，也即政府间方法与共同体方法并未明显地分离。因此，民事危机管理框架下的活动不再仅仅由欧盟委员会实施。欧盟理事会日渐在非洲大湖地区与刚果（金）具有影响力。大多数警务改革的预算来自欧盟委员会，然而刚果（金）警务行动并未有资金方面的预算。财政资源与警务改革具体专业知识之间的脱节导致警察与发展计划负责人之间的严重差异。②

协调问题的关键在于如何将警务改革融合到更为广泛的国家建设与发展议程之中。2006 年，欧盟努力建构了一个共同的概念与计划以涉及刚果（金）安全部门改革的所有方面，但是未能克服制度

---

① Catherine Gegout, "EU Conflict Management in Afirca: The Limits of an International Actor", *Ethnopolitcs*, Vol. 8, No. 3 - 4, 2009, pp. 403 - 415.

② Thierry Vircoulon, "UNPOL Kinshasa and EUPOL RD Congo", in Giovanni Grevi, Damien Helly, and Daniel Keohane, eds., *European Security and Defense Policy: the First Ten Years* (1999 - 2009), p. 227, http://www. iss. europa. eu/uploads/media/ESDP_ 10 - web. pdf.

间差异。① 一些成员国独立于欧盟警务行动而实施自己的警务计划，如英国国际开发署的警务改革计划等。军事活动属于刚果（金）安全部门改革的领域；警务活动由欧盟安全与防务政策行动框架下的欧盟警务活动负责；司法部门属于司法改革的共同体计划（REJUS-CO），由欧盟发展总署负责。② 安全部门改革中欧盟不同行为体之间不明确的分工导致了欧盟委员会与欧盟理事会之间的政治争吵。例如当索拉纳办公室官员要求刚果（金）安全部门改革行动负责人制定刚果（金）安全部门改革战略时，欧盟委员会会感到被冒犯，因为欧盟委员会认为欧盟理事会超越了自身的责任。事实上刚果（金）安全部门改革行动的措施包括警务、司法等，然而欧盟委员会视其为自己的职权范围。③

二 长期性政策与短期性政策之间的冲突

欧盟制度能力的另一困境在于发展合作、共同安全与防务政策行动之间长期与短期的分野。欧盟委员会的长期性政策与欧洲联盟理事会的短期性行动之间有冲突和重叠领域，导致两个部门在交叉领域的对抗和竞争加剧，加大了冲突管理行动的复杂性，也削弱了欧盟的凝聚力与政策一致性。这种结构性的缺陷导致部门间缺乏同步性与有效交流，给欧盟在刚果（金）实现地区性重建的目标增加了难度。长期的发展工具往往难以适应共同安全与防务政策视角，反之也是如此。④

---

① Thierry Vircoulon, "UNPOL Kinshasa and EUPOL RD Congo", in Giovanni Grevi, Damien Helly, and Daniel Keohane, eds., *European Security and Defense Policy: the First Ten Years* (1999 – 2009), p. 227, http://www.iss.europa.eu/uploads/media/ESDP_ 10 – web.pdf.

② Laura Davis, "Small Steps, Large Hurdles, The EU's Role in Promoting Justice in Peacemaking in the DRC", New York, International Center for Transitional Justice, May 2009.

③ Caty Clement, "EUSEC RD Congo", in Giovanni Grevi, Damien Helly, and Daniel Keohane, eds., *European Security and Defense Policy: The First Ten Years* (1999 – 2009), p. 249, http://www.iss.europa.eu/uploads/media/ESDP_ 10 – web.pdf.

④ Meike Lurweg & Fredrik Söderbaum, "'Building peace from the outside': The role of the EU in the Democratic Republic of the Congo", 2011, p. 10, http://www.gu.se/digitalAssets/1349/1349861_ conf – 2011 – s – – derbaum.pdf.

作为共同体活动，发展援助由欧洲发展基金的预算资助；然而共同安全与防务政策的民事活动仅有有限的资源。"欧盟委员会在刚果（金）的拨款很大程度上是长期的，致力于广泛的发展合作问题，然而欧盟理事会在共同安全与国防政策的关切很大程度上是短期的，受制于有限的时间安排。"①

在欧盟委员会方面，短期的人道主义与长期的发展合作的相互影响仍然是困难的。此外，就在刚果（金）东部地区的政策实施而言，发展与人道主义计划不同的时间框架仍是最大的障碍。国别战略白皮书将发展合作界定为 5 年一个周期；然而人道主义计划仅仅设计为12—18 个月。不同的时间框架致使联合战略规划难以操作，反过来会导致活动的重叠或缺失。②

1996 年所设立的欧盟非洲大湖地区特别代表不仅为共同安全与防务政策行动提供政治指导，而且确保这些行动之间及其与其他各种欧盟行为体之间的协调。欧盟特别代表致力于超越共同安全与防务政策、共同体手段之间的制度性鸿沟。尽管如此，不同欧盟机构之间的严重张力仍然存在，强有力地限制着欧盟在非洲大湖地区作为和平与安全行为体的潜力。欧盟官僚性内耗以及制度性乏力、刚果（金）冲突的特点及欧盟的迟缓反应等因素极大地限制着欧盟努力的成效，破坏着政策连贯的任何尝试。③

三 欧盟成员国的利益诉求

欧盟在刚果（金）无力领导多边主义，不仅是由于欧盟委员会与欧盟理事会之间的竞争而存在的内部碎片化，而且是由于欧盟与其成

---

① Meike Froitzheim, Fredrik Söderbaum, Ian Taylor, "The Limits of the EU as a Peace and Security Actor in the Democratic Republic of the Congo", p. 53.

② Meike Lurweg & Fredrik Söderbaum, " 'Building peace from the outside': The role of the EU in the Democratic Republic of the Congo", 2011, p. 11, http://www.gu.se/digitalAssets/1349/1349861_ conf – 2011 – s – – derbaum. pdf.

③ Meike Froitzheim, Fredrik Söderbaum, Ian Taylor, "The Limits of the EU as a Peace and Security Actor in the Democratic Republic of the Congo", p. 53.

员国之间的合作与协调问题。"协调问题并不仅仅是欧盟制度的唯一问题。事实上，制度间互动的问题某种程度上至少是成员国的偏好与优先事项的产物。"① 欧盟对非冲突管理并未实施一个综合性的方法，反而受到一些颇具影响的成员国的主导和塑造。欧盟甚至为大国（特别是那些殖民国家）提供了一种在非洲前殖民地发挥影响的手段。欧盟成员国竭力追逐自己的国家利益，特别是比利时（前殖民国家）、法国、英国与荷兰。在某种程度上，瑞典、德国特别关注自己广泛的发展合作努力。作为欧洲对外政策的行为体，英国、法国、比利时、葡萄牙与荷兰因其国家与欧洲的双重角色而声称更多的声誉。

　　事实上，欧盟以援助条件与贸易政策对非洲冲突的影响是较小的，而且欧盟的介入在很大程度上受到以前殖民国与殖民地之间关系的塑造。② 自去殖民化以来，法国、英国与刚果（金）保持着密切的关系。刚果（金）与多个欧盟成员国有着千丝万缕的联系：比利时是刚果（金）的前宗主国，自约瑟夫·卡比拉担任刚果（金）总统以来，两国关系逐步得到改善；德国、法国等欧洲国家与刚果（金）有密切的经济、资源、贸易往来，一个稳定、和平的刚果（金）才更符合欧盟国家的利益。③ 因此，欧盟致力于推动刚果（金）的冲突后重建，这不仅有利于刚果（金）国家发展能力的恢复，也有利于欧盟从中获得相应的利益回馈和良好的国际声誉，还能使刚果（金）的成功重建经验以模本的方式扩散到非洲其他处于相似境地的国家和地区，使和平在其他冲突地区也得以建立。

　　由于共同外交与安全政策（欧盟安全与防务政策）是以政府间主义原则为指导的，因而一些成员国对欧盟在非洲的冲突管理政策发挥

　　① Stefan Wolff and Richard G. Whitman, "The European Union as a Global Conflict Manager", in Stefan Wolff and Richard G. Whitman, eds., *The European Union as a Global Conflict Manager*, London and New York: Routledge, 2012, p. 16.

　　② Catherine Gegout, "EU Conflict Management in Africa: The Limits of an International Actor", *Ethnopolitics*, Vol. 8, No. 3, 2009, pp. 403 – 415.

　　③ Catherine Gegout, "The West, Realism and Intervention in the Democratic Republic of Congo (1996 – 2006)", *International Peacekeeping*, Vol. 16, No. 2, 2009, pp. 231 – 244.

着重要的影响，特别是法国。① 原联合国秘书长科菲·安南要求在联合国部署更多维和部队之前法国领导一个多国部队进行干预。法国对此附加了干预条件，即联合国对地理范围与时间框架明确授权而且乌干达与卢旺达采取地区性政治支持。这些条件满足了，2003 年 5 月 16 日法国表达了参与行动的意愿。5 月 30 日，联合国安理会通过了 1484 号决议。法国担当框架国（framework nation）而且行动总部位于巴黎。在欧盟正式同意行动之前，法国承担着大部分计划。德国政府并未派遣军队，法国军队占了大多数。此次行动是"法国人的成功而不是欧盟的成功"②，因为在很大程度上是由法国国防部所指挥的。正是在法国的倡议下，欧盟成员国决定在欧盟安全与国防政策框架下实施行动，史无前例地没有北约支持的军事行动。最初法国所领导的行动的欧洲化使欧盟安全与防务政策行动成为可能。法国是这项行动的主要发起者、资助者与领导者。由此，欧盟真正的干预行动能力受到质疑。

强大的欧盟成员国确定着欧盟对非冲突管理政策的议程。为了帮助刚果（金）第一次民主选举进程期间的联刚特派团，2006 年 7 月至 11 月，欧盟再次在刚果（金）采取军事行动，确保刚果（金）议会与总统选举顺利且有序。德国是框架国，行动总部位于德国波茨坦。22 个成员国参与了行动，其中法国与德国军队占全部军队的 2/3。2011 年，应联合国请求欧盟再次派出以德国为主的维和部队支援刚果（金）大选。

在政府间主义所主导的领域，欧盟的角色极其依赖于成员国自己的利益观。尽管联合国为大多数欧盟安全与防务政策行动提供了合法性和战略性框架，特别是政治上颇具争议的军事行动，但是制度性合

---

① Gorm Rye Olsen, "The EU and Military Conflict Management in Africa: For the Good of Afirca or Europe?", *International Peacekeeping*, Vol. 16, No. 2, 2009, pp. 245 – 260.

② "Operation Artemis in the Democratic Republic of Congo", p. 148, http://eeas. europa. eu/ifs/publications/articles/book1/book% 20vol1_ part2_ chapter12_ operation% 20artemis% 20in% 20the% 20democratic% 20republic% 20of% 20congo_ kees% 20homan. pdf.

作并不总是转化成有效行动。2008 年秋，刚果（金）东部地区的叛乱致使 25 万人流离失所，致使联刚特派团在很大程度上无力行动。暴力性冲突产生了与 2003 年阿耳特弥斯行动相似的情况。欧洲与刚果（金）许多有影响的人物倡导欧盟实施一项安全与防务政策行动。法国与联合国维和部队建立合作关系以开通人道主义走廊的行动，而且一些欧盟成员国（如比利时、芬兰、爱尔兰、荷兰与瑞典）也不断游说。但是英国与德国反对任何行动。欧盟拒绝了联合国与公民社会组织的要求，即敦促欧盟帮助联盟干预刚果（金）的求助。欧盟个别成员国之间的双边合作在安全与防务方面扮演着重要的角色。刚果（金）军事行动使德国深感挫折。德国官员认为，联合国使其参与了一项无须的行动，而且欧盟成员国没有太监督其与联合国的关系。刚果（金）安全部门改革行动与联刚特派团的关系并不融洽，因为双方都质疑对方的方法。① 这导致了军事改革的碎片化，因而刚果（金）政府对任何有意义的改革都产生了怀疑。欧盟理事会决定不满足原联合国秘书长潘基文的要求，即欧盟安全与防务政策行动加强联合国在刚果（金）的部队。② 欧盟成员国的否定反映了成员国的利益诉求和优先事项，对欧盟有效干预非洲国家的意愿提出了质疑。

① Center on International Cooperation, *Annual Review of Global Peace Operations* 2009, Boulder, CO: Lynne Reinner, 2009, p. 53.

② Richard Gowan, "ESDP and the United Nations", in Giovanni Grevi, Damien Helly, and Daniel Keohane, eds., *Euroepan Security and Defense Policy*: *The First Ten Years* (1999－2009), p. 119, http://www. iss. europa. eu/uploads/media/ESDP_ 10 - web. pdf.

第六章　欧洲干涉主义的多角度透视

在国际关系里，欧洲和美国代表着西方资本主义国家的主要力量，多数国际干涉行为均由它们发动和实施。但与美国比较，欧洲人的干涉主义更加复杂也更难辨识。欧洲干涉主义不是单一层面的现象，也无法简单用对错好坏加以判别。作为一种立体影像，欧洲的干涉主义表达着一种有广泛社会基础的利益、方式和共识，它同时隐含着军事—政治强权、工业和市场能量、现代文明传播、国际规范制定、全球话语创新、地区整合示范等方面的内涵。这些方面既有所区别，又相互增强，构成不可分离的整体。笔者不仅提出了看待欧洲人国际角色的必要与难度，而且探索了自己的研究路径，用层层递进的分析框架和大量有说服力的事实，廓清了对欧洲干涉主义研究的一种新的综合视角。

在当代国际关系里，来自欧美强权①的各种干预行为和动议是影响最强烈、争议也最多的一种现象，包括军事、外交、政治、经济、文化、媒体等多方面，其范围之广、程度之深，几乎无事不及、无处不在。相比之下，俄罗斯、印度、巴西、南非、中国等非欧美大国及非盟、东盟等非西方区域组织只占有国际介入行为的很少一部分（笔者估计不会超过10%）。这一现象深刻折射出欧美国家对当代国际体系的主宰性质。不过，在"欧美"范畴下面，欧洲与美国有值得注

---

① 这里所指的"欧美强权"是一个广义的政治地理称谓，它同时涵盖日本、加拿大、澳大利亚等西方发达国家，但一般不包括中东欧各国。

意的重大区别：美国经常使用军事蛮力等较粗鄙的干涉方式，给世人的印象更加强硬、直接和简单；欧洲则更多采取比较精致和多边的形态，如反倾销贸易诉讼、外交斡旋调解、人权和气候问题评判、欧盟框架下向外发起的战略对话倡议、法德英等主要大国在联合国安理会的动议之类。用陈乐民先生的说法，欧洲人显得更有"文化底蕴"。[①]欧洲不论大国还是中小国家都有自己的介入方式（后者如北欧一些国家在国际安全事务中的大量援助和倡议），不论政府还是民间（包括各种活跃的社团和媒体）都有相对强烈而持续的国际观和外援手段；欧洲人的干涉偏好不仅有军事压制和经贸制裁等强力表现，还体现为体制、舆论和观念等方面的优越感和"先手棋"；当代世界的几乎所有领域和问题上都有欧洲人的声音、决议和印记。当笔者使用"欧洲人"的称谓时，确实想泛指处于那一区域的各个阶层和团体，指向的是这些阶层和团体普遍具有的态度甚至气质。欧洲人的国际介入观是长期形成的，与它的近代化进程不可分割，有着深厚的积淀与根源，在一定程度上变成了本能的冲动或本质的特征，其间夹杂着自信与傲慢、王道与霸道、进步与野蛮。欧洲人的对外干涉是西方世界主宰当代国际关系和全球发展进程的重要体现之一。与其他地区相比，欧洲的方式更加多样和有力，它们对区域外国家的制衡，是对全球进程的强力引导。无论"硬压制"或"软介入"，欧洲人的对外干涉是十分引人注目的当代国际现象，不仅对被干预对象产生了强大的压力，而且具有强烈的辐射或传染效应，持久深刻地影响着国际政治和外交过程。

　　对于中国来说，全面准确地研究欧洲人的干涉冲动，无论从哪个角度看都具有重要的意义。然而，在以往中国学界的探索里，这方面令人满意的成果似乎不多。陈乐民先生在《欧洲观念的历史哲学》[②]

---

　　① 　陈乐民先生在其著作《冷眼向洋百年风云启示录：20世纪的欧洲》（生活·读书·新知三联书店 2007 年版）以及《欧洲文明十五讲》（北京大学出版社 2004 年版）中，均有此类判断。

　　② 　陈乐民：《欧洲观念的历史哲学》，东方出版社 1988 年版。

《欧洲文明十五讲》等著作里，第一次以"欧洲学"的视角及提法，系统勾勒出欧洲人国际干预冲动背后的历史渊源和民族性格。他特别强调了从文明进化角度客观看待"欧洲"心态的必要性。周弘教授主编的《欧盟是怎样的力量》①沿袭着陈乐民先生的思考路径，更加广泛细致地讨论了当代欧洲的整体形象，包括它的文化基因、政治体制、经贸能量和外交风格等，揭示了诸如"民事普及力量"和"规范塑造力量"等关键词的意义。宋新宁、陈志敏、陈玉刚等学者对欧盟一体化进程和欧洲对外干涉倾向的各自分析②从不同角度提醒我们，欧洲人的国际观念和干涉言行远比中国大众媒体通常讲述的情景更加复杂多样，值得认真追踪、谨慎应对。近期中国学者关于欧洲一些大国军事干涉利比亚、科特迪瓦的解释，关于欧盟冷战后改造非洲战略和新世纪地中海战略的批评，关于应对俄罗斯、中国、印度、巴西、墨西哥等非西方新兴大国崛起的欧盟战略伙伴计划的剖析，关于打击国际恐怖主义、消除伊朗"核威胁"、解决包括中东和平问题在内的伊斯兰世界主要乱象的欧洲方案的说明，关于欧洲人在诸如全球治理提案、气候变化应对、债务危机防范、农业补贴政策、打击海盗行动、反倾销投诉过程、处置移民难民等议题上的国际倡议或对外发难，有不少新鲜有趣的讨论，限于篇幅，这里不打算一一评点。总体而言，笔者的观察是，尽管较从前有明显的进步，但对于欧洲人为什么如此热衷国际事务、动辄"下指导棋"的深层次原因，中国学界综合性、有深度的探讨不多。在本章中，笔者不奢望完全弥补上述缺失，仅以论纲的方式，扼要梳理驱动欧洲人干预国际事务的内在根源，从相互联系、彼此增强的六个侧面，对当代国际关系的这一现象做个大体透视。

---

① 周弘主编：《欧盟是怎样的力量》，社会科学文献出版社2008年版。
② 宋新宁：《欧洲联盟与欧洲一体化》，中国轻工业出版社2001年版；陈志敏：《欧洲联盟对外政策一体化》，时事出版社2003年版；陈玉刚：《国家与超国家：欧洲一体化理论比较研究》，上海人民出版社2001年版。

第一节　传统的军事—政治强权

前面提到美国人喜欢蛮力，其实欧洲人用武的时候也不少，英国、法国尤甚，例如它们在 2011 年科特迪瓦危机和利比亚战争中的角色。不管现在的欧洲人如何看上去举止文明并且对外部用武行为做怎样的辩解，他们的血脉里流淌着野蛮、粗鲁和暴力的某些基因。近代世界历史上的欧洲曾是帝国主义、殖民主义现象的始作俑者，提供了 20 世纪两次世界大战的策源地，长期扮演着奉行强权政治和霸权主义的主要国际行为体。从北欧的维京海盗（Vikings）到荷兰、西班牙、葡萄牙等海洋列强和殖民宗主国，从控制更大地理空间的"日不落帝国"——英国到后来发动世界大战的纳粹德国和法西斯国家——意大利，在欧洲工业化以降的最近几百年间，国际上充斥着来自欧洲人此类"强权即公理"的占领和干涉逻辑，强大的"炮艇政策"始终承载着所谓的"白人使命"。近代国际关系史的几乎每一页都书写着欧洲人的"第一次"：第一次发现美洲大陆并征服那里的各种土著；第一次踏遍包括赤道、南极、北极等地在内的全球所有大洲；第一次令历史上最强盛的文明古国如印度、中国、埃及等低头臣服且沦为附属地；第一次在世界范围推行海洋自由贸易与市场扩张政策；第一次强迫几乎所有不得不"开眼看世界"的域外国家接受欧洲人的宗教、法律、政治、经济制度乃至建筑、饮食和生活习惯……而所有这些"第一次"都伴随着军事镇压或其他形式的暴力征伐，无一例外带有"血与火"的深深烙印。这方面没有任何别的大陆和国家形态（包括美国、日本之类的"新帝国"）能与欧洲军事—政治（military/political power）强权相提并论。

如果说近代世界史见证了欧洲列强"军事开路、政治主导"的干涉外部路径，那么当代国际关系里更多呈现的是欧洲主要国家"政治先行、军事殿后"的路线图。后者尽管在形式上多少有别于前者，精神气质上却别无二致。英国在伊拉克战争中对超级大国美国的辅佐就是一个典型。时任英国首相布莱尔远比时任美国总统布什会讲政治，他用了"推翻独裁政权"而不是"搜缴大规模杀伤性武器"的说法，作为游说本国公众支持入侵他国军事行动的理由，而且在开战之前反复向国际社会宣读此一战役的必要性与合法性。近期法国主导的打击和推翻利比亚卡扎菲政权的联合军事行动，更加凸显出这个传统军事—政治强权的多面性。萨科奇本来与卡扎菲家族关系密切、合作甚多，法国多年来一直力主欧盟发展新时期、新样式的地中海战略，①试图以"民主/法治/人权"和"次区域经贸一体化"加"文化历史联姻"等多重手段，"充实"、"提升"、改造、演变北非和中东地区的相关国家。然而，面对始终棘手、不服管教的卡扎菲政权，遇上动荡的形势和插手的机会，法国乃至整个欧盟的中东—北非新战略"图穷匕首见"，军事暴力机器再次被放置于政治诱导过程的前头。

虽然在伊拉克或利比亚（以至科特迪瓦），欧洲大国在完成主要军事打击目标之后很快回到政治轨道，武力炫耀程度和伤亡水平比过去下降，但欧洲人旧时的帝国心态与手法并无大的改变。这是一种源自历史的基因与冲动，时光改变的只是具体的程序和做法，骨子里与生俱来的某些传统性格仍在顽固表现，仿佛某些人会有的"返祖"现象。这给我们的一个启示是，即便到了21世纪、全球化相互依存的"地球村"，哪怕欧洲强权讲得再漂亮、姿态再优雅，需要的时候它们也会毫不犹豫地大打出手。欧洲作为发源地和作为典型代表的现代国家之双重性质在此表现得淋漓尽致：超越中世纪的国内法治、人权、民主以及承袭旧时代的强权政治和军事压制。

第二节　现代工业和市场的力量

马克思和列宁很早就指出，现代资本主义的本质特征之一是国内

---

① 有关欧盟的地中海政策及新战略的内容，可参见倪海宁《欧盟的中东—北非战略调整刍议》，《欧洲研究》2011年第5期。

过剩的资本和生产能力不断地对外扩张，跨越和征服更多的区域外地理国家，国家的军事—政治强权多服务于资本内生的这一扩展过程。①今天的欧洲人之所以热衷于国际干涉，一个重要驱动因素是欧洲工业和市场的外向性、依赖性。我们列举几个简明但能说明问题的数字。几个世纪以来，欧洲一直领先世界的科学发明、技术工艺和机器制造，如今虽被美国、日本和一些新兴国家在多个领域超越，欧洲仍是全球最成熟、最强大的经济区之一。拥有 27 个成员国的欧盟，现在是世界上最大的综合经济体，经济总量约占全球的 1/3，贸易实力约占全球市场的 20%，在世界各地的投资总量仅次于美国；欧元还是仅次于美元的第二大国际储备货币，在世界各地各国越来越普遍地被作为计量生活水平和贸易交换的金融工具。②然而，欧洲虽然总体上内部市场规模庞大，但任何单一国家内部的容量相对有限，离开了外部的原料、销售、运输线和资本流动，多数欧洲国家将无法维系现在的生活水准和生产线。欧洲是比美国、日本等发达国家在内的世界上任何国家和地区更加依赖经济全球化与自由贸易的经济体，从而决定了欧洲人从政客到媒体直至公众都高度关注国际事务，热衷于参与全球治理，不惜动用资源干涉他国内政——不管是欧洲自主发动的军事外交（如欧盟在中东、北非政局动荡过程中的表现），或者借助联合国框架的维和行动（除常年提供大量兵员和装备之外，欧盟财政捐款占到联合国维和行动总预算的四成以上，远超其他捐助方）。经过长期历史经验的积累，欧洲既是现代工业体系的主要发源地，也是国际交换和各种贸易规则的重要制定者，同时是对不遵循现行秩序的任何国家或地区实行贸易制裁、军事镇压、外交训斥和媒体讨伐的策划源。世界上很少有国家和地区拥有这方面的"软实力"，对于欧洲人来说，如今发动针对其他地区的各种商业战、关税战或反倾销战，就像他们的先人发起各种海上运输安排和自由贸易倡议并在军事、政

① ［德］马克思、恩格斯：《共产党宣言》，人民出版社 1997 年版。

② ［意］马里奥·泰洛：《国际关系理论：欧洲视角》，潘忠岐等译，上海人民出版社 2011 年版，第 176 页。

治、外交力量的辅佐下攻陷无数封闭国家的城池一样驾轻就熟。欧洲是典型的西方工业与市场力量（industrial/market power）。

简要分析欧盟对利比亚局势的介入和欧洲人在若干国际事件的立场，可知经济或市场因素对欧洲人军事、政治和外交选择的影响。

众所周知，确保能源安全具有特殊的战略意义，始终是欧盟外交和安全政策的主要目标之一。整体而言，欧盟80％的石油进口和1/3左右的天然气进口来自中东、北非地区，后者曾长期是英、法、意等欧洲列强的殖民地，有欧盟"南部后院"之称。利比亚作为非洲最重要的石油产地之一，是欧盟第三大石油供应方，意大利1/5、法国15％的石油进口来自这个国家。① 几乎所有欧洲石油巨头均在利比亚有重要投资和产业，涉足勘探、生产、提炼和运输等各个环节。欧盟在把中东、北非地区视为出口和投资的重要增长点的同时，还有一石多鸟的其他目标，比如与异端极端恐怖主义进行斗争，抑制大规模杀伤性武器扩散，防止对欧洲的大量非法移民以及有组织犯罪，等等。而在卡扎菲执政的四十余年间，利比亚始终表现出特立独行、"不服管教"的个性，常常挑战和质疑欧盟的政策与提议（利比亚在卡扎菲执政时期是唯一没有加入欧盟合作框架的地中海南岸国家），既让各个老宗主国十分不满，也损害了某些欧洲石油巨头的利益（如2005年利比亚政府要求已在当地进行生产的外资石油公司重签协议以限制外资分成比例，导致外资份额的大幅下降）。② 说到底，法国牵头、欧洲一些国家出兵对利比亚的入侵和颠覆行动，是借利国内反对派抗议和政府镇压以及中东、北非全面动荡的时机，惩办"首恶"、杀一儆百。在关键时刻，借用马克思的说法，欧洲传统列强"撕下了温情脉脉的面纱"。

在看似不那么野蛮残暴的国际干涉举措或事件里，类似的逻辑也在重复展示。比如，欧洲很多国家之所以成为全球气候排放新制度安

---

① 倪海宁：《欧盟的中东—北非战略调整刍议》，《欧洲研究》2011年第5期。
② 唐虹、顾怡：《试析欧盟地中海政策的局限性》，《欧洲研究》2011年第5期。

排和会议的主要发起方和干预国，重要原因之一是西欧和北欧的多数国家已进入所谓"后工业社会"，其产业结构、能耗结构和消费结构需要更多新的、有利的国际安排加以保障。为此它们不仅根据自己的水平与需求向全球推广新的"低碳排放动议"及优势产品和高端服务，而且越来越多地责备甚至惩罚那些刚刚进入工业化发展阶段、不得不保持合理必要的碳排放空间的多数国家，尽管实际上后者履行和追随的不过是"后工业社会"的欧洲人自己过去制定的制度并且努力但艰难地朝着更加清洁高效的成长模式推进转换。可以想见，一旦新的国际气候公约实施，欧洲人的技术、产品、专利、咨询服务和培养模式会很快占据世界相关市场和行业利润的各个"制高点"。在全球新一轮贸易谈判即世界贸易组织的"后多哈回合"进程中，也有相似的场景：在欧洲人各种倡议及压力的背后，除开认识上、实践中有积极意义和正确的一面外，另一面始终包含着切下"新蛋糕"更大一块的考虑及手法。

第三节　现代风习的传播者

如果仅有前两节的分析，对于了解欧洲人的干涉偏好，不免过于浅表。笔者想强调的是，我们既不要光听到"人权""法治""民主"等善言信语，就以为欧洲人不会使用撒手锏；也不要因为军事、政治、外交的某些霸权行为，而把欧洲各种制度包含的积极成分一概抹杀。两者都是真实存在的，像一个硬币的两面，适用于不同场合和对象而已。相比美国超群的硬实力，欧洲人最大的优势不在器物层面，而是其积淀深厚、系统完备的现代体制和规范。欧洲国家在实施对外干涉时，不光有基于利益和战略方面的考量，也有现代体制和规范方面的内在推力。这些现在被常称为"软实力"的东西，确实给了欧洲人更多的优越感、自信心与干预底气。整体而言，与美国、日本等不同类型的西方发达国家相比，欧洲更像是典型的现代风习的传播者（civilian power）。

翻译和理解"civilian power"这个概念，并不是无须讨论的事情。现在中国学界多把它译成"民事力量"，估计一是想区别于"军事力量（military power）"，二是看重其对民众生活的渗透作用。其实，"民事"的译法是有问题的，不解释时容易造成混淆和误导。这里面最大的问题是，"民事"这个中文词汇无法揭示欧洲人使用"civilian"词根时实际包含的现代风习及制度安排内涵——一种不同于中世纪或更早时代的社会气质。哪怕我们暂时没有更好的译法，也要知道"民事"一词包含的歧义与局限。多数中国人做翻译时，并不十分在意把"civil society"表述成"市民社会"或是"公民社会"甚至"草根社会"。但欧洲人讲"civil society"时，一定先指个人须有私有产权和纳税方式（多为具备现代意识的城邦居民），尤指此类型的"公民"有自主、结社、选举等权利，并构成个体的人与国家政府之间组织化的社会力量。它揭示出欧洲近代资本主义脱出旧时封建制的关键，也提示了中国人说到此类概念时的重大盲区。在严格意义上，所谓"civilian power"，虽然词义上脱胎于古希腊城邦居民行权方式，却是近代欧洲文明的产物，代表着一种推广、扩散、输出源自欧洲的工业生产方式及其衍生出的社会存在方式之力量。

事实上，从全球范围考察，最近几百年间，欧洲一直充当着现代风习传播者的角色：它的海盗、掘宝人和水手向其他大洲输出了地图方志与坚船利炮；它的十字军、传教士和工程师向其他肤色人种传授了大型教堂和欧式建筑、博览会、赛马场、现代运动竞技、下水道和马桶、方便的医药器械和字母语法；它的外交使节、专家学者和各种社会团体向非欧洲的多数古老文明体系提供了现代法律法典、现代教育及留学制度、衡量国民财富的国内生产总值指标体系、政府财政预算的制定和国际贸易口径的计量、现代工会组织与新社会运动……现代国家始于欧洲，现代风习传出这个大陆，在不同地理方向引起了深刻而持续的改良、革命或动荡。从最初的殖民地改良措施到20世纪后期的可持续发展议题，当代全球化进程无疑肇始自欧洲工业革命。这是一个有特色的进程，越往后看特色越明显。与日本帝国主义在亚洲的侵略扩张不同，也多少有别于美国新帝国的全球霸权，尤其是20世纪中叶以降，欧洲人的国际干涉行为在多数时候更多地承载了社会含义，更多地具备了人的面孔，带有技术共享与自愿合作的形态，常常以"民事"方式自然传播，表达着普通人的内心习惯看法，而不只是国家政府的专横决定（尤其是军事机器使用上）。正如陈乐民先生所说，它更像是一种"文明扩张的进程"。

从国际政治与安全角度衡量，"现代风习的传播者"本是一种内生的力量，可当它被欧洲国家政府掌控，用来有意识地向外输出时，它就成为推广文明的力量（civilizing power）——一种典型的"欧洲中心论"驱使下的扩张强力。① 从老式的殖民主义意识形态（所谓"白人的使命"）到丘吉尔的强权政治主张和"铁幕说"，直至近来时任法国总统萨科奇关于法国对非洲军事干涉政策的辩解，这一点表现得淋漓尽致。"民事"与"军事"是可以转换、相互支持和增强的，"文明的"民间世俗风习的传播过程有时需要得到国家暴力"不得已运用"的保障。这是当代欧洲观念的特性之一，亦是我们理解欧洲人国际角色的要点之一。

第四节　国际规范的制定者

上面的讨论给我们一个启示：说到底，欧洲人的国际干涉是一种基于现代文明之上的自身规范的输出和自有体系的扩展。从国际关系的发展进程考察，这一点值得深入研究、反复琢磨。事实上，欧洲人在国际事务中最重要的作用是自觉充当国际规范与制度的起草人、宣讲者和推广机器的角色。比起军事的保护或干涉、经贸的输出或制裁、传媒的赞美或谴责，国际规范制定者（normative power）更是一种神重于形、内力发散多于外部强制、巧妙糅合了多种优势的力量，

---

① 有关"civilian power"和"civilizing power"的含义差别，可参见马里奥·泰洛《国际关系理论：欧洲视角》，潘忠歧等译，上海人民出版社2011年版，第178—181页。

按照约瑟夫·奈的定义，是"硬实力"加"软实力"形成的"巧实力（smart power）"。从当代国际体系观察，任何国家尤其是大国强国都拥有不同的硬实力或软实力，比如小国以色列超群的军事技能、日本特有的电玩和卡通业、中国的中医和烹调术，但很少有哪个国家和地区享有欧洲那样均衡全面的国际规范力。美国虽坐拥发达强盛、独步天下的军事工业综合体和教育科研体系，但由于众所周知的原因，在许多国际事件及场合，这个超级大国过分迷恋物质能力特别是军事力量，忽略外交及其他软因素，轻蔑联合国和多边机制的作用，无视中小国家和非国家行为体的声音，从而使自己陷入困局、失道寡助。当然，美国也有创建全球体系、运作多边机制、制定国际规则的强大能力，但"山姆大叔"对军事、科技等硬实力的重视明显强于对规范力、话语权等软实力的重视。欧洲人则不同，他们更有历史知识和文化修养，其社会宽容性和色彩丰富性都胜过美国，在对外干预时深谙"倡导"而非"强迫"方式的价值，在国际规则的制定、应用方面业已形成一整套的经验和做法。也许正是由于欧洲人的军事和科技硬实力无法超越美国，他们才更加看重有助于发挥其长项的国际规范制定过程。

在当代国际关系里，一方面，欧洲与美国是当今以联合国为代表的国际组织体系的主要缔造方，是各种国际军控和裁军条约、国际贸易与反倾销条文、国际人权与政治权利公约的关键诠释者。另一方面，由于有着不同于美国、日本的特殊历史经历，欧洲发达国家的公众、知识分子和政治人物相对而言更加注重对极端民族主义、法西斯主义教训的反思，更加注重自身价值与追求同国际法准则的对接，更加注重诸如保护民主和人权、反对死刑和酷刑、消除绝对贫困和悬殊收入差距、绿色环保和可持续发展理念等规范的实现。欧洲"重社会、轻军事"的政府预算结构与美国有很大不同，欧洲的各种新社会思潮和工会运动远比大西洋的另一端异于国家当权者和议会的立场，欧洲无论左派、右派还是中间势力都有自己的政治表达机会和意识形态影响，从而欧洲的政治社会多元化和社会文化弹性对争取高品质发展的非西方新兴国家有独特的吸引力。欧洲历史上曾经是全球范围逐步兴起的宗教改革运动、文艺复兴运动和现代思想启蒙运动的发源地，欧洲人今天依然是世界各地追随多边主义、自由贸易、绿色发展、反坝运动、《全面禁止杀伤性地雷公约》、防止小武器滥售等新趋势、新规范的创立者或带头人。我们的大众媒体较多地报道了德国、法国、英国、意大利等欧洲大国的外交言行，其实欧洲很多小国也有不俗的国际介入方式，例如，瑞士名列全球国际组织驻在相对数量最多的国家行列，它不仅有享誉世界的手表和巧克力制作，还创设了有"小联合国"之称、影响日增的达沃斯世界经济论坛；不管有怎样的争议，北欧小国挪威设立的诺贝尔和平奖成为当代国际政治和安全领域最有声望的奖项，北欧整体而言也是在当代国际安全领域为联合国提供维持和平经费、为非洲提供人道主义援助、为中东和亚洲冲突战乱地区提供各种形式外援[1]比例最高的欧洲次区域。

　　欧洲人在国际规范领域的多层次、多手段介入使得欧洲占据了当代全球格局的先手和要角位置。这与美国式霸权的强权逻辑与外表特征很不一样，因而更多地被说成是一种"温和的力量（gentle power）"。[2] 无论如何，"温和的力量"也是一种力量，它的潜移默化和深入人心带来的是更加持久、扎实的收效。有关欧洲规范力的研究还提醒我们，对于当代很多新兴大国来说，它们追赶西方硬实力的时段可以预期而且不难计量，但它们成长为国际规范制定者的前景并不那么明朗，肯定漫长得多。

第五节　观念创新的强大机器

　　上面的分析论述，使欧洲人在国际干涉中扮演的另一个角色得以

---

　　①　典型事例有关于中东和平的"奥斯陆进程"、有关斯里兰卡及印度尼西亚政治和解进程的北欧国家斡旋等。

　　②　［意］马里奥·泰洛：《国际关系理论：欧洲视角》，潘忠岐等译，上海人民出版社2011年版，第177页。

呈现,那就是率先进入现代化进程和缔造国际性体系的欧洲,不仅在全球军事、政治领域实施强权,在全球经济、贸易领域推进市场,在全球社会、文化领域普及"文明",在全球制度、法律领域建章立制,而且,这个在全球化道路上"先知先觉"、擅长"下指导棋"的欧洲巨人,同时具有现代启蒙者和观念缔造者的强烈自觉意识,在全球思想、理论领域大力创新,提出了无数引领风气的概念与学说。不夸张地讲,在当代国际关系范围内,欧洲与美国一道,是公认的最擅长观念创新和掌握话语权的力量(conceptual power)。

在近现代国际关系中,众所周知,法国人让·布丹(Jean Bodin)最早发明了"主权(sovereignty)"一词,它成为近代国际体系的核心概念。随着欧洲逐步占据世界政治的中心舞台,几百年间,欧洲人提出的各种"主义"和学说开始大行其道,如"改良主义""社会进化主义""社会主义""共产主义""社会民主主义""无政府主义""工团主义""重商主义""市场与经济自由主义"(亚当·斯密称为"看不见的手")以及"边际效用说""比较成本说""国家干预说"(约翰·梅纳德·凯恩斯所谓的"看得见的手")、"创造性破坏和资本主义周期进化说"(约瑟夫·熊彼特的术语),乃至晚近更加激进和形形色色的马克思主义流派、革命的列宁主义学说、"专制的"斯大林主义、意大利的法西斯主义、德国的纳粹主义等,凡此种种,不一而足。它们或者带来全新的进步气象,或者毒化了国家间关系,或者催生了大批的新产业,或者推翻了大量旧政权……不管有什么不同,这些"主义"和学说都越出了欧洲的自然地理范畴,漫溢至世界各个角落,造成国际体系的不断分化、改组、演进和质变。从国际关系历史看,世界上没有任何国家(包括强大的美国和苏联)产生出如此繁多的"主义"和学说,拥有如此强盛、持续的造词能量。

我们关注的重点是当代,因此,笔者试着归纳至今仍在散发影响的、来自欧洲的十种有影响的国际术语或理论,看看欧洲人在概念创新方面的强大实力。(1)在发展学说方面,著名的"罗马俱乐部(Rome Club)"早在 20 世纪 60 年代后期就提出了"增长的极限"与

"人类处在转折点"等多份报告，第一次发出对现行资本主义增长模式的强烈警讯，成为 90 年代初期联合国千年议程和推广"可持续发展"理念的基石。无独有偶，"气候难民"概念亦来自欧洲智库。（2）在国际关系学派方面，"英国学派"是美国重心之外当代世界唯一完备且有代际特点的理论学派，其对国际关系中的法理、公正、秩序的研究具有广泛深刻的影响力。（3）在地区一体化思想方面，欧洲人早期有联邦主义、功能主义、泛欧主义和普世主义的各种思潮，晚近有新联邦主义、新多边主义、新功能主义和新主权说等理论。（4）在国际政治经济学方面，英国著名学者苏珊·斯特兰奇（Susan Strange）对于"关系性权力""结构性权力"等概念的分析以及"政治"的再诠释，① 打破了美国人的国家中心论，大大拓展了这个分支学科的视野。（5）在安全理论方面，有巴里·布赞（Barry Buzan）有关"安全复合体"② 的思想，有约翰·加尔通（Johan Galtung）倡导的"和平学"，③ 有"哥本哈根学派（Copenhagen School）"对于国际安全范畴演化过程的探索，有和平与冲突研究的所谓"北欧模式（Nodic Pattern）"。（6）在外交政策方面，欧洲联盟是冷战结束后世界大国和国家集团中间首先提出"战略伙伴关系"概念及框架的地区，从对俄罗斯的战略伙伴关系开始，迄今欧盟已建立十个全球性重大战略对话伙伴渠道。④（7）在全球热点解决方面，最典型的有关于中东和平的"奥斯陆进程（Oslo Process）"，它实际上代表着北欧诸国在世界主要热点区域斡旋有关各方、建立谈判对话机制的大量和经常性的投入。（8）在周边策略方面，瑞典智库"斯德哥尔摩国际和平研究所（SIPRI）"最早提出重建北非及中东地区的所谓"发展—民主联动战略（development-security nexus）"，得到了欧洲主要国家及

---

① ［英］苏珊·斯兰吉奇：《国家与市场》，杨宇光等译，上海人民出版社 2006 年版。
② ［英］巴瑞·布赞、［丹麦］奥利·维夫、［丹麦］迪·怀尔德：《新安全论》，朱宁译，浙江人民出版社 2003 年版。
③ ［挪威］约翰·加尔通：《和平论》，陈祖洲等译，南京出版社 2010 年版。
④ ［比利时］托马斯·雷纳德：《战略的背叛：呼吁真正的欧盟战略伙伴关系》，《欧洲研究》2011 年第 5 期。

欧盟的采纳。（9）著名的瑞士达沃斯世界经济论坛从20世纪70年代建立至今，把每年一度发布的"世界经济展望报告"逐步推向世界，其严谨完备的衡量标准，成为现今全球经济的关键指标体系之一。（10）如果把视野放宽，广义地讲，欧洲的国际关系理论一向具有独特而扎实的根基，产生出爱德华·卡尔（Edward Carr）和雷蒙德·阿隆（Raymond Aron）那样丰富而开放的思想大家，激发出后来在美国大放异彩的建构主义思想。康德哲学更是公认的制度主义思想、跨国深度合作思想及持久和平论等理论学说的主要源头之一。

欧洲作为概念创新机器的特殊本领，除了近当代的各种体制性、战略性要素的作用外，当然还与欧洲主要语言（如英语、法语、西班牙语）的广泛使用有关。这一现象既与欧洲海外开拓及殖民的近代历史不可分割，也根植于欧洲的专家学者和媒体公众的独立自觉（包括拒绝美国的文化入侵）。对此，中国的研究界应有坦率的认知和细致的评估。

第六节　区域一体化的示范者

至此，不能不提到欧洲联盟作为一个整体的示范效应，这也是欧洲人国际形象的重要侧面，是欧洲不同于任何其他大洲的典型之处，是欧洲国家实施各式国际干涉行为的重要依托与枢纽。欧洲人之所以有很强的国际干涉欲望，在很大程度上与他们对于"欧洲"范畴之整体性和向心力的自信不可分割，同他们对于欧盟作为世界上比较先进和成熟的区域一体化形态的认知紧密相连。不论外部对于欧盟的干预与自傲有何非议，也不管欧洲一体化进程存在怎样的曲折，必须承认，绝大多数欧洲国家对于欧盟作为一种区域整体的力量（regional power），保持了强烈的信心并做出了持续的推动。从最初的欧洲煤钢联营到后来的欧洲共同体再到今天的欧洲联盟，从少数精英的理念设计到核心国家的启动直至成员国的扩展，欧盟的制度化和有序化乃至人性化的进程向不同地区展示了它的发达性和吸引力。

第一，与古代历史上的东方朝贡体系、近代国际关系中的殖民主义帝国主义体系、苏联时期华约组织和经济互助委员会、英联邦组织等有广泛记载并产生重大影响的区域体系或国家联盟形态截然不同，欧洲联盟是建立在成员国自愿加入和平等合作基础上的现代区域一体化方式。同时，在尊重各国主权的前提下，欧盟理事会、欧洲议会和各成员国原有决策机制之间建立起复杂制衡又能发挥各层次作用的特殊安排。① 欧盟框架下这种新的主权形态是对帝国权势的否定和对传统主权观的丰富，适应了大小不同的各个国家的需求。在当代世界各个大洲、各个地理区段和各种文明下面，欧洲率先发展成自我意识最为明确、认同感相对较强、区内国家整合效果得到公认的区域政治地理范畴。

第二，欧洲联盟建立几十年来的重大成就之一，是通过追求民主、人权与和平的价值，辅佐各种制度性保障与教育，实现了对传统欧洲列强野蛮争斗逻辑的否定，保证了欧盟内部成员不再以武力或武力威胁方式解决彼此间的重大争端，从而使这一地区成为世界上唯一制度化保证的不开战区域。欧洲人自己称之为"民主和平"，笔者相信它更是一种精细复杂的制度和规范逐渐约束而成的和平状态，其中既有各国内部民主体制和人道价值的作用，也有欧盟针对历史教训而精心设计和稳健发展的制度成效。考虑到欧洲历史上不计其数的野蛮征伐以及由它肇始的两次世界大战，欧洲团结的这个标志性成就具有相当的说服力，使仍然无法排除地区内部战争纷扰的世界其他地区产生了强烈的兴趣。

第三，欧洲一体化的"共享政治"和公共领域给社会力量的参与提供了广阔空间。欧盟内外政策的一个显著特点是，政府和议会不能垄断议事和决策过程，相反，商业集团、文化团体、知识分子、宗教组织、社会运动、游说机构以及各种跨国因素都有自己的存在与介

_____

① ［美］安德鲁·莫劳夫奇克：《欧洲的抉择——社会目标和政府权力》，赵晨、陈志瑞译，社会科学文献出版社 2008 年版，可特别参考第七章"欧洲一体化展望"，第634—672 页。

入。如果同其他政治和经济区域联合体相比（如东盟、非盟、北美自由贸易区或独联体），欧盟的国家及政治领导人的决定力相对较低，而社会参与程度相对最高。欧盟既是霍布斯意义上的传统国家联盟，也是卢梭意义上的跨国社会契约，还是康德意义上的和平合作共同体——世界上还没有任何区域形态同时具备这三个特征。正如马里奥·泰洛（Mario Telo）教授所指出的："欧盟具有其独特的权力能力，政治—军事方面的权力在欧盟的世界角色中只发挥了边缘性的作用。欧盟国际影响力的灵魂和核心，是其内部的社会—经济现实。这一点扎根于它的共同政策（竞争政策、共同市场政策、农业政策和商业政策等），及其通过多个合作协议与邻国和遥远的伙伴发展联系的方式之中。"①

第四，作为第二大全球性行为体，欧盟的存在也对传统的大国及其权势观念提出了质疑。欧盟及其主要大国的军事实力仍然相当强大，只是它明显不像美国那样隶属于军工复合体和大资本，而是受制于广泛的政治、社会、经济、文化因素。欧盟拥有自己的快速反应部队，以欧盟名义派遣了军队、警察和军事观察团执行联合国维和使命，欧盟海军同时是欧洲周边水域和东非打击海盗的重要力量，当然这些离不开成员国尤其是英、法、德、意等欧洲诸强的支持，而后者还经常不得不配合美国的全球军事战略（如北约在阿富汗的存在）。欧盟各国军费开支总体呈现缓慢而持续下降趋势，这一切又与欧盟安全与防务政策（包括反恐战略和诸如应对中东、北非动荡行动方案）结合在一起，形成了外交先于军事、软实力重于硬实力、规范作用大于强制效力的当代欧洲权势——一种具有进步动态但同时存在不确定性的复杂国际权力。

第五，欧盟的示范作用，很像是一种"最为先锋的制度实验室"。世界不同地区在观察它的一步步变革，借鉴它艰难行进却指向明确的

---

① ［意］马里奥·泰洛：《国际关系理论：欧洲视角》，潘忠岐等译，上海人民出版社2011年版，第180页。

一体化深度扩展。除开过去熟悉的完备的福利保障制度、发达的民主制度、富裕安宁的生活之外，欧洲联盟让人们见识了它的更多方面：既让外部看到它的新颖成就，如社会的有效参与和国家的良性再造、非战争方式解决内部分歧、经贸一体化的积极"外溢"、不断增强的集体认同感等，也让外界看到它的复杂矛盾，如欧盟扩大后的效率不如人意、货币指标与财政手段的不对接、对待本国公民和新移民的微妙差别、共同宣言与实际战略的不连贯、对内的多数民主政治法则与对外的强权政治逻辑不时的相互对冲等。长期来看，欧盟的存在和发展对于新的主权观、公民身份、多边主义、决策过程、民主改革及内政外交分野等重大议题均提出了自己的设计、尝试和修正，提供了有世界历史意义的样本、经验和教训。不管从什么角度观察，欧盟都像是一个位处前沿、不断投入新方案和新要素的试验场地，① 给全球各地的区域一体化做出了示范。

第七节　总结

欧洲人在国际关系里的干涉主义并非单一现象而是某种复合影像，即"传统霸权国家""经济强势国家""现代文明传播者""全球规范制定者""国际话语权制造者"和"区域一体化示范地"这样六个侧面的集成。这里，我们可做如下扼要概括。

第一，它折射出欧洲国家固有的传统军事—政治列强基因。尽管时代变迁导致欧洲人用武频率下降，但是，欧洲总体而言仍然是使用军事频率仅少于美国的国家武力集团。在当代多数时候和场合，欧洲确实把政治、外交解决方式置于武力手段之前，但绝不是说放弃使用武力和武力威慑。在需要的时候，欧洲巨人马上显露出其祖传的某种可怕面目，像它近期对利比亚的军事干涉表现得那样。

---

① ［美］霍华德·威亚尔达主编：《全球化时代的欧洲政治》，陈玉刚等译，北京大学出版社 2010 年版，第 17 页。

第二，它始终包含着经济利益和市场逐利的动机。作为全球最早的工业园区和成熟的市场经济，欧洲一向看重它在世界的经济利益，善于用各种手段保障和推进这些利益。不管如何唱高调，欧洲国际战略和外交活动的中心目标之一是使欧洲国家保持其在国际贸易、金融、能源和市场等领域的优势地位以及欧洲人较高的和稳定的生活水准。

第三，它代表着一种向全世界传播现代制度文明的无形力量。在欧洲近代几百年的进程中，启蒙运动、宗教改革和文艺复兴等革新率先培育了人权、民主、法治、自由等现代文明范畴，进而外溢至世界不同角落。这一过程无疑带有进步意义，体现了欧洲人的伟大贡献，但欧洲国家常常令推广的过程带有"欧洲中心论"的色调。

第四，在国际关系和外交场景里，它特别表现为国际规范制定者和推动者的重要角色。与美国看重军事、安全、战略等器物或硬实力的规则制定有所不同，欧洲人更加注意在贸易、环保、公民权利和落实法制等方面的规范塑造。因此，在国际社会的很多中小成员内心里，欧洲的软实力更有特色和吸引力。

第五，它还具象为实际的话语权和概念的创新力。在近代国际关系中，欧洲人这方面的能力无与伦比，从无数有世界后果及影响的"主义"到当代层出不穷、新颖别致的学派和理论，都留有他们的手笔与印记。重要的是，欧洲人既有掌握多种国际语言的优势，更有独立于任何大国与强者的文化自觉（包括优越感）。

第六，它最显著的特征或许在于欧盟的区域一体化示范作用。作为全球最早也最成型的地区共同体，欧盟集合了上述军事、政治、经济、贸易、社会和文化的多种优势，形成嫁接主权国家、公民社会、跨国力量网络和区域治理平台等要素的特殊而强大的国际行为体，既为欧洲各国及国民创造了发展先机，也使这一地区在当代国际体系中发挥着日益增大的作用，赢得了"全球最为先锋的实验室"的称号。动态、立体、均衡地把握所有这些侧面，人们才有可能全面深入地把脉欧洲干涉主义。

从一定意义上讲，我们研究欧洲人的干涉情结，不光要分析一般意义上的国际安全、贸易和外交过程，同时须对某种巨大而多变的"政治文化"复杂现象做出透视。单纯的、单一层次的观察可能得出与事实或趋势不符的结论。比如，简单从近年来军费开支的升降和航母的数量增减观察，人们可能认为欧洲（包括英、法、德、意等主要欧洲大国）越来越没有能力干预国际安全事态特别是危急情势；学究式地列举一大堆统计报表和财政金融数据，加上"投入—产出"公式的计算和各种资源评估，大众媒体及读者也许以为21世纪将"继续见证"欧洲无法挽回的衰落与非西方新兴大国命中注定的崛起和取而代之；单向度和情绪化的解说容易让听众甚至解说者自己既对欧洲权贵表面堂皇实则阴谋的战略图谋视而不见，又无法真正理解欧洲近当代文明的进步意义和扩张必然，分辨不清欧洲人"自由""民主""人权"说教的表面与"里子"。最令人担忧的是，由于过分简单判定甚至完全错误地盘算当代欧洲的力量和弱点，欧洲以外的各种力量（不管是超级大国还是新兴国家乃至非国家的极端势力）可能用鲁莽愚蠢或完全不必要的方式对冲欧洲的国际干涉主义，给自身以及世界带来诸多麻烦。就中国学界而言，一种不良的可能性是，在更多关注欧洲、转向这一地区、确定新对策的过程中，被欧洲生动复杂的语汇和学说所吸引所诱导，一而再、再而三地引进或批判的同时，始终缺乏中国人应有的思想反省和文化自觉，始终无法建设我们自己真正独立且有包容力的国际关系理论和战略学说。在新的时代背景下，中国需要创造性介入世界，也需要从欧洲人的经验教训里发现应有的启示。在笔者看来，不管承认与否、喜欢与否，欧洲过去是、现在是、整个21世纪将继续是国际体系不可忽略的"一极"，是全球化新阶段持续的一大动力源。它对于中国的压力和榜样作用同样重要，欧洲干涉主义将是中国和平发展、进步崛起的一块"试金石"。

第七章 借鉴欧盟经验发展中国的
国际治理学说

本书前面各章分别探讨了欧盟干涉主义的概念、其理论基础以及冷战结束后欧盟实施的若干重大干涉案例。不同的作者也许在评估这一现象上略有差异，但所有人都同意，这是值得中国学界和外交理论研究的现象，是可以从中借鉴吸收的国际关系现实。我们相信，不同读者从不同经历与兴趣出发，也可能读出不同感受与启示。

这里，作为全书的结束部分，笔者想更多地从中国实践需求出发，通过借鉴欧盟这一他山之石，看看能否发展出适合中国需求与国际形势的新的国际学说，我们自己为此能够做些什么工作，特别是长期使用的概念与理论需要做出什么修正与补充。显而易见，国际形势和趋势及中国自身的变化表明，我们的外交工作，应当适应新的时代和情况，努力发展出有中国需求和特色的不干涉内政学说，创造性介入全球治理进程。这里主要探讨两个问题：第一，中国为何要参与全球治理进程；第二，如何在理论上创新传统外交原则，使之适合新的需求与时代特点。

第一节 以负责任大国身份积极参与全球治理

这里要问三个问题：第一，为什么中国要积极参与全球治理？第二，我们如何参与全球治理，尤其是在敏感的安全和军事领域？第三，参与国际治理对我们自身提出了什么样的要求？

所谓"负责任大国"，包括两个方面：首先，对自己的人民负责，例如更好地保护海外利益，保障国内国际两个大局的统筹实现。其次，它也包含对国际社会和多数国家的负责任态度。这种态度，与全球化时代全球问题的严峻和全球治理的需求密不可分。中国拥有全球1/5的人口，又是全球新兴大国和联合国安理会常任理事国之一，必须关心外部世界的变化及对中国的要求。"全球治理"概念，简单地说，是指在全球化时代这样一种特殊的背景下，国际社会的各个成员（民族国家和形形色色的非国家行为体），在国际间的不同层次和框架下，依照联合国宪章精神和公认的各种准则，为解决日益增多的全球性危机和各种国际难题做出共同努力。这一概念强调了"全球"的特定范围与性质，也就是说治理不是单个国家的责任和权利，而是地球村所有成员的共同义务与利害关系所在。它把重点指向"治理"，要求各国及其决策者直面挑战，不回避压力和自身职责，确定自身参与这一进程的时间和方式，与国际社会其他成员一起应对全球性问题。从根本上说，全球治理要求的出现，是与经济贸易的全球化、信息时代的到来、全球性危机的加剧以及各国独自解决国际难题的乏力等因素联系在一起的。20世纪后半叶的经济全球化浪潮，排山倒海般地席卷了地球的各个角落。以在信息技术革命和经济开放下的市场为基础的全球化进程，不仅用巨大的穿透力，整合和重塑了地球上的生产、经营、流通、消费的诸方式，推动了技术的全球化、电信及运输手段的全球化、贸易的全球化、金融的全球化和生产的全球化，而且它造成了国家体系和国际经济关系的迅速改变，使传统的国家疆界内外正在出现新的关系。国家不再像从前那样具有无所不能的控制能力。跨国公司、行业基地、生产网络，变成全球化进步的中介和推动全球性问题传播的渠道。在这个过程中，全球性挑战逐渐显现，有些变得日益严重。例如，科学家们警告，因人类活动而引起的二氧化碳和其他"温室气体"的排放，增加了这些气体在大气中的浓度，如果不采取措施遏止排放量的增加，将导致地球表面的温度上升，造成难以估量的消极后果。它可能使沙漠化速度加快，使极端的天气现象（如飓风和干旱）增加，使良田减少或害虫增多，使"生态难民"跨国流动。难民现象也是这样。它产生的原因多种多样，如种族间的仇杀，国家与国家的冲突，自然饥荒、地震等，但不论何故，一旦出现它外溢到边界之外，成为国际性麻烦的情况，就逼迫各国及国际社会不能不一起应对。分析表明，类似的很多国际问题已具有总体特征，不是单个国家及政府所能处理的，如人口爆炸、粮食短缺、能源稀缺、环境污染、债务危机、毒品走私、核扩散、国际恐怖主义、贸易保护主义、国际金融安全等。这些不断恶化的问题，其作用范围及后果均是超国界的，其生成也不仅仅是社会制度或意识形态因素能解释的。正因如此，解决这些问题的努力也在全球化。这是相互依存的时代与从前的最大区别。国内政治常常成了国际政治，国内冲突直接或间接成为国际冲突导火索。"全球村"的意识，正是在这种境遇面前被不断激发和培育的。全球治理因而提上各国决策议事日程。

那么，如何认识当今全球体系的基本性质，如何取舍中国参与全球治理的切入点？我们时常听到的一种看法是，当今国际体系是由西方国家主宰的，反映了资本主义制度下少数权贵阶级的利益，中国的参与治理弊大于利、失多于得。根据这种推论，不管是地区层次还是全球层次的国际制度、规则与安排，多半是由欧、美、日等西方大国建立的。执行国际决议和办案时，这些有实际支配权的国家总是实行双重标准，凡是有利于它们的就大力推进，不论其他国家是否愿意或满意；凡是不利于它们的就全力阻挠，哪怕国际社会多数成员提出相反的意见与建议。以这种批评为出发点看待全球治理过程，批评者不止质疑中国参与的必要与可能，而且认为，中国作为共产党执政的社会主义国家，必须明确表达自己有别于西方资本主义国家的第三世界一员态度；让中国混迹于少数西方资本主义国家的"全球治理"阵营，无异于为虎作伥、自我作践，最终损害中国及广大弱小国家的根本利益。听上去振振有词的这类说法，实际上无法实行且于事无补。确实，迄今为止全球体系确实一直受到西方强国的支配，其中确实包含大量不公正不合理的成分，但这不是中国拒绝参加全球治理进程的充分理由，而恰恰是中国人提出适合多数国家利益和要求的全球治理目标步骤的机会。中国期待的和更多参加的全球治理，应当充分吸收过去很少发声但却代表实际人口多数的国际社会大多数成员的提议，应当纳入新兴的非西方大国的集体表达，应当有中国自身的改造措施。例如，在国际贸易体制新一轮谈判中，拟定中的规则必须考虑广大发展中国家适当保护自身新兴产业的诉求；在国际气候制度的后坎昆回合的对话里，中国人要求的减排规定须真正落实"共同但有区别的责任"原则；在联合国安理会下一阶段重大结构性改组的方案里，中国代表特别强调了"最大限度尊重多数国家意见"和"增加不同区域的代表性"的建议；等等。中国"积极介入"的立场，并不是否定过去在这些问题上的已有原则与说法，而是敦促我们涉外部门和人员更加广泛地征求各方面意见，更加仔细地权衡不同方案的利害关系，在国际谈判中更加主动地提出动议和修改意见。从哲学高度讲，由西方主导的全球体系和全球治理过程，转向一种更加均衡、合理和公平的样式，可能有快速质变的路径，即摧毁性、破坏性、革命的措施（如毛泽东时代中国人的选择），和另一种以量变带动质变的思路，即比较温和、渐进、改良的方法（这正是邓小平时代的核心）。综合各方面因素分析，中国不可能回到"文革"那种激进极端的时代，只能遵循改革开放以来选定的路线，也就是说，除创造性介入全球治理、积极做出中国人的贡献和导向之外，别无他途。

　　还有一点理由是没有积极参与国际治理的举动，中国保护海外利益的举措就很难得到各方的认同与接纳。想想看，现在有那么多的中国人走出去，在海外从事工程项目、留学进修、旅游观光、经商赚钱，中国人成了当代世界最大的国际活动群体，有了全球最广泛最大量的金融、贸易、商务等利益，不夸张地说是全球化进程的最大推动者和受益人，也最需要来自祖国各方面的保障，来自本国政府的维护与推动，来自亲人的关心和国家的提携。中国如果不对国际治理做出适量贡献，维护自身利益的努力也很难得到他国的认同与协助。权利与义务是对等的，没有这种平衡，享受权利的可能性就会下降。这个逻辑十分清晰。中国的大国意识既包括对自身上升着的外部利益的认知，也包含对不可回避的国际角色与担当的深刻理解；当中国领导人和外交公文一再宣示"中国坚持走和平发展道路"，这绝非只是一种外宣策略，不是忽悠他国的欺骗，而是经过几十年改革开放实践获得的认识，是千千万万中国普通人实际的感受和甘愿的选择。它不光意味着中国的成长不要走帝国主义扩张的老路，也深刻地表明中国不再依靠斗争、革命、战争等激烈冲击和你死我活的方式挣得未来，表明中国人民真心实意地期待用对话的、合作的、互利的、共赢的方式，实现中国国内的发展进步，加强对中国海外利益的保障以及中国与外部世界的良性再造。这样一种关系论，是中国对外战略之创造性介入的思想基础，是实现外交更大作为的出发点。它尤其是对"囚徒困境论"的抵制和超越，在持有这类看法的人和国家眼里，中国的崛起和壮大，包括中国外交和军事力量对海外利益的保护，事实上会重蹈二战前日本或德国军国主义扩张的覆辙，即用不顾及他国意愿、不尊重国际法的野蛮手段，把保护本国海外利益、扩展新的生存空间，视为单向度的、排他式的、对抗性和征服性的强权崛起过程。说轻一点，这类看法是误解；说重一些，它是偏见。中国参与全球治理的过程，就是对这类误解和偏见的最好回应。尤其是改革开放以来，中国以自身的大量实践告诉国际社会，我们既保护自身的国家利益尤其是新的海外利益，也力所能及地推动国际间各种共同利益的实现，为全球性难题的消解做出贡献。中国是联合国安理会常任理事国内维和兵员派出最多的国家，中国为防治全球温室气体效应在国内治理和国际承诺方面走在新兴大国前面，中国与印度等国一道为实现全球贸易谈判新一轮协定的公正合理性做了大量工作，中国可以说是近年来在为非洲大陆摆脱贫穷停滞、消解冲突隐患、加强非盟协调等事项的国际努力中投入较大也有较成效的一个大国。这样的事例还可以列举许多，它们很好证明了中国在当代全球治理中的日益积极的角色，证明了当代中国人对于国际社会和整个人类的新贡献。当然，这并非说我们国家在参与全球治理过程中没有改进和提高的余地。比方说，我们现在尽管是世界第二大经济体，但与某些大国相比，我们的外援品种、数量、方式都还不尽如人意，尤其是国际公共产品提供得还比较少，因而国际话语权和影响力同美国等西方强国无法抗衡，与中国不断上升的综合国力也不太相称。此外，国内对于政府参与全球治理的方式及承诺数额等也存在不少争议，在一定程度上制约了我们国家加大国际贡献的力度。不过，只要我们坚持改革开放的正确方向，坚持中国与世界互利共赢的理念与做法，假以时日，这些情况会随着中国国际化程度的加深和整体国民素质的提高而逐步得到改善。

从国际关系观察，原有的指导者、领先国、体系缔造者现在普遍处于乏力无为状态，但它们却占据了有利的、有力的位置，因而全球治理领域出现大量真空、赤字和供应不足的问题，导致各种全球性挑战及危机不断加剧。这些情况，也要求包括各种非西方的新兴大国加大参与的程度，积极投身国际治理进程，提出适合更大范围和更有代表性的方案，从而让21世纪的国际进步具有新的含义。在这中间，中国作为新兴国家中发展最快、实力最强、人口最多的大国，具有独一无二的责任与压力。例如，我们现在不仅进口能源是全球最多的，在全球气候谈判中也是压力集中的焦点；中国作为全球第一大贸易国，对于后多哈回合的全球贸易谈判，具有领军者和方案设计者的角色。不夸张地说，中国已经成为新时期全球进步与发展的主要动力和变量之一，离开我们国家的认真参与，包括中国人民和多数国家在内的整个国际社会不会有好的未来。

承担负责任大国的使命，不光是中央政府特别是外交部门的工作，也离不开其他方面尤其是军队和商务部门的支持配合。说实话，在经贸和文化等领域参加国际间的各种事务并承担一定义务，对于我们国家而言不算是太困难的事情。而在安全和军事等比较敏感复杂的领域，参与全球治理、承诺各种责任，则相对艰难和棘手。它需要军人有献身国际和平的准备，需要国家投入一定资源用于战乱之地，需要本国公众理解政府采取此类行动时的必要性。从各国情况比较来看，军事外交和国际和平领域的努力，特别能体现一个国家的国际责任和风范，看出它对人类进步与安危的贡献。尤其是在中国崛起的背景下，承担更大国际安全责任的目标，有助于消除"中国威胁论"和提升中国的国际形象，有助于在新时期更好地贯通国家安全与国际安全。狭义上说，它也有助于中国军队适应各种外部地理环境及气候条件，有助于维护我们的海外利益和主权权益，有助于中国人民解放军与国际意识日益增强的中国公众之间的良性互动。

大致梳理一下，这类国际责任和义务包括定期发表国防白皮书，向国际社会宣示中国政府的安全目标指向及维护方式，解释已做出的和理应承担的国际安全义务。自20世纪90年代后期以来，中国政府和军队已不定期地发表了多份国防白皮书，得到了国际社会的好评，朝着符合国际惯例的方向迈开了步伐。

据笔者的观察，现在可以改进的地方有以下三个方面。第一，使白皮书的发布制度化、定期化。我们可以在国防部外办下设置专门的机构与人员，统筹有关事务，将不定期的发布变为定期发现乃至年度发布。它类似外交部政策研究司每年出版的中国外交白皮书一样，成为中国政府和主管部门对外政策宣示的主渠道之一。这方面的资源并不需要很多，只要决策层高度重视，军事科学院、国防大学乃至地方的一些专家学者会积极踊跃地按照分工及要求做出应有的贡献。第二，加强对外界疑惑不解之处的解释工作。类似我战略导弹部队摧毁外空自身失效卫星的举措、中国海军在公海水域的演习、研制一些重大武器装备的目标、国防开支的用途，都可以有分寸地在白皮书里向国际社会做出宣示，强调它们的和平利用或正当权益的内涵，更有力地回击刻意歪曲的说法，消除不知情情况下的误解。第三，专门开辟章节，对于国际热点冲突和局部战争的性质做出仔细判断，对它们的分布、走势、根源及是非曲直加以全面分析。在笔者看来，这是大国军人不同于中小国家军队的特有态度，即不仅关注周边事态，也追踪全球动向；不仅在内心关注，也公开表达出来。这种态度的最大好处，是给中国政府在（譬如说）联合国安理会的立场奠定基础，赋予中国军队未来潜在的国际行为一种可预期性和透明度。

从目前情况看，我们特别需要加强对军队官兵有关国家的国际权利和义务、可能遇到的挑战及困难等方面的宣传教育，增强中国军人的国际责任意识。我们举一个例子说明这方面的缺失。在这些年国内见到的有关战争题材的影视作品、文学和戏剧创作里，包括那些受到广泛称赞的作品（如《激情燃烧的岁月》《士兵突击》《黄土谣》《山中，那十九座坟茔》等），宣传教育的指向多半是历史传统教育和爱国主义教育，却很少见到对中国军人在海外执行国际使命之艰苦卓绝的力作，尽管事实上有越来越多可歌可泣的事迹，有越来越多的英雄形象，如在执行联合国黎巴嫩维持和平使命中牺牲的中国军人，在战火纷飞的非洲某些冲突地带监督停火的中国军事观察员和修筑战备工事的中国工程分队，在政治经常失序、社会骚乱不已的中美洲国家海地或东南亚的东帝汶保障大选正常进行的中国军人和警察等。不要忘记，中国已是联合国安理会五个常任理事国中承担维和使命最重、派遣兵员最多的一个国家。不能排除，再过15年或20年，中国每年都会派出数以万计甚至十数万计的军人和警察奔赴五大洲、四大洋的各个角落的冲突地点，执行联合国以及国际社会委托的维护和平、增强安全的使命。很有可能，将来中国受托派遣的部队，不光是目前这种由以军事监督和观察使团、工程兵和医护人员为主的后勤大队、加上部分民事和武装警察构成的队伍，还包括一线作战部队、特种作战分队、海陆空多兵种联队和其他精锐部队。我们必须加强这方面的努力。

在未来，中国政府和军人可能会有更多的任务与使命。比如，维护本地区的和平与安宁，倡导区域性或次区域性的安全对话，采取增信释疑的步骤，推动建立符合本地区各国利益和愿望的安全机制；应对国际恐怖主义、宗教极端主义和各种分离主义势力对本地区乃至国际社会的共同威胁，与有关国家联手打击这方面的不法活动；对全球各个地区的冲突和热点加以实时监控，对国际间的各种骚乱、危机和军事冲突的加深或缓解状态，发布关切声明并采取适当遏制；根据联合国宪章的精神和安理会的有关决议，向发生战乱、冲突或有严重麻烦的国家和地区，派遣维持和平部队或军事观察团；依照各类国际法和国际组织的决议，对公海水面及洋底、极地和太空等人类共同遗产予以特别保护，监督其和平利用进程，对其可能遭受的危害或入侵予以有效遏止；预防和制止核武器、生物武器、化学武器等大规模杀伤性武器的扩散，加强国际间的监督管理，并对有关技术和材料实行严格的控制制度；加强对地雷及各种中小型武器的国际买卖、转让及使用过程的登记与监督，同时防止不良的军备竞赛危害地区稳定和全球共同利益；在联合国大会及各专门机构倡议和推动全球安全方面的讨论，对少数国家或国家集团在国际安全领域的霸权主义、强权政治行为予以抵制，引导国际社会朝着公正、合理的国际安全新秩序方向做出努力。这些都显示出一个负责任大国可能被赋予的全球安全责任。拉出这个清单，并非意味着中国现阶段就要承担所有这些国际责任，而是说明我们任重道远。新一代的中国军人如果希望对世界和平与发展做出应有的贡献，就不能不对此有所思考和准备。需要提醒的是，一个大国承诺的全球性安全责任，在特定的时刻与场合，是有可能与本国自身的安全利益和目标发生局部矛盾的，部分国防资源被占用和重大目标间的竞争自然也免不了。在当前阶段和未来一段时期，随着中国实力的壮大以及外界请求的增多，此类摩擦可能不断出现。如何根据国家利益优先的原则处理好这类矛盾，将提上决策层的议事日程。此外，根据国际需要承担大国义务，不可避免地会与少数国家或国家集团的既得利益发生矛盾，尤其是同个别超级大国维持霸权地位的图谋发生摩擦。这种情形是和平与发展阶段的中国不愿意见到的。但事情的发展并不完全取决于我方的意志。我们必须深刻理解矛盾的性质和动向，谨慎处理好这类有麻烦的国际关系。归根到底，上面提到的国际安全责任只有负责任大国才能承诺和执行，这种大国具有多方面的条件，首要之点是具备恰当的实力和战略。"打铁先要本身硬。"没有强大的国防力量，无法捍卫自身安全和利益的国家，是不可能受到国际社会的尊重和令潜在的麻烦制造者胆寒的，当然也没有资格谈论保护世界和平与人类安宁。说到底，当全球大国并不容易，它不只是带来好处，也增加责任。由此衡量，我们现在还没有做好充分的准备，不管是普通百姓还是决策部门。

特别需要强调的是，我们不能把参与全球治理当成是对他人的某种赏赐，也不能只是看到外部变化所造成的压力及由此带来的连带责任。我们要深刻认知下述道理：中国是新的国际关系的主要动能和变量之一，中国的前景更多地取决于中国自己的选择与国内发展状态，而这种进步的国内政治观来自于、深植于中华民族的责任感及对全球进步潮流的追随。

改革开放之前的中国，不仅处于现今国际体系的边缘，而且选择了"造反者"的基本方针和态度。尽管中国也先后加入了联合国和一些重大国际组织，但总体而言缺乏积极合作的热情与参与决策的策略。

我们在看到中国崛起、推动国际进步的美好愿景的同时，通过比照可以看清，中国发展仍然存在很大的不确定性，中国现有增长模式仍有痼疾。"生于忧患而死于安乐"，先贤的这句遗训继续适用于取得巨大进展、同时存在严重问题的今日中国。没有深刻的认知与反省，不会有恰当改进的方向与动力。从全球发展角度测量，国际间时政流行的所谓"中国力量"或"中国模式"的各种说法，更多的不是像国内某些媒体所说的那样在热情赞美中国，而是描述一种可畏不可敬、更不令外国公众向往的低层次发展及笨拙"体态"，主要指庞大中国经济的快速粗放扩张，尤其对各种矿石能源和自然资源的全球占有率、低技术含量的大宗商品的全球市场份额、碳排放总量的急剧上升和对全球生态的消极影响，多半是对精致严格、创意奇妙、高水准和前沿性等"好词"的反向解释。的确，离开中国古代哲人和工匠留下的令人赞叹的各种遗产，离开中国当代经济不断扩大的规模和令人咋舌的发展速度（里面又有相当部分是以中国人民长时间辛勤劳作、低收入和简单消费为代价获得的），我们在国际事务中能拿出来的、比较像样的品牌数量真的很少，由中国人在全球重大方向上直接推出和建制的东西确实无多。在全球政治外交领域的大量倡议，全球军事国防领域的无数"撒手锏"，全球科技方面层出不穷的尖端产品，全球文学艺术创造中的一批批领军人和新潮流，全球性组织和国际法范围的近期各种新规制，全球性学术和思想领域的各种新术语、新学派、新方法，尤其是那些预示人类未来前景、让年轻一代更加喜爱和乐意追求、建造更均衡与稳定的国际社会的重大制度性创新中，有多大比例来自当代中国人的贡献，又有多少可以贴上"中国力量"或"中国模式"的标签？几乎可以肯定的是，实现对这种远不是中国人民喜爱和期待，更不是伟大中华民族应当具有的粗放低端结构的彻底转型，是一个十分艰巨而漫长的过程，目前还远不是骄傲自满的时候。中国人国际责任的培育，与其说是教育鼓励全球视野与感受，不如讲是一种必要的自我鞭策，是自身进步的迫切要求。

站在外交和国际政治角度观察，中国国内进步今非昔比，中国公众的开放意识和进步需求在不断提升，但为何外界总是把中国与某些封闭、落后、一成不变的共产党执政的国家等量齐观，为何一些第三世界国家不断地把我们的国际战略与"资源争夺型"甚至"资源掠夺型"的西方传统列强对照，为何国际社会有相当多的朋友总觉得中国与那些麻烦国家、失败政权或不讨民众喜欢的独裁者走得太近，为何一些国际组织和机构老在批评中国在提供发展援助和安全援助方面"小气"、显得与国力不符？对此，我们需要认真想一想，仔细梳理归纳一番，看看这里面有多少是由于一些敌对势力刻意捏造和歪曲造成，有多少是因为官方外宣苍白无力所致，有多少是实际政策和决策思路的不当引发，有多少是缘于国人的国际意识薄弱，哪些属于毫无道理的指责，哪些算是误解与偏见，哪些是值得反思和改进的？这些错综复杂、充满变数的事情（及问题），都不是情绪化的反应、简单化的方式所能解决的。今天的中国人，既不可陶醉于新近萌生的"盛世情结"和沙文主义的梦呓里，也不应囿于旧时狭隘的"弱国悲情"和"受害者心态"的禁锢中，而应仔细审视和定位新阶段上的战略取向，朝着新兴大国、进取大国、风范大国、责任大国的方向迈进。一方面，现存国际秩序中仍存在诸多结构性缺陷，少数国家的霸权主义、强权政治仍对中国的崛起构成一定威胁，我们的海上通道安全、能源安全、粮食安全和主权安全等领域仍存在这样或那样的风险。对此中国不能不有所防范、有所准备，既要发展军事和国防方面的硬力量，也要建立建设性斡旋、创造性介入国际热点和利害冲突的安排（与机制）。另一方面，"打铁先要本身硬"。若要改造世界，先要改造自身。适应时代要求和进步标准的国内转型改制，是中国在国际事务中发挥更大作用的前提。我们必须牢记，当我们反复强调"发展中国家"的属性时，并非对外宣传上的托词，或是为推卸国际责任寻找借口，而是坦承中国目前发展所处的较低水平，包括器物层面的相对粗放、体制层面的相对落后和观念层面的相对自闭，是为着防止虚骄之气阻碍高水平的内部革新和外交审慎①。不管外界怎么解读"发展中"的宣示，中国媒体和公众要有清醒、准确的自我估计。保持忧患意识、谦虚态度和奋发图强精神，再有几代人的艰苦跋涉，中华民族重回世界伟大民族之林、为人类进步再做重大贡献的图景才可清晰显现。这不只是外交博弈和军事斗争的宏战略，更是宽视角和长时段意义上谋划中国发展及与外部世界关系的大思路。

说清这些，就知道作为负责任大国加入全球治理，并不是一件容易的事情。大国不仅可能展示大的布局、获得大的收益，大国也不得不付出大的责任、承担大的压力。权利与义务是一个硬币的两面。

---

① 2010年"十一"长假期间，很多人手机上收到一则短信，它是这么写的："十年后的新闻联播：1.中国在美国西部成功试验新型核弹；2.联大总部迁往北京；3.李克强总理在马英九省长陪同下视察台北；4.国足喜夺世界杯，首捧大力神；5.中方就误炸五角大楼向美方表示遗憾；6.沪指本周破百万点大关创新高；7.中国航母返回夏威夷基地补给；8.世行对中国控股感到欣慰；9.台海大桥顺利完成对接；10.日本地震，暂未发现生还者；11.人民币成为国际结算币种；12.中国公民出访无须签证；13.肯德基被烤羊肉串取代；14.方中天收购星巴克，全球喜喝胡辣汤；15.时代周刊并入报业集团，您成了本期封面人物。"这些听上去相当有趣和振奋人心的说法，似乎在表达中国百姓心中的强国梦和对时弊的不满。不过，仔细想想，里面真有不少狭隘排外甚至沙文主义的东西。

第二节　若干国际治理理论概念的丰富与创新

理论上，我们特别需要对以下几个原则或概念进行反思与再造。

一　不干涉内政原则的反思

我们先简要回顾一下中国不干涉原则提出的背景及它的原初含义。众所周知，中国曾与印度、缅甸在20世纪50年代共同倡导了和平共处五项原则，其中核心内容之一，就是"不干涉内政"原则。1953年，时任中国中央人民政府政务院总理周恩来，在会见印度政府代表时，第一次正式向对方提出了五项原则，即"互相尊重主权和领土完整、互不侵犯、互不干涉内政、平等互利、和平共处"，作为处理两国关系的原则。1955年4月，在印度尼西亚万隆举行了有29个国家和地区参加的万隆会议，发表了《关于促进世界和平与合作的宣言》，其中包括了这五项原则的全部内容。在中印等国政府的倡导下，和平共处五项原则在国际上产生了重要影响，已为世界许多国家所接受，成为处理不同社会和政治制度国家之间相互关系的基本原则之一。正如钱其琛在纪念和平共处五项原则提出50周年举办的国际研讨会上评价的那样："现实证明，在今天这一相互依存又多元多样的世界上，作为指导国际关系的基本理论，最有生命力的仍是和平共处五项原则。"[①] 这里，和平共处原则不只是强调各国间的尊重与和平相处，更重要的是，以不干涉内政原则为核心的要求，实际上反映出刚刚获得民族解放和政治独立、从殖民主义帝国主义枷锁下摆脱出来的一大批发展中国家的迫切愿望，即防止重新陷入受西方列强奴役、无法在国际舞台自主行事的境地。时至今日，这些原则依然有效，与其说是因为全球政治结构仍然表现为不平等、不平衡的状态，

---

① 吕传忠、荣燕：《中国聚焦：和平共处五项原则50年历久弥新》，2004年6月16日，新华社（http://news.xinhuanet.com/newscenter/2004-06/16/content_1528242.htm）。

是因为多数国家仍然无法按照自身愿望实现政治经济的彻底独立自主选择；毋宁说，它代表着受压迫者、弱势群体的共同愿望，折射出对国际政治现有秩序提出批评和抗议的那些国家的心声。

半个多世纪后的今天，全球形势发生了天翻地覆的变化，和平共处原则也处在不断调整和创新的过程之中。中国作为快速崛起的新兴大国，与印度等一批发展中国家进入了创造历史的行列，也对国际关系有了新的看法和要求，既是和平共处五项原则的倡导者，也是这些原则创新的最大推动力量。钱其琛的前述讲话鲜明地表达了中国的新认知、新诉求。他指出："第一，平等的观念应成为实现国际关系民主化和法制化的基础。国家有大小、贫富、强弱的不同，但在法律上是平等的，都有权平等参与国际事务。民主与平等原则，应在国际关系中加以提倡和履行。第二，树立互信、互利、平等和协作的新安全观。以对话增信任，以合作促安全，国家间的问题，应通过对话和平解决，不应动辄诉诸武力或以武力相威胁。第三，应尊重世界的多样性。不同文明间首先要相互尊重，和谐共处。各国应采取开放的态度，相互取长补短，共同进步。第四，应积极提倡多边主义。在全球化和信息化时代，各国相互依赖加深，任何国家都难以完全凭借自身力量维护安全。打击恐怖主义、保护环境、控制传染疾病、防范金融风险，都需要多边合作。多边主义是应对人类共同挑战的一条有效途径。要充分发挥多边机制的作用，通过国际合作，处理威胁与挑战。第五，应追求人类社会的可持续发展。当今世界发展问题依然相当严峻，南北差距仍在拉大，贫困现象更加突出。世界是一个相互联系的整体，应该开展互利合作，使全球化进程朝着互利、共赢的方向发展。"① 这里，对和平共处原则的强调转向新的方向，即各国应有公平合理的参与和决策权利。重点在于相互依存下的互利合作，这不意味着对缺失的视而不见，只是说，逐渐强大和自信的中国，现在不打

---

① 《钱其琛建议赋予和平共处五项原则新内涵》，2004 年 6 月 14 日，新浪网（http://news. sina. com. cn/c/2004 – 06 – 14/16082804022s. shtml）。

算以革命和暴力方式改变不公正的世界政治秩序，而是相信对话、合作、和平及不诉诸武力的改革与渐进方式的有效。

这揭示出不干涉原则总体的适用性和创新方向。中国在半个多世纪的对外交往中，始终坚持尊重各国主权和不干涉内政的原则，赢得了亚非拉广大新独立国家的支持，也为中国在国际社会的立足和发挥大国作用确定了独特的坐标。这一原则的关键在于，充分相信各国人民及其政治家的智慧与能力，深刻反思旧时强权政治和霸权主义的恶果，坚决抵制用外部移植的方式把当事国不情愿的方案强加于人。它之所以能够长期坚持下来，既和中国的战略远见与耐心坚持不可分割，也与多数国家实际的状况及对中国的需要联系在一起。根本上讲，这一原则也同当今世界依赖主权民族国家为主体成员的国际体系构造是一致的。没有了主权及对主权的尊重，国际体系将陷于以大欺小、以强凌弱的野蛮丛林逻辑而无法自拔。哪怕是那些经常违背这一原则的西方大国，也不可能完全地、彻底地抛弃它，因为那同时意味着在对外交往中国家利益至上、国家行为体主导外交和国际关系的近代国际关系全套理论与实践的失效。第二次世界大战之后的历史证明，中国一直是维护这一原则的主要大国之一，尤其是广大发展中国家在寻求政治独立和外交自主的政治斗争中的重要伙伴。在同样的意义上，中国作为联合国常任理事国和负责任大国，有理由也有可能不仅自己要继续坚持这一原则，而且应当在国际社会全力维护它的合法性、正义性和广泛效用。

与此同时，对这一原则加以丰富和修订，正在成为日益迫切的事情。全球化的加速发展和全球性挑战的严峻化，使得信息的传递更加迅速，使任何一个地点的坏消息及其严重后果的扩展超出以往任何时期。如果没有及时的介入和制止，一个国家内部的消极事态，很有可能不仅伤害本国本地区的人民，而且危及周边国家和整个国际社会的利益。内战的外溢就是一个典型事态。从波黑战争到海湾战争直至近期的利比亚战争均属于这类麻烦。据不同的评估数据显示，最近20年间，由内战或动荡政局诱发的国际对抗，占到地区冲突和局部热点战争总数的 60% 以上。因此，在新的时代，国际安全的保障，各国自身的稳定，乃至全球性治理的推进，都要求对于传统的不干涉原则做出某种修正，使之允许在保证当事方基本权利的前提下，尤其在与联合国宪章精神一致的条件下，由周边地区、一些重要国家和国际社会参与个别国家内部危机的解决。我们必须承认，在这方面，包括非洲大陆的不少国家在内，对于中国可能扮演的新角色有越来越多的期待与要求。

对于"不干涉内政"思想，不能做机械化的理解与解释。事实上，无论在中国外交字典里的一般含义，还是从中国外交在非洲的大量实践观察，这一思想有着清晰的、内在一致的含义，即一个国家的内部重大事务，特别是像政治制度、安全安排和治理方式及领导人选择这类关乎社稷民生大局的问题，应当由这个国家、这个民族、这个土地上长期居住的百姓来决定。外部世界如果尊重这个国家及其人民，积极帮助其实现上述目标，就不能视为干涉内政；反之，其他国家"越俎代庖"，譬如讲替人选择政权和领导人，接管安全事务或经济大权，则是对国家主权的剥夺和对这个国家内政的不恰当干涉。在此意义上，这里说的中国应当"加大介入"，不仅不是对我们的外交传统特别是不干涉原则的否定，相反是在新形势下对这一原则的丰富和发展，也是对当今世界某些主宰性力量之不合理不公正秩序的纠偏，是维护并提升中国爱好和平、主持正义和负责任大国形象的做法。

也许有人担心，积极参与国际事务、发挥更大作用，会不会使中国重蹈欧美列强干涉主义和霸权主义的覆辙，改变中国长期遵循的大小国家一律平等、尊重各国选择和不干涉内政的基本原则。实事求是地说，这种担忧并非没有道理。任何大国在积极介入国际事务的过程中，如果方式掌握不当，都可能被认为是在推行强权政治。从现实观察，一些受到广泛指责的西方大国，常常巧立名目、假公济私，把自己的野蛮干涉说成是"合法介入"甚至是"推行王道"。为有别于传统西方干涉主义，中国倡导的中国对外事务中的建设性、创造性介入，则应遵循以下准则。首先，在任何情况下都要参照联合国宪章的基本精神，讲求介入过程的国际合法性，比如说必须得到联合国多数成员的认可，特别是安理会的某种授权（至少是默许和不反对）。在各个专门领域，如海洋外空、气候环境、能源资源、人权政治、经社教育和各式公域，还应当参照不同的专门国际法律文书和实践先例，使中国可能的介入行为有理可依、有据可查。中国作为全球事务里的新来者，十分注意学习各种国际法和国际惯例，观摩分析老牌西方大国的经验教训，努力让自己的行为及宣示与公认的国际准则对接而不是冲撞。其次，中国的"创造性介入"，尊重被介入对象的权利与尊严，尊重国家主权原则和各国人民的自主选择原则。比如说，得到主权国家合法政府的邀请，受到介入对象民众中多数的欢迎，在缺乏唯一和公认的政治权威的情况下，力争获得尽可能多数的政治势力和民意的接受（例如中国近些年在苏丹的角色）。当中国的利益受到直接威胁或损害时（如近期发生在利比亚的情形），或者当中国的国际角色与当事国的政治意愿发生矛盾时（如中国参加的有关伊朗核问题的大国协商），中国的"创造性介入"要选择好时机，避免被其他大国捆绑裹挟，坚定地采取自主表态、自主进入或撤出的立场，同时耐心细致地与对立方保持接触，对冲或缓解针对中国的压力。这当然也是尊重多数国家意愿的一种体现。

二 主权原则的充实

上面提到的不干涉内政原则，主要基于对各国各民族自身权利也即主权原则的尊重。主权原则之充实与发展，在于注意它的衍变过程及未来趋势。一方面，它始终是国际关系的基石，是国际关系不可或缺的一个范畴；另一方面，它在不断充实和进化，灵活适应形势的变化。主权概念（sovereignty）产生于近代，至今已有四五百年。其间看似固定，实则演化不断。最早的主权指帝王君国不受教会束缚、自主决定辖地内宗教形态的权利，它与欧洲中世纪的状态有继承和超越的复杂关系。近代资本主义兴盛之后，帝国主义扩张冲动在西方列强那里日益强烈，主权命题遂朝着保护西方国家的整体权益、保障它们在世界各地强势介入的"自主性"方向演变，于是主权有了"对内完全自主做出任何决策、对外不受任何国际律令约束"之义。这也是近代国际体系诞生至今最重要的主权界定。应当说，这种界定有重大的积极的意义，它维护了民族国家作为主权体（民族国家）的基本权益，保证了一国一票的国际平等原则，是国家间订立协定、政府间机构组织活动的基本准绳。但古典主权概念的困境在于，它把主权行使的操作赋予国家（state），由国家政府对内对外表达"主权者"声音，尽管理论上"主权"应当来自国家范围内的人民，由人民来决定主权行使的方向与步骤。不知不觉中主权权力被行使主权的部门和决策者所掌管，由此出现国家滥用权力、政府不仅不顺从反而压制民意的可能性。在几百年间，主权的积极面与消极面始终同时存在，带来某些进步的同时令哲学家和政治理论困惑头痛，不能完全容纳时代的不断进展和觉醒公民的新意愿。

自冷战结束、进入 21 世纪以来，国际上所广泛认可的"主权"观念，对上述困境做了更多突破努力，总结了几百年的经验教训，被赋予了新的内涵。新的"主权"范畴，不再仅仅是过去讲的民族国家主体在国际事务上的自主性和不受干涉，它必须包含"国家（政府）对本国民众的责任""国家的领导者顺应而不是违背百姓意愿"这样的内涵。也就是说，当一个国家的政府采取与本国多数公众利益和意愿格格不入的政策时，哪怕曾经是合法上台和得到联合国席位的这个政府，也可能被剥夺某些主权权利、丧失国际尊重直至被推翻或改变。尽管这种理解被时常歪曲，一些强权政治和霸权主义的行为也容易让人迷失方向，但新定义的关键和不可扭转的指向是主权与人权不可分割，国家在外的安全性、发言权与国际席位，与国家对内的进步性、对民众的顺应、对专制的抑制之间，形成正比关系。从进步趋势看，如果主权行使者忠实地履行使命，建立起国家与社会的良性互动关系，充分保障了国民的政治、经济与社会权利，国际社会也会乐于提供这个国家的政府及代表人应有的尊敬与席次，这个国家将受到更多的保障并获得更大的安全性。说到底，"主权"范畴不是恒久不变的，而是不断变化的。对于具体的国家来说，"主权"权利不是固定的，不是一旦获得就永久不会失去的；相反，它是随着主权行使者（国家政府）的行为规范与自我表现而不断伸缩、或强或弱的。进步的国家有更坚实可靠的主权，退步停滞的国家可能被剥夺行使主权的权利（即使是暂时被剥夺，或部分被托管）。新的主权观代表着新时代的世界潮流，反映了国际社会多数国家发展至更高阶段的普遍要求。

由此可以看出，在当代国际关系里，主权的理论与实践正在发生深刻、持久的变化，变化的方向是更加重视人的价值，特别是公民个人的生命、财产的不可剥夺以及作为人的尊严；更加看重国家（政府）作为主权行使者对社会大众的保护责任和改善责任，包括政治权利的保障和经济福利的提升；更加强调民族国家的"共同体成员意识及义务"，即不仅拥有在尊重本国人权基础上的不受外部非法干涉的权利，同时遵守不以自身言行危及周边稳定和全球秩序的职责，把两者视为相辅相成的统一体（新主权者或新主权观）。主权是一个充满矛盾和张力的过程，是一个既充满苦涩、又富含希望的范畴。从狭义的进步而言，它带来了受压迫者的争取平等意识和自我解放实践，创造了19世纪中叶的欧洲多数国家、20世纪中叶的多数殖民地国家的争取独立权利的运动，推动着国际社会"向心圆"意识与规制的孕育、扩展。广义上观测，这一范畴的进步表现在最初的主权者（以欧洲中世纪后期的国家为代表）仅仅是君主向神权要求分权，或者说挑战曾经不可撼动的"君权神授"观念与安排，概念简单而狭隘，毫无大众、公民、个人的社会性内涵；近代至当代的过渡中，在较为发达的区域和较为先进的思想者那里，逐渐出现"人民主权"的观念，要求国家更多扮演"代理人"而非"至上者"的角色，要求对外政策的决定更多地征求和尊重公众的意愿；近期的发展动向是，更加推崇"国家与社会关系"的全新塑造，更加注重社会公众（纳税人）不可剥夺的知情权和参与权，更加尊重和更多保护个人的政治权利，更加强调主权权利与主权责任的统一性、主权行使与人权落实的一致性。

在上述进步趋势的大背景下，主权国家不仅被要求在事务上行使保护和改善的义务，也更多地被国际社会和舆论要求履行应有的国际责任。以20世纪90年代发生的萨达姆政权下的伊拉克对科威特的侵略和卢旺达国内种族残杀悲剧两事件为例，无论历史上伊科两国分分合合呈现什么样的状态，也不管后来美国大兵对伊拉克的占领多么遭人痛恨和非议，萨达姆政权对科威特的入侵和吞并，被广泛视为对当代国际法和国际关系准则的蔑视以及对其他邻国的巨大威胁，是对主权原则的背离和与主权政府责任的格格不入。在这种背景下，美英法多国部队随即在联合国旗帜下对伊拉克发动的驱逐性打击，得到了国际社会多数成员的认可与支持。卢旺达国内两大部族（胡图族和图西族）在1994年由于偶发政治危机诱发的彼此屠杀事态，不仅造成国家内部的混乱失序和严重倒退，而且带来涌向周边国家的难民潮和其他恶性冲击波，损害了所在地区的稳定乃至非洲大陆的形象。基于这种判断，联合国多数会员支持建立了有关卢旺达大屠杀的国际刑事法庭，"卢旺达悲剧"也成为危害国际安全和判断外部干涉时机的重要参照系之一。反过来讲，不管当事国政府在国内有多么高的选票支持或其他合法性基础，不论国内民生和政治人权如何，一个国家如果制造了国际性危机，或者滥用武力和武力威胁对付其他国家，损害了其他国家和国际社会的安全利益，也同样会受到普遍谴责，被质疑其动机、目标的合法性，直接间接地约束了这个国家的声望、影响力和作为主权者的行使过程。伊拉克危机中的美国，拒绝签署六方协议时的朝鲜，均属这类案例。

简而言之，一个国家之主权的弱化与强化，与这个国家对现代人类进步浪潮的适应或违背，形成了不可否认的正比关系。这是20世纪得到应验和强化的国际关系趋势之一。主权不仅是国际现象，是法理现象，而且是社会现象，是历史过程。主权现象同国家一样，是一个历史的范畴，因而理解它也应有历史的眼光。它是随着近代国家一同诞生的，它也将随着世界体系的变迁而改变自己的作用形式。主权又是一把现实的尺子，用它可以衡量当代国际政治的复杂性，以及民族国家同其他行为体的互动关系。主权观念是世界性的，但人们对这一观念的理解由于文化背景、历史条件、民族构成、国家实力、发展战略等的不同而大相径庭。对于有不同经历、不同文化背景、不同幅员人口、不同经济基础、不同军事实力、不同发展目标的各国而言，评说主权问题的角度、心态、利害关系自然不同。例如，有过受殖民主义奴役的经历或遭受过外国帝国主义压迫剥削的贫穷弱小国家，在主权问题上会更敏感、更谨慎。西方列强从未有过、也很难体察发展中国家的心情；相反，它们多半从权力政治和市场需要的立场推销自己的主张。民族成分比较单一的国家与民族构成比较复杂的国家之间，拥有自己的文明发展线索的国家与建国时间很短、文化渊源多取自外部的国家之间，地大物博、人口众多的国家与国土狭小、资源贫乏的国家之间，总之，背景相差很大的国家之间，在主权问题上很有可能采取不同的立场。在有的场合，给主权行使施加的限制是与不公正、不合理的国际秩序联系在一块的，很可能是西方国家从狭隘、自私的利益出发带来的结果；在另外一些时候，对主权问题的思索反映了世界相互依存趋势和国际社会认知加深的事实，反映出解决某些严峻的全球性问题的迫切需要。拿中国来讲，既是一个社会主义国家和发展中国家，又是一个处于迅速发展壮大阶段的大国，并且是联合国安理会的常任理事国和在其他一些国际组织负有重要责任的国家。这一事实决定了我们的政治家和外交人，在回答主权问题时，要有一个既符合国家利益又具备世界视角的看法。

三　不结盟原则的更新

中国在过去的三十多年间，也即改革开放以来的这段时期，始终奉行不结盟的原则，形成了广为人知的独立自主与和平发展的外交方针。这一长期坚持的方针原则，有它的历史成因和重大作用。

新中国成立初期，中国曾实行对外政策"一边倒"的方针，与世界上第一个社会主义国家——苏联结成了同盟关系。20世纪60年代，中苏关系破裂，中苏同盟也因此而消解。70年代初，尼克松访华以及中美交往的开启，使这两个社会制度、意识形态完全不同的国家，建立了针对"苏联威胁"的特殊关系（外界多称之为"准同盟关系"）。到了70年代末80年代初，中国进入了改革开放的全新时代，国际形势和内部变化都要求对以往的内外方针做出反思和调整。正是在这种背景下，中国改革开放的总设计师邓小平提出了"不结盟"的重大思想。其要点是中国不参加任何军事同盟和集团，不同任何国家或集团结成针对第三方的同盟关系；中国愿意在和平共处五项原则的基础上，与世界上所有国家建立和发展关系；中国自身属于第三世界，应当加强与第三世界的联系，支持一切被压迫民族的解放斗争和正义事业，反对霸权主义，维护世界和平。中国奉行的不结盟的对外方针，是为维护自身利益和发展所建立的既有原则性又有灵活性的务实立场。邓小平强调，中国的对外政策是独立自主的，同任何国家都没有结盟的关系，是"真正的不结盟"。应当说，这种不结盟的原则，反映出邓小平敏锐的时代眼光和战略胆魄，适应了内外需要，为新时期中国的外交奠定了一块重要基石。正是有了这一原则的指引，20世纪80年代以来的中国对外方针，始终高举独立自主、和平合作、互利共赢的大旗，全方位拓展了与世界不同地区、不同社会制度和意识形态的各个国家的友好交往关系，营造出有利于国内改革与建设的良好外部氛围。第一，这种不结盟原则，帮助中国在亚非拉世界结交了一大批友好国家，它们既不依附西方阵营或苏联阵营，也不愿对抗这两大集团，而中国的新立场使它们有了一个重要的朋友。第二，它使得世界上一些强大国家和集团意识到，中国是不可能被简单拉拢和结盟的，这是一个有古老文明也有新的觉醒意识的东方大国，是不可忽略的一个独立力量极。第三，中国的这种原则方针并非僵化不变，而是有着相当的灵活性与务实性的，与邓小平总体的改革开放方针和务实精神是一致的、对接的，它使得中国在国际范围被公认是不树敌、广交缘的一个大国。

这里特别要指出,在过去几十年,中国并非独自孤立地奉行着这一政策,同样坚持不结盟立场的,还有一大批国家。最著名的是不结盟运动(Non-Aligned Movement)。它是一个拥有115个成员国的松散的国际组织,成立于冷战时期,其成员国奉行独立自主、不与美苏两个超级大国中的任何一个结盟的外交政策。联合国中2/3的会员是该组织的成员国,全球人口的55%生活在不结盟运动国家。不结盟运动定期举行首脑会议,迄今为止已在前南斯拉夫、埃及、赞比亚、阿尔及利亚、斯里兰卡、古巴、印度、津巴布韦、印度尼西亚、哥伦比亚、南非和马来西亚等国举行了首脑会议。非洲联盟、阿拉伯国家联盟和联合国具有不结盟运动观察员的地位。参加不结盟国家会议的5个条件是奉行以和平共处和不结盟为基础的独立的外交政策;支持民族独立运动;不参加大国军事同盟;不与大国缔结双边军事协定;不向外国提供军事基地。不结盟运动的开展,成为第三世界崛起的、自万隆会议后的某种划时代里程碑。它的历史背景是,第二次世界大战后,一些民族独立国家为摆脱大国控制,避免卷入大国争斗,维护国家主权和独立,发展民族经济,采取了和平、中立和不结盟的对外政策。不结盟运动反映了第三世界国家人民要求掌握自己的命运,维护和平、致力发展的历史潮流,因而具有强大的生命力,在国际舞台上发挥了重要作用。中国虽然不是不结盟运动的成员,但始终与不结盟运动保持着密切联系,在各种场合给予这个代表广大发展中国家的国际组织以坚定的、全面的支持。在一定意义上讲,邓小平所制定、中国改革开放以来所长期奉行的不结盟政策,不仅是中国对自身优秀外交传统的继承和发扬,更折射出与广大发展中国家同呼吸、共命运的身份认同,尤其是适合了冷战时期美苏全球对峙对抗最严峻的那一刻,为世界多数国家不约而同所制定、所采纳的审时度势、趋利避害的外交策略。

今天,人类已进入21世纪的第二个十年。国际国内形势较改革开放初期有了天翻地覆的变化。一方面,国际范围新旧力量的争夺和交替进程加快,一批非西方新兴大国快速崛起,老牌的资本主义强国面临了许多麻烦和问题，全球化、信息革命和非传统安全现象等等，以从未有过的方式展示了在新时期国际关系下机遇挑战并存的复杂性；另一方面，中国经过几十年的改革发展和全面建设，综合国力和战略思维均大大提高，不仅经济贸易金融军事各方面的硬实力得到加强，而且自信心和应对国际局势的本领亦远胜从前，加上海外利益的不断增长和国际责任及权利的不断扩大，中国人有更多的理由和能力参与影响新时期的世界政治，创造性地介入国际安全格局下一轮的塑造。在国家安全形势日益复杂的条件下，依照新的情况和自身需求及实力，审视和再造不结盟原则的问题，变得越来越迫切和重要。这绝非意味着完全放弃不结盟方针，而是说有针对性地适度微调，创造性地加以丰富发展。比如说，我们可以在坚持不与任何国家和集团建立军事联盟的前提下，认真考虑建立各类国家"朋友"与区域战略支点的全球布局。在此基础上，我们不妨加大对于有战略价值的各个伙伴国（和各种国际组织）的投入，加大对存在重大潜在威胁的目标对象（国家或集团）的防范与约束。另外，根据国内未来一段时期的能源需求、外贸扩展需要、金融风险防范目标等线索，我们应考虑在外交和国际战略舞台上实施合纵连横的各种手段，建立多重预警机制和分层次战略疆域。"结盟"在国际政治和安全词典上的狭义解释，是我们既往反对的那种寻求建立国家间军事同盟、尤其是霸权支配下的压制性军事集团等的做法。而广义上的"结盟"，则可理解成区分潜在的"敌""我""友"，在国家利益基础上，用分化或结交的不同方式，应对复杂战的战略规划及行动。广义的选择战略或结盟策略，是在新阶段中国外交及战略规划部门必须适当应用的。

　　类似的理论探讨和思想创新，其实还有许多，如"保护的责任"的重新阐释，或者联合国集体安全体制是否正在"由维持和平向缔造和平转换"，等等。尽管它们存在这样那样的争议，学者和官员的掌握还需要较长时间，国际上的论辩亦不可能短期结束，我们的外交部门和外交人员应当至少了解这类新的说法及其根据。《创造性介入——中国外交新取向》提出："'创造性介入'讲的是一种新的积极态度，即在 21 世纪第二个十年到来之际，中国对国际事务要有更大参与的意识和手法。它要求中国的各个涉外部门和更大范围的中国公众，在坚持邓小平改革开放基本路线的同时，增强进取心和'下先手棋'，积极介入地区和全球事务，拿出更多的方案并提供更多的公共产品及援助，以使未来国际格局的演化和人类共同体的进步有中国的印记、操作及贡献；它也提醒我们对外政策的规划人和制订者，中国不能走西方列强称霸世界的老路，不能把我们的意志和方案强加于人，在积极参加国际事务的同时注意建设性斡旋和创造性思路，发掘和坚守东方文化和历史文明里'求同存异''和而不同''斗而不破''中庸大同'等成分，倡导并坚持'新安全观''新发展观''和谐世界观'等理念，谨慎恰当处理与其他国家和国际社会的关系，审时度势、统筹兼顾地提升中国在世界舞台的形象与话语权。这种新的'创造性介入'立场，既是对'韬光养晦'姿态及做法的（哲学意义上的）扬弃，又绝非西式的干涉主义和强权政治，而是符合中国新的大国位置、国情国力和文化传统的新选择。这一立场，将伴随中国和平崛起的整个阶段，逐渐形成国际政治和外交舞台的中国风格。"①笔者深信，能否丰富和发展不干涉内政原则，是检验创造性介入成败的尺度之一。非洲大陆曾长期是中国拓展国际合作、扩大自身影响的一个重要地区，也应是新阶段实现创造性介入、加大全球治理的一个恰当入口。我们有理由从中非日益密切的互动中提取样本及经验，推动建立符合国情也适应各方需要的外交新学说。

四　中国的整体状态和进取目标

近年来笔者多次强调，中国是新的国际关系的主要动能和变量之一，中国的前景更多取决于中国自己的选择与国内发展状态。

改革开放之前的中国，不仅处于现今国际体系的边缘，而且选择

---

① 王逸舟：《创造性介入——中国外交新取向》，北京大学出版社 2011 年版，第21—22页。

了"造反者"的基本方针和态度。尽管中国也先后加入了联合国和一些重大国际组织，但总体而言缺乏积极合作的热情与参与决策的策略。一个证明是，除了在20世纪50年代初的亚非会议上与印度等国倡导"和平共处五项原则"、70年代初期在联合国呼吁改造旧的国际政治经济秩序之外，中国人很少主动设计和提出自己的国际制度议案或其他重大国际倡议。改革开放之后，中国与国际制度之间的互动变得更加活跃，内涵也更加具有互利共赢的建设性。如世人见证的那样，中国人参加了越来越多的国际组织，把参与的过程与本国的建设与发展事业挂钩，国际化进程本身在中国日益成为衡量各级政府和社会公众自我提升的重要标尺。总体而言，到20世纪末期，中国在世界范围内成为经济全球化推进和国际制度影响扩大的重要动力之一①。例如，看看中国与世界贸易组织的关系，分析上海合作组织（SCO）或亚太经合组织（APEC）等区域性国际机制的扩展，我们就不难察觉上述态势。进入21世纪以来，特别是从最近四五年算起的一段时间，中国的发展益发引人注目，综合国力等硬实力大幅提升，外交与国际战略方面也更加得心应手。奥运会的成功举办和世博会的顺利召开等，象征着中国与国际体系的关系达到一个新的阶段，即中国被公认为世界范围内新兴国家快速崛起和力量体现的主要代表；各种国际机制和规范的作用发挥越来越离不开中国的参与和贡献；中国不仅早已埋葬"东亚病夫"的标签，而且彻底摆脱了国际制度缺席者或可有可无的角色，甚至被广泛认定从"主要受援国"的位置转向"重大资助方"或"决策者"的方位。客观地分析，虽然多数中国人并未承认这种所谓"全球定价人""主要责任方"或"供货商"的新定位，外部世界特别是主要国际制度决策圈内对此却有相当广泛的共识与议事安排。可以列举的典型事例有逐步机制化的二十国峰会（"G20"），全球气候公约制定过程（所谓"哥本哈根/后哥本哈根进程"）、全球

---

① 唐晋主编：《大国策：通向大国之路的中国政治（大外交）》，人民日报出版社2009年版。

贸易谈判进程（所谓"后多哈回合"）、全球核裁军和防扩散进程等。在所有这些关乎世界各国和全人类的重大国际制度的修改与推进中，中国的地位与角色得到前所未有的重视，不管是有诚意的邀请还是居心不良的压力。今天，可以说，下述判断名副其实、毫不夸张：缺少占全球人口1/5的中国人的参与，缺乏世界第二大经济体的赞同，没有这个新兴大国的政治意愿和安全保证，相关的国际制度和规范便失去了意义，其最终决议与安排的合法性和公信力都会大打折扣。从未来一段中长期时段预测，在不发生主要大国全面对抗的前提下，只要中国国内的改革、发展、稳定保持可持续性，将没有任何外部力量或突发事件能阻挡上述趋势。在世界政治经济、社会文化、环境保护、军事安全等各个领域，中国将成为各种主要国际组织与规章制度实现变革、发挥作用的主要动因与变量之一。

在看到中国崛起、推动国际进步的美好愿景的同时，我们必须指出中国发展的不确定性和中国现有模式的痼疾。"生于忧患而死于安乐"，先贤的这句遗训继续适用于取得巨大进展、同时存在严重问题的今日中国。没有深刻的认知与反省，不会有恰当改进的方向与动力。从全球发展角度测量，国际间时政流行的所谓"中国力量"或"中国模式"的各种说法，更多不是像国内某些媒体所说的那样在热情赞美中国，而是描述一种可畏不可敬、更不令外国公众向往的低层次发展及笨拙"体态"，主要指着庞大中国经济的快速粗放扩张，尤其对各种矿石能源和自然资源的全球占有率、低技术含量的大宗商品的全球市场份额、碳排放总量的急剧上升和对全球生态的消极影响，多半是对精致严格、创意奇妙、高水准和前沿性等"好词"的反向解释。的确，离开中国古代哲人和工匠留下的令人赞叹的各种遗产，离开中国当代经济不断扩大的规模和令人咋舌的发展速度（里面又有相当部分是以中国人民长时间辛勤劳作、低收入和简单消费为代价获得的），我们在国际事务中能拿出来的、比较像样的品牌数量真的很少，由中国人在全球重大方向上直接推出和建制的东西确实不多——试列举全球政治外交上的大量倡议，全球军事国防领域的无数"撒手铜",全球科技方面层出不穷的尖端产品,全球文学艺术创造中的一批批领军人和新潮流,全球性组织和国际法范围的近期各种新规制,全球性学术和思想领域的各种新术语、新学派、新方法,尤其是那些预示人类未来前景、让年轻一代更加喜爱和乐意追求、建造更均衡与稳定的国际社会的重大制度性创新中,有多大比例来自当代中国人的贡献,又有多少可以贴上"中国力量"或"中国模式"的标签?几乎可以肯定的是,实现对这种远不是中国人民喜爱和期待,更不是伟大中华民族应当具有的粗放低端结构的彻底转型,是一个十分艰巨而漫长的过程,目前还远不是骄傲自满的时候。

从外交和国际政治角度讲,尽管按中国官方的尺度(实际情况确也有根据),中国国内进步早已今非昔比,中国公众的开放意识和进步需求在不断提升,但为何外界总是把中国与某些封闭、落后、一成不变的共产党执政的国家等量齐观,为何一些第三世界国家不断地把我们的国际战略与"资源争夺型"甚至"资源掠夺型"的西方传统列强对照,为何国际社会有相当多的朋友总觉得中国与那些麻烦国家、失败政权或不讨民众喜欢的独裁者走得太近,为何一些国际组织和机构老在批评中国在提供发展援助和安全援助方面"小气"、显得与国力不符?对此,我们需要认真想一想,仔细梳理归纳一番,看看这里面有多少是由于一些敌对势力刻意捏造和歪曲造成,有多少是因为官方外宣苍白乏力所致,有多少是实际政策和决策思路的不当引发,有多少是缘于国人的国际意识薄弱,哪些属于毫无道理的指责,哪些算是误解与偏见,哪些是值得反思和改进?这些错综复杂、充满变数的事情(及问题),都不是情绪化的反应、简单化的方式所能解决。今天的中国人,既不可陶醉于新近萌生的"盛世情结"和沙文主义的梦呓里,也不应囿于旧时狭隘的"弱国悲情"和"受害者心态"的禁锢中,而应仔细审视和定位新阶段上的战略取向,朝着新兴大国、进取大国、风范大国、责任大国的方向迈进。现存国际秩序中仍存在诸多结构性缺陷,少数国家的霸权主义、强权政治仍对中国的崛起构成一定威胁,我们的海上通道安全、能源安全、粮食安全和主权安全等领域仍存在这样或那样的风险；对此中国不能不有所防范、有所准备，既要发展军事和国防方面的硬力量，也要建立建设性斡旋、创造性介入国际热点和利害冲突的安排（与机制）。另外，"打铁先要本身硬"。若要改造世界，先要改造自身。适应时代要求和进步标准的国内转型改制，是中国在国际事务中发挥更大作用的前提。须牢记：当我们反复强调"发展中国家"的属性时，并非对外宣传上的托辞，或是为推卸国际责任寻找借口，而是坦承中国目前发展所处的较低水平，包括器物层面的相对粗放、体制层面的相对落后和观念层面的相对自闭，是为着防止虚骄之气阻碍高水平的内部革新和外交审慎；不管外界怎么解读"发展中"的宣示，中国媒体和公众要有清醒、准确的自我估计。保持忧患意识、谦虚态度和奋发图强精神，再有几代人的艰苦跋涉，中华民族重回世界伟大民族之林、为人类进步再做重大贡献的图景才可清晰显现。这不只是外交博弈和军事斗争意义上的宏战略，更是宽视角和长时段意义上谋划中国发展及与外部世界关系的大思路。

回归本书主题，也可以说，当我们分析借鉴他人（包括欧盟）的国际学说及其经验教训的时候，我们能否建立自己的合适学说，取长补短又扬长避短，审视当下又放眼长远，让21世纪的国际关系打上中国积极贡献的印记。

作者简介

王逸舟（第六章、第七章）

王逸舟，1957年生，法学博士，北京大学博雅特聘教授、中国国际关系学会副会长、《国际政治研究》杂志主编。已出版专著十余部，代表作有《当代国际政治析论》《西方国际政治学》《全球政治和中国外交》《中国外交新高地》《创造性介入——中国外交新取向》《创造性介入——中国之全球角色的生成》等。主持完成"中国与国际组织关系研究""中国与非传统安全""中国外交转型"等重大科研项目。迄今为止，到过50多个国家及地区讲学和访问。目前主要研究方向是中国外交与国际关系理论。

王军（第一章、第四章）

王军，1975年生，法学博士。中央民族大学中国民族理论与民族政策研究院副院长、教授、博士生导师。学术专著有《网络民族主义与中国外交》以及《中国国际关系研究四十年》《民族主义与国际关系》等书（均为第一作者），译著有《中国大战略》（第一译者）。在《世界经济与政治》《民族研究》《外交评论》《社会理论》等杂志上发表论文30多篇。主持参与国家社会科学基金课题、部委课题多项。目前主要的研究方向是网络民族主义、互联网对国际关系的影响。

袁正清（第三章）

袁正清，1966年生，法学博士（国际政治专业）。现为中国社会科学院世界经济与政治研究所研究员、《世界经济与政治》杂志副主编、博士生导师。著有《国际政治理论的社会学转向：建构主义研究》，《中国国际关系研究（1995—2005）》副主编，译著有《国际社会中的国家利益》《干涉的目的》。承担和参与中国社会科学院的多项重大课题。研究领域为国际关系理论，国际组织和中国外交。

薛力（第三章）

薛力，法学博士，中国社会科学院世界经济与政治研究所国际战略研究室主任、研究员，主要著作有《中国的能源外交与国际能源合作（1949—2009）》（第一著者），先后在《世界经济与政治》《战略与管理》《当代亚太》《二十一世纪》《环球时报》《联合早报》等海内外报刊上发表学术文章与时事评论约60篇，主要作品有《中日关系能否超越历史问题》《台湾问题：一种建构主义的分析》《中国的建构主义国际关系研究（1998—2004）：成就与不足》《从结构主义到国际关系理论：一项系统考察——兼论华尔兹结构观的局限性》《国际关系的结构概念》《核能与天然气：后京都时代中国能源的关键》和《中国战略石油储备规模：缺陷与应对》等。

白云真（第五章）

白云真，中央财经大学政府管理学院国际政治系主任、副教授，广西大学中国—东盟区域发展协同创新中心兼职研究员，中央财经大学中国海外发展研究中心兼职研究员。研究领域为通识教育与人文教育、中国文化与财政哲学、国际理论与政治思想、中国战略经济与全球金融治理、国际组织与政治经济学、国家安全与外交能力。讲授《政治经济学导论》《全球政治经济学》《国际关系理论导论》《儒家经典导读》《全球化进程中的中国》《中国政治哲学导论》等专业或通识课程。已出版著作9部、译著6部，发表学术论文40余篇。

谭秀英

谭秀英，1951年生，中国社会科学院世界经济与政治研究所编审，曾任《世界经济与政治》杂志常务副主编、编辑部主任，现任国际关系学院《国际安全研究》杂志主编，主持中国社会科学院重大课题"中国外交六十年：历史、利益与战略"，主编学术专著《中国外交六十年》。参与完成中国社会科学院重点课题"论文明的交流与选择""新中国国际问题研究五十年"，参与完成14部著作的写作与策划、编辑工作，任《世界经济统计》副主编。

参考文献

中文著作

[1] 艾四林等：《民主、正义与全球化——哈贝马斯政治哲学研究》，北京大学出版社 2010 年版。

[2] 陈乐民：《冷眼向洋百年风云启示录：20 世纪的欧洲》，生活·读书·新知三联书店 2007 年版。

[3] 陈乐民：《欧洲文明十五讲》，北京大学出版社 2004 年版。

[4] 陈乐民：《欧洲观念的历史哲学》，东方出版社 1988 年版。

[5] 陈玉刚：《国家与超国家：欧洲一体化理论比较研究》，上海人民出版社 2001 年版。

[6] 陈志敏：《欧洲联盟对外政策一体化》，时事出版社 2003 年版。

[7] 关呈远：《零距离解读欧盟外交官的前沿报告》，中国人民大学出版社 2009 年版。

[8] 郝时远：《帝国霸权与巴尔干"火药桶"》，社会科学文献出版社 1999 年版。

[9] 孔刚：《欧盟共同安全与防务政策（1999—2009）》，军事谊文出版社 2010 年版。

[10] 刘泓：《欧洲联盟：一种新型任梦共同体的建构》，中国社会科学出版社 2008 年版。

[11] 马珂：《后民族主义的认同建构及其启示：争论中的哈贝马斯国际政治理念》，上海人民出版社 2010 年版。

[12] 宋新宁：《欧洲联盟与欧洲一体化》，中国轻工业出版社 2001

年版。

［13］唐晋主编:《大国策:通向大国之路的中国政治(大外交)》,
人民日报出版社 2009 年版。

［14］王铁崖主编:《国际法》,法律出版社 2002 年版。

［15］王逸舟:《创造性介入——中国外交新取向》,北京大学出版社
2011 年版。

［16］王逸舟:《创造性介入——中国之全球角色的生成》,北京大学
出版社 2013 年版。

［17］余南平:《欧盟一体化共同安全与外交政策》,华东师范大学出
版社 2009 年版。

［18］张迎红:《欧盟共同安全与防务政策研究》,时事出版社 2011
年版。

［19］周弘主编:《欧盟是怎样的力量》,社会科学文献出版社 2008
年版。

［20］中华人民共和国国务院新闻办公室:《国防白皮书:中国武装
力量的多样化运用》,2013 年 4 月。

［21］中华人民共和国国务院新闻办公室:《2010 年中国的国防》白
皮书,2011 年 3 月。

［22］《秘书长关于联合国科索沃临时行政当局特派团的报告》,2003
年 10 月 15 日。

［23］《秘书长关于科索沃临时行政当局特派团的报告》,2000 年 9 月
18 日。

［24］《秘书长关于科索沃临时行政当局特派团的报告》,2002 年 4 月
22 日。

［25］《秘书长关于科索沃临时行政当局特派团的报告》,2005 年 4 月
30 日。

期刊文章

［1］白云真:《欧盟对非洲民族冲突干预的特点及对中国的启示》,

《教学与研究》2013 年第 3 期。

[2] 陈志敏：《欧洲联盟的军事化：从民事力量向军事力量的变形?》，《欧洲研究》2004 年第 5 期。

[3] 怀新：《〈欧洲稳定公约〉能稳定欧洲吗?》，《国际展望》1994 年第 4 期。

[4] 焦兵、白云真：《欧盟对非冲突干预：以刚果（金）冲突管理与建设和平为例》，《西亚非洲》2013 年第 4 期。

[5] 李斌：《"保护的责任"对不干涉内政原则的影响》，《法律科学》2007 年第 3 期。

[6] 梁崇民：《欧盟对于少数人权之保障》，《欧盟研究》2004 年第 1 期。

[7] 刘作奎：《评析欧盟东扩政策中的条件限制模式》，《国际论坛》2008 年第 4 期。

[8] 倪海宁：《欧盟的中东—北非战略调整刍议》，《欧洲研究》2011 年第 5 期。

[9] 彭宵：《全球化、民族国家与世界公民社会——哈贝马斯国际政治思想评述》，《欧洲研究》2004 年第 1 期。

[10] 孙茹：《欧洲"共同外交和安全政策"的新进展》，《现代国际关系》2000 年第 5 期。

[11] 宿亮：《欧盟参与东亚安全治理：行动与局限》，《太平洋学报》2011 年第 6 期。

[12] 唐虹、顾怡：《试析欧盟地中海政策的局限性》，《欧洲研究》2011 年第 5 期。

[13] 童世骏：《国际政治中的三种普遍主义——伊拉克战争以后对罗尔斯和哈贝马斯的国际政治理论比较》，《华东师范大学学报》（哲学社会科学版）2003 年第 6 期。

[14] [比利时] 托马斯·雷纳德：《战略的背叛：呼吁真正的欧盟战略伙伴关系》，《欧洲研究》2011 年第 5 期。

[15] 王逸舟：《欧洲干涉主义的多视角透视》，《世界经济与政治》

2012 年第 3 期。

［16］王逸舟：《发展适应新时代要求的不干涉内政学说》，《国际安全研究》2013 年第 1 期。

［17］闫瑾：《德国利比亚危机政策分析》，《欧洲研究》2011 年第 3 期。

［18］赵华胜：《不干涉内政与建设性介入》，《新疆师范大学学报》2011 年第 1 期。

［19］郑先武：《欧盟区域间集体安全的构建——基于欧盟在非洲危机管理行动经验分析》，《世界经济与政治》2012 年第 1 期。

［20］朱立群：《欧盟究竟是个什么样的力量》，《世界经济与政治》2008 年第 4 期。

译著

［1］［美］安德鲁·莫劳夫奇克：《欧洲的抉择——社会目标和政府权力》，赵晨、陈志瑞译，社会科学文献出版社 2008 年版。

［2］［英］巴瑞·布赞、［丹麦］奥利·维夫、［丹麦］迪·怀尔德：《新安全论》，朱宁译，浙江人民出版社 2003 年版。

［3］［意大利］福尔维奥·阿蒂纳等：《全球政治体系中的欧洲联盟》，刘绯等译，中国社会科学出版社 2009 年版。

［4］［奥地利］赫尔穆特·克拉默、维德兰·日希奇：《科索沃问题》，苑建华等译，中央编译出版社 2007 年版。

［5］［美］霍华德·威亚尔达主编：《全球化时代的欧洲政治》，陈玉刚等译，北京大学出版社 2010 年版。

［6］［美］莉萨·马丁、贝思·西蒙斯主编：《国际制度》，黄仁伟、蔡鹏鸿等译，上海世纪出版集团 2006 年版。

［7］［德］马克思、恩格斯：《共产党宣言》，中央编译局译，人民出版社 1997 年版。

［8］［意］马里奥·泰洛：《国际关系理论：欧洲视角》，潘忠岐等译，上海人民出版社 2011 年版。

[9]［美］迈克尔·罗金斯：《政治科学》，林震译，华夏出版社2006年版。

[10]［美］迈克尔·巴迈特、玛莎·芬尼莫尔：《为世界定规则：全球政治中的国际组织》，薄燕译，上海人民出版社2009年版。

[11]［英］苏珊·斯兰吉奇：《国家与市场》，杨宇光等译，上海人民出版社2006年版。

[12]［挪威］约翰·加尔通：《和平论》，陈祖洲等译，南京出版社2010年版。

[13]［美］约翰·罗尔斯：《正义论》，何怀宏等译，中国社会科学出版社2010年版。

学位论文

[1] 郭琳芳：《关于伊拉克战争问题的欧盟外交政策》，硕士学位论文，郑州大学，2012年。

[2] 何泰宇：《欧洲联盟对科索夫事件的共同外交政策及实践：1998—1999》，博士学位论文，台湾大学，2005年。

[3] 梁文敏：《冷战后冲突干预的欧盟模式：动力、特点与影响因素》，硕士学位论文，复旦大学，2008年。

英文资料

[1] Alan J. Kuperman, "The Moral Hazard of Humanitarian Intervention", *International Studies Quarterly*, Vol. 52, No. 1, 2008.

[2] Alex J. Bellamy, "Ethics and Intervention: The 'Humanitarian Exception' and the Problem of Abuse in the Case of Iraq", *Journal of Peace Research*, Vol. 41, No. 2, 2004.

[3] Alex J. Bellamy, "The Responsibility to Protect and the Problem of Military Intervention", *International Affairs*, Vol. 84, No. 4, 2008.

[4] Alexander Wendt, "Constructing International Politics", *International Security*, Vol. 20, No. 1, 1995.

［5］ Alexis Heraclides, "Secessionist Minorities and External Involve-ment", *International Organization*, Vol. 44, 1990.

［6］ Andrew Linklater, "The Question of the Next Stage in International Relations Theory: A Critical-Theoretical Point of View", in Stephen C. Roach, ed., *Critical Theory and International Relations: A Reader*, New York: Taylor and Francis Group, 2008.

［7］ Andrew Linklater and Hidemi Suganami, *The English School of International Relations*, Cambridge: Cambridge University Press, 2006.

［8］ Arjun Chowdhury, "'The Giver or the Recipient?': The Peculiar Ownership of Human Rights", *International Political Sociology*, Vol. 5, No. 1, 2011.

［9］ Asaf Siniver, "The EU and the Israeli-Palestinian conflict", in Richard G. Whitman and Stefan Wolff, eds., *The European Union as a Global Conflict Manager*, Routledge, London and New York, 2012.

［10］ Ben Tonra, The European Union and Crisis Intervention: Contested Concepts and Narratives.

［11］ Brigitte Stern, ed., *United Nations Peace-keeping Operations: A Guide to French Politics*, United Nations University Press, Tokyo, Japan, 1998.

［12］ Bruce W. Jentleson, "Preventive Diplomacy and Ethnicconflict: Possible, Difficult, Necessary", in David Lake and Donald Rothchild, ed., *The International Spread of Ethnic Conflict: Fear, Diffusion and Escalation*, Princeton University Press, 1998.

［13］ Björn Olav Knutsen, "The EU's Security and Defense Policy (ESDP) and the Challenges of Civil-Military Coordination (CMCO): The Case of the Democratic Republic of Congo (DRC)", *European Security*, Vol. 18, No. 3, 2009.

［14］ Commission of the European Communities (from now on: 'Commission') (joint declaration), "EU Strategy for Africa: Towards a Euro-African pact to accelerate Africa's development", Brussels, 12 October 2005.

[15] Council Common Position, 2004/85/CFSP, January 26, 2004.

[16] Commission of the European Communites, The European Union and the Issue of Conflicts in Africa: Peace-Building, Conflict Prevention and Beyond, http: //aei. pitt. edu/4280/1/4280. pdf.

[17] Catherine Gegout, "EU Conflict Management in Africa: The Limits of an International Actor", *Ethnopolitics*, Vol. 8, No. 3, 2009.

[18] Catherine Gegout, "The West, Realism and Intervention in the Democratic Republic of Congo (1996 – 2006)", *International Peacekeeping*, Vol. 16, No. 2, 2009.

[19] Caty Clement, "EUSEC RD Congo", in Giovanni Grevi, Damien Helly, and Daniel Keohane, et al. , eds. , *Euroepan Security and Defense Policy: The First Ten Years (1999 – 2009)*, EUISS, Paris, 2009.

[20] Center on International Cooperation, *Annual Review of Global Peace Operations* 2009, Boulder, CO: Lynne Reinner, 2009.

[21] Christian P. Scherrer, *Ethnicity, Nationalism and Violence: Conflict Management, Human Rights, and Multilateral Regimes*, Ashgate Publishing Company, 2003.

[22] Christian Pippan, "The Rocky Road to Europe: The EU's Stabilisation and Association Process for the Western Balkans and the Principle of Conditionality", *European Foreign Affairs Review*, No. 9, 2004.

[23] Christos Kassimeris, "Foreign Policy of Small Powers", *International Politics*, Vol. 46, 2009.

[24] Charles C. Pentland, ed. , *Bridges to Peace: Ten Years of Conflict Management in Bosnia*, Kingston: Queens University Press, 2003.

[25] Charles Anthony Smith and Heather M. Smith, "Human Traffic-

king: The Unintended Effect of United Nations Intervention", *International Political Science Review*, Vol. 32, No. 2, 2010.

[26] Charlotte Wagnsson, "Divided Power Europe: Normative Divergences among the EU 'Big Three'", *Journal of European Public Policy*, Vol. 17, No. 8, 2010.

[27] Charter of Fundamental Rights of the European Union, 2007/C 303/ 01, http://eur-lex. europa. eu/LexUriServ/LexUriServ. do? uri = OJ: C: 2007: 303: 0001: 0016: EN: PDF.

[28] *Charter of United Nations*, http://www. un. org/en/documents/ charter/chapter1. shtml.

[29] Commission on Human Security, *Human Security Now*, New York, 2003.

[30] Conflict Prevention: Commission Initiative to Improve EU's Civilian Intervention Capacities, IP/01/560, Brussels, April 11, 2001.

[31] Cristina Gabriela Badescu, *Humanitarian Intervention and the Responsibility to Protect*, New York: Taylor and Francis Group, 2011.

[32] Council Conclusions on the ESDP, March 26, 2009, Brussels, http://www. consilium. europa. eu/uedocs/cms_ Data/docs/pressdata/en/ec/104692. pdf.

[33] Damien Helly, "Operation ARTEMIS (RD Congo)", in Giovanni Grevi, et al. , eds. , *European Security and Defense Policy: the First Ten Years (1999 – 2009)*, EUISS, Paris, 2009.

[34] Daniel Korski, "EUJUST LEX (Iraq)", in Giovanni Grevi, et al. , eds. , *European Security and Defense Policy: The First Ten Years (1999 – 2009)*, EUISS, Paris, 2009.

[35] Diana Panke and Ulrich Petersohn, "Why International Norms Disappear Sometimes?", *European Journal of International Relations*, Vol. 18, No. 4, 2012.

[36] David Lake and Donald Rothchild, ed. , *The International Spread of*

Ethnic conflict: *Fear*, *Diffusion and Escalation*, Princeton University Press, 1998.

[37] Dursun Peksen, "Does Foreign Military Intervention Help Human Rights?", *Political Science Quarterly*, Vol. 65, No. 3, 2012.

[38] Emma J. Stewart, *EU Conflict Management in the South Caucasus*: *A Preliminary Analysis*, 2007, http://europa. eu. int/eurlex/lex/Lex-UriServ/LexUriServ. do? uri = CELEX: 22000A1215 (01): EN: HTML.

[39] Esra Bulut, "EUPOL COPPS (Palestinian Territories)", in Giovanni Grevi, et al. , eds. , *European Security and Defense Policy*: *The First Ten Years (1999 – 2009)*, EUISS, Paris, 2007.

[40] Eva Gross, "The EU in Afghanistan", in Richard G. Whitman and Stefan Wolff, eds. , *The European Union as a Global Conflict Manager*, Routledge, London and New York, 2012.

[41] European Commission and Council of the EU (joint), *EU Concept for support to Disarmament*, *Demobilisation and Reintegration (DDR)*, Brussels, 11 and 14 December 2006.

[42] European Union, *EU Mission to Provide Advice and Assistance for Security in the Democratic Republic of Congo (DRC)*, Brussels: Coucil Secretariat, 2010.

[43] European Commission, *A Secure Europe in a Better World*: *European Security Strategy*, Brussels: European Commision, 2003.

[44] European Commission, *A World Player*, *The European Union's External Relations*, 2004, http://ec. europa. eu/publications/booklets/move/47/en. pdf.

[45] EU, *Treaty on European Union*, Title V, Article J. 2.

[46] EU Programme for the Prevention of Violent Conflicts, 2001, http://www. eu2001. se/static/eng/pdf/violent. pdf.

[47] European Council, "A Secure Europe in a Better World—The Euro-

pean Security Strategy", December 12, 2003, pp. 1 – 14.

[48] European Commission and Council of the EU (joint), *EU Concept for support to Disarmament*, *Demobilisation and Reintegration (DDR)*, Brussels, 11 and 14 December 2006.

[49] European Security Strategy, Brussels, 12 December 2003. EN.

[50] European Union, *EU Mission to Provide Advice and Assistance for Security in the Democratic Republic of Congo (DRC)*, Brussels: Coucil Secretariat, 2010.

[51] European Union, *European Security Strategy* 2003, http: //www. consilium. europa. eu/uedocs/cmsUpload/78367. pdf.

[52] Filip Reyntjens, *The Great African War*: *Congo and Regional Geopollitics*, 1996 – 2006, Cambridge: Cambridge University Press, 2009.

[53] Georgi Kamov, "EU's role in Conflict Resolution: The Case of the Eastern Enlargement and Neighbourhood Policy Areas", *Institut Europeen des Hautes Etudes Internationales*, 2006.

[54] Gérard Prunier, *Africa's World War*: *Congo*, *the Rwandan Genocide*, *and the Making of a Continental Catastrophe*, Oxford: Oxford University Press, 2008.

[55] Giovanni Grevi, et al. , eds, *European Security and Defense Policy*: *The First Ten Years (1999 – 2009)*, EUISS, Paris, 2009.

[56] Gleditsch et al, 2002, UCDP/PRIO Armed Conflict Dataset, Version 4 – 2006, http: //www. prio. no/CSCW/Datasets/Armed-Conflict/UCDP-PRIO/Old-Versions/4 – 2006/.

[57] Hanns W. Maull, "German Foreign Policy, Post-Kosovo: Still a Civilian Power?", *German Politics*, Vol. 9, No. 2, 2000.

[58] Holley E. Hansen, Sara Mclaughlin Mitchell and Stephen C. Nemeth, "IO Mediation of Interstate Conflicts: Moving Beyond the Global versus Regional Dichotomy", *Journal of Conflict Resolution*, Vol. 52, No. 2, 2008.

[59] Ian Hurd, *After Hegemony: Legitimacy & Power in the United Nation Security Council*, New Jersey: Princeton University Press, 2007.

[60] Ian Hurd, "Legitimacy, Power, and the Symbolic Life of the UN Security Council", *Global Governance*, Vol. 8, No. 1, 2002.

[61] Ian Hurd, "Is Humanitarian Intervention Legal? The Rule of Law in and Incoherent World", *Ethics & International Affairs*, Vol. 25, No. 3, 2011.

[62] Inis L. Claude JR., "Collective Legitimization as a Political Function of the United Nations", *International Relations*, Vol. 20, No. 3, 1966.

[63] Jan Joel Andersson, Armed and Ready? The EU Battlegroup Concept and the Nordic Battlegroup, SIEPS, 2006.

[64] John Peterson, "The European Union as a Global Actor", in Peterson and Sjursen, eds., *A Common Foreign Policy for Europe? Competing Visions of the CFSP*, London: Routledge, 1998.

[65] Katharina P. Coleman, *International Organizations and Peace Enforcement*, Cambridge: Cambridge University Press, 2007.

[66] Kirsten E. Schulze, "The Aceh Monitoring Mission", in Giovanni Grevi, et al., eds., *European Security and Defense Policy: The First Ten Years (1999 – 2009)*, EUISS, Paris, 2009.

[67] Kyle Beardlsley, "UN Intervention and the Duration of International Crisis", *Journal of Peace Research*, Vol. 42, No. 2, 2012.

[68] Kyle Beardsley and Holger Schmidt, "Following the Flag or Following the Charter? Examining the Determinants of UN Involvement in International Crisis, 1945 – 2002", *International Studies Quarterly*, Vol. 56, No. 1, 2012.

[69] Laura Davis, "Small Steps, Large Hurdles, The EU's Role in Promoting Justice in Peacemaking in the DRC", New York, International Center for Transitional Justice, May 2009.

［70］ Marc Howard Ross and Jay Rothman, eds. , *Theory and Practice in Ethnic Conflict Management: Theorizing Success and Failure*, Houndsmills: Macmillan Press, 1999.

［71］ Martha Finnemore and Stephen J. Toope, "Alternative to 'Legalization': Richer View of Law and Politics", *International Organization*, Vol. 55, No. 3, 2001.

［72］ Martha Finnemore, "Legitimacy, Hypocrisy, and the Social Structure of Unipolarity", *World Politics*, Vol. 61, No. 1, 2009.

［73］ Martha Finnemore and Kathryn Sikkink, "International Norm Dynamics and Political Change", *International Organization*, Vol. 52, No. 4, 1998.

［74］ Megan Shannon, Daniel Morey and Frederick J. Boehmke, "The Influence of International Organizations on Militarized Dispute Initiation and Duration", *International Studies Quarterly*, Vol. 54, No. 4, 2012.

［75］ Meike Froitzheim, Fredrik Söderbaum, and Ian Taylor, "The Limits of the EU as a Peace and Security Actor in the Democratic Republic of the Congo", *Africa Spectrum*, Vol. 46, No. 3, 2011.

［76］ Michael Barnett and Raymond Duvall, "Power in International Politics", *International Organization*, Vol. 9, No. 1, 2005.

［77］ Michael N. Narnett and Martha Finnemore, "The Politics, Power and Pathologies of International Organizations", *International Organization*, Vol. 53, No. 4, 1999.

［78］ Milton J. Esman, Shibley Telhami Ithaca, eds. , *International Organizations and Ethnic Conflict*, N. Y. Cornell University Press, 1995.

［79］ Monika Heupel, "With Power Comes Responsibility: Human Rights Protection in United Nations Sanctions Policy", *European Journal of International Relations*, Vol. 19, No. 4, 2011.

[80] Monthly Summary of Contributions (Police, UN Military Experts on Mission and Troops)", http: //www. un. org/en/peacekeeping/ contributors/2013/jul13_ 1. pdf.

[81] Nicola Casarini, "The Making of the EU's Strategy toward Asia", in Nicola Casarini and Costanza Muzu, eds. , *European Foreign Policy in an Evolving International System: The Road towards Convergence*, Palgrave MacMilla, New York, 2007.

[82] Nicholas J. Wheeler, *Saving Strangers: Humanitarian Intervention in International Society*, Oxford: Oxford University Press, 2000.

[83] "Operation Artemis: Mission Improbable? ISIS Europe-European Security Review", No. 18, July 2003, http: //www. isis-europe. org/ ftp/download/operation% 20artemis,% 20mission% 20improbable% 20 - % 20esr% 2018. pdf.

[84] "Operation Artemis in the Democratic Republic of Congo", http: // eeas. europa. eu/ifs/publications/articles/book1/book% 20vol1 _ part2_ chapter12_ operation% 20artemis% 20in% 20the% 20 democratic% 20republic% 20of% 20congo_ kees% 20homan. pdf.

[85] Patrick M. Regan, "Conditions of Successful Third Party Intervention in Trastate Conflicts", *The Journal of resolution*, Vol. 40, No. 2, 1996.

[86] Paul F. Diehl, Jennifer Reifschneider and Paul R. Hensel, "United Nations Intervention and Recurring Conflict", *International Organization*, Vol. 50, No. 4, 1996.

[87] Petersberg Declaration, "Western European Union Council of Ministers", Bonn, June 19, 1992.

[88] Rajat Ganguly and Ray Taras, *Understanding Ethnic Conflict: The International Dimension*, Longman, 1998.

[89] Robert A. Pape, "When Duty Calls? A Pragmatic Standard of Humanitarian Intervention", *International Security*, Vol. 37, No. 1,

2012.

[90] Robert H. Dorff, "Germany and the Future of European Security", *World Affairs*, Vol. 161, No. 2, Fall 1998.

[91] Robert Nalbandov, *Foreign Interventions in Ethnic Conflicts*, Ashgate Publishing Company, 2009.

[92] Roy Licklider, "The Consequences of Negotiated Settlements in Civil Wars, 1945 – 1993", *The American Political Science Review*, Vol. 89, No. 3, 1995.

[93] Robert W. Rauchhaus, "Principal-Agent Problem in Humanitarian Intervention: Moral Hazard, Adverse Selection, and the Commitment Dilemma", *International Studies Quarterly*, Vol. 53, No. 4, 2009.

[94] Richard Rosecrance, "The European Union: A New Type of International Actor", in J. Zielonka, ed., *Paradoxes of European Foreign Policy*, The Hague: Kluwer Law International, 1998.

[95] Richard Gowan, "ESDP and the United Nations", in Giovanni Grevi, Damien Helly, and Daniel Keohane, eds., *Euroepan Security and Defense Policy: The First Ten Years (1999 – 2009)*, p. 119, http://www. iss. europa. eu/uploads/media/ESDP_ 10 – web. pdf.

[96] Sabine Fischer, "EUMM Georgia", in Giovanni Grevi, et al., eds, *European Security and Defense Policy: The First Ten Years (1999 – 2009)*. EUISS, Paris, 2009.

[97] Stefan Wolff, "The Regional and International Regulation of Ethnic Conflict Patterns of Success and Failure", Centre for International Crisis Management and Conflict Resolution University of Nottingham, 2009, http://www. stefanwolff. com/files/Conflict% 20Regulation. pdf.

[98] Stefan Wolff, "The Regional and International Regulation of Ethnic conflict Patterns of Success and Failure", This paper was prepared for the 6th Asia Europe Roundtable on "Minority Conflicts-Towards

an ASEM Framework for Conflict Management" in Derry/Londonder-ry and Letterkenny, June 10 – 12, 2009, http：//stefanwolff. com/policy-papers/Conflict% 20Regulation. pdf.

[99] Stefan Wolff, *The EU Design for the Management of Ethnopolitical Conflict*, 2007.

[100] European Force in Bosnia & Herzegovina-EUFOR Mission, ht-tp：//www. euforbih. org/mission/mission. htm.

[101] Stefan Wolff, The European Union and the Conflict over the NAgor-no-Karabakh Territory, Report Prepared for the Committee on Member States' Obligations Parlimentary Assembly of the council of Europe.

[102] Sona Margaryan, *The European Union intervention policy in ethnic conflicts：the Case of South Ossetia, Abkhazia, Nagorno-Karabakh, Transnistria and Cyprus*, 2010.

[103] Stefan Wolff and Richard G. Whitman, "The European Union as a Global Conflict Manager", in Stefan Wolff and Richard G. Whit-man, eds. , *The European Union as a Global Conflict Manager*, London and New York：Routledge, 2012.

[104] Stefan Wolff, *Ethnic Conflict：A Global Perspective*, Oxford Univer-sity Press, 2006.

[105] Stefan Wolf and Karl Cordell, *Ethnic Conflict：Causes—Conse-quences—Responses*, Polity, 2009.

[106] Stefan Wolff and Richard G. Whitman, "The European Union as a Global Conflict Manager：From Pragmatic Ad-hocism to Policy Co-herence?" http：//www. stefanwolff. com/files/The% 20European % 20Union% 20as% 20a% 20Global% 20Conflict% 20Manager% 20 (Backgrounder). pdf.

[107] Stefan Wolff and Richard G. Whitman, "The European Union as a Global Conflict Manager：From Pragmatic Ad-hocism to Policy Co-

herence?", University of Nottingham, http：//www. stefanwolff. com/files/The% 20European% 20Union% 20as% 20a% 20Global% 20Conflict% 20Manager% 20（Backgrounder）. pdf.

[108] Stefan Wolff, *The Regional and International Regulation of Ethnic conflict Patterns of Success and Failure*, 2009.

[109] Shannon Brincat, "On the Methods of Critical Theory：Advancing the Project of Emancipation beyond the Early Frankfort School", *International Relations*, Vol. 26, No. 2, 2012.

[110] Stephan Keukeleire, "European Security and Defense Policy：From Taboo to a Spearhead of EU Foreign Policy?", in Federiga Bindi, ed. , *The Foreign Policy of the European Union：Assessing Europe's Role in the World*, Washington, D. C. , Brookings Institution Press, 2010.

[111] Stefan Wolff, "The Regional and International Regulation of Ethnic Conflict Patterns of Success and Failure", Centre for International Crisis Management and Conflict Resolution University of Nottingham, 2009, http：//www. stefanwolff. com/files/Conflict% 20 Regulation. pdf.

[112] Tatiana Carayannis, "The Challenge of Building Sustainable Peace in the DRC", Centre for Humanitarian Dialogue, 2009.

[113] The MoU, section 5, "Establishment of the Aceh Monitoring Mission", http： // www. aceh-mm. org/download/english/Helsinki% 20MoU. pdf.

[114] Thierry Vircoulon, "UNPOL Kinshasa and EUPOL RD Congo", in Giovanni Grevi, Damien Helly, and Daniel Keohane, eds. , *Euroepan Security and Defense Policy：the First Ten Years（1999 – 2009）*, p. 227, http：//www. iss. europa. eu/uploads/media/ESDP_ 10 – web. pdf.

[115] Thomas Turner, *The Congo Wars：Conflict, Myth and Reality*, Lon-

don：Zed Books，2007.

[116] Ulrich Schneckener and Stefan Wolff, *Managing and Settling Ethnic Conflicts：Perspectives on successes and Failures in Europe, Africa and Asia*, Hurst & Company, 2004.

[117] Vinod F. Khobragade, "Indian Approach towards Sri Lankan Conflict", *The Indian Journal of Political Science*, Vol. LXIX, No. 4, 2008.

[118] Xymena Kurowska, "EUJUST THEMIS (Georgia)", in Giovanni Grevi, et al., eds., *European Security and Defense Policy：The First Ten Years (1999 - 2009)*. EUISS, Paris, 2009.

[119] Yuka Hasegawa, "The UN Peace Operation and Protection of Human Security：The Case of Afghanistan", *Human Security Perspective*, Vol. 1, No. 2, 2004.

[120] Özgür Ünal Eriş, "Turkey as an Asset for Enhancing the EU Foreign Policy Strategy towards Syria", April 18, 2012.